MÉTAPHYSIQUE DES MŒURS

Première partie
DOCTRINE DU DROIT

BIBLIOTHÈQUE DES TEXTES PHILOSOPHIQUES

Fondateur : Henri GOUHIER   Directeur : Jean-François COURTINE

Emmanuel KANT

MÉTAPHYSIQUE DES MŒURS

PREMIÈRE PARTIE
DOCTRINE DU DROIT

Préface par
Michel VILLEY

Introduction et traduction par
Alexis PHILONENKO

PARIS
LIBRAIRIE PHILOSOPHIQUE J. VRIN
6, Place de la Sorbonne, V ͤ
2011

Cette édition de la *Métaphysique des mœurs* qui comprend la *Doctrine du droit* (T. 1) et la *Doctrine de la vertu* (T. 2) est respectueusement dédiée à Monsieur le Professeur Raymond Polin.

Alexis PHILONENKO

© *Librairie Philosophique J. VRIN*, 1971, 1993
2011 *pour l'édition de poche*
Imprimé en France
ISSN 0249-7972
ISBN 978-2-7116-2407-2

www.vrin.fr

LA DOCTRINE DU DROIT DANS L'HISTOIRE
DE LA SCIENCE JURIDIQUE

M. Philonenko veut bien me demander de dire, au seuil de cet ouvrage, la place que tient *la Doctrine du droit* de Kant, pour nous *juristes*, dans l'histoire de la *science juridique*. Ce traité de Kant sur le droit eût manqué son but, et se fût déroulé dans le vide, s'il n'avait mordu sur la science et la vie concrète du droit. Aujourd'hui même, pour le comprendre et bien juger de sa valeur, il serait excellent que philosophes et juristes enfin s'associent.

Mais un doute nous retient : ce lourd travail de pensée si dépourvu de charme, qui s'avoue lui-même « scolastique », et renonce au style « populaire », sommes-nous sûr qu'il ait sérieusement retenu l'attention des juristes ? Certes le prestige de Kant fut tel que les chefs de file du pandectisme, au XIXᵉ siècle, puis les auteurs de nos Théories générales du droit ne purent se dispenser de la lecture de sa *Rechtslehre* ; il y a des traces indiscutables d'emprunts que lui firent Savigny, dans sa théorie de la possession, d'autres pandectistes, ou Kelsen. Mais il nous étonnerait que ce livre devienne jamais la coqueluche de notre faculté : suffisent à nous en détourner la manière assez désinvolte qu'il a de maltraiter le langage juridique traditionnel, ses contresens manifestes sur le langage romain, sans doute aussi le projet même de déduire un langage juridique de la Raison *a priori.*

Même auprès de nous, Kant a été plus célèbre et plus influent par ses grandes œuvres philosophiques et notamment par la *Critique de la Raison pure*, que par cet ouvrage consacré au droit. Reportons-nous à la date de sa parution. J'ai consulté sur ce sujet le célèbre jurisconsulte *Hugo*, l'un des fondateurs de l'École historique du droit (on se rappelle contre lui les attaques de Marx). Bien qu'immédiatement conquis par la philosophie de Kant, Hugo, rendant compte de la *Rechtslehre*, prend soin de se désolidariser du détail de ses résultats, par exemple de sa surprenante classification des contrats ou des trois sortes de droits privés. Il met en garde les lecteurs contre ces fantaisies. Dans ces conditions, quelle audience a pu connaître la *Rechtslehre* dans le monde juridique ? Non pas nulle mais clairsemée, jamais tout à fait consentante. Nous ne sommes pas en état de suivre à la loupe l'histoire de ses influences littérales.

Tel n'est pas non plus notre propos. Il nous semble qu'à toute époque les systèmes philosophiques retentissent sur la vie du droit sur d'autres modes que des citations littérales. Et quand nous autres sommes imprégnés de la vision du monde et de la méthode d'un philosophe, cela ne procède pas nécessairement d'une lecture directe.

Mais qu'elle qu'ait été la fortune de ce livre, et le nombre de ses lecteurs juristes, ce qui en fait pour nous l'intérêt, c'est qu'il se révèle étonnamment *représentatif* d'une *théorie* philosophique qui fut, dans l'université moderne, plaquée sur le droit. Je ne sache pas que nous trouvions un meilleur guide pour éclairer les ressorts de cette théorie (*cf.* Partie I).

Peut-être encore, si cet ouvrage appelle un renouveau d'attention de la part des juristes, est-ce que ce système théorique a cessé de nous satisfaire; voici plus d'un siècle que s'élèvent contre lui des attaques de toutes parts (du sociologisme – du marxisme – du réalisme scandinave ou américain, etc.), et que progressivement les juristes éprouvent son inaptitude à rendre compte de leur expérience. Nous travaillons aujourd'hui à nous libérer de cette superstructure encombrante. Pour ce combat il faut reconnaître l'adversaire, et ce peut être viser au cœur que nous attaquer à la *Doctrine du droit* de Kant (*cf.* Partie II).

I. SIGNIFICATION HISTORIQUE

Abordons notre premier point : combien ce livre de Kant est pour nous représentatif d'une certaine forme de théorie *générale* du droit qui a pris place dans notre enseignement. Pour comprendre ce qu'il signifie dans l'histoire de la science juridique, nous devons le replacer dans ce contexte universitaire. Ici je renverrais volontiers le lecteur philosophe au manuel de Franz Wieacker : *Privat-Rechts Geschichte der Neuzeit* (2ᵉ éd., 1967).

Kant enseignait à Königsberg le Droit Naturel. Il continue et il couronne cette tradition académique particulièrement allemande dite de l'*École du droit naturel moderne*; à d'autres égards il la dépasse et rompt avec elle, pour conduire à cette autre école triomphante au XIXᵉ siècle et dont les traces aujourd'hui sont encore sensibles, qui s'intitulera *pandectiste*.

Le legs de l'École du droit naturel

Un mot d'abord de l'École dite du « Droit naturel ». Issue de Grotius, dont le traité de la Guerre et de la Paix fut mis au programme de plusieurs Universités allemandes – plongeant ses racines profondes dans la théologie morale scolastique du XVIe siècle catholique puis protestante – elle a largement supplanté du moins dans l'Europe centrale d'autres modes d'enseignement du droit, dont la vieille école bartoliste fidèle à l'esprit casuistique des juristes romains. Après Pufendorf, Thomasius, auxquels il nous faudrait adjoindre une quantité d'autres auteurs aujourd'hui tombés dans l'oubli (Leibniz vit d'ailleurs au cœur de cette école), a triomphé le système de *Wolff*. Les disciples de Wolff l'emportent dans l'université allemande, au temps de la jeunesse de Kant. Pour nous historiens du droit, il ne fait pas doute que l'ouvrage de Kant ne s'inscrive dans la même ligne.

Il m'est arrivé de comparer en compagnie de mes étudiants la *Doctrine du droit* de Kant avec les *Institutes* de Wolff[1] : les similitudes éclataient entre les deux systèmes, quant à la méthode, au langage, souvent quant au plan ; nous en inférions que Kant devait avoir sur sa table quelqu'un des traités de cette École Wolffienne du Droit Naturel.

Même point de départ : le système prend son vol à partir de notions empruntées à la philosophie morale : celle de *Pflicht* (devoir moral) de *Verbindlichkeit* (obligation morale d'accomplir le devoir), d'*imputation* des actes humains, de *liberté* de la personne. Même hantise d'appliquer au droit des procédés rationnels de pure *déduction* (déjà l'entreprise de Grotius et de ses successeurs, plus encore de Leibniz et de Wolff, avait été la construction d'un système déductif du droit). Et pour l'essentiel (je dis cela par opposition aux

---

1. Ch. Wolff, *Institutiones juris naturalis et gentium*, Thomann-Olms, 1969. Nous nous savons pas en quelle mesure le *Jus naturae* d'Achenwall, cité expressément par Kant, appartenait à cette école.

ouvrages des bartolistes ou des jurisconsultes romains) même langage *individualiste*, conçu en fonction de la personne, de ses libertés, de ses pouvoirs, de ses droits subjectifs. Comment en serait-il autrement ? Tout ce que Kant croit savoir du droit il n'a pu guère s'en informer que dans les traités de cette École, il s'en est nourri.

L'apport de Kant

Bien sûr, on doit parler aussi d'une *rupture* opérée par Kant avec cette École du Droit Naturel. Vous la trouverez analysée dans un livre de Marini (L'*Opera di Gustav Hugo nella crisi del gius-naturalismo*, 1969). Gustav Hugo, l'inspirateur de l'École historique du droit, saisit immédiatement le parti que la science juridique de son temps pouvait tirer de la *Rechtslehre*. La théorie Kantienne du droit se veut *purement rationnelle*, « métaphysique », édifiée toute *a priori* : alors que l'École du Droit Naturel, quelle que pût être sa tendance au rationalisme, cherchait encore un point d'appui pour ses constructions dans un reliquat d'expérience, une expérience d'ailleurs réduite à l'observation prétendue de la « nature de l'homme » isolé, abstrait de son contexte social. Leibniz lui-même avait bâti ses projets de systèmes de droit à partir de *définitions*, à la base desquelles peut encore entrer quelque part d'empirie. Kant remonte à l'« impératif », puisé au cœur de la conscience morale du sujet pensant, qui serait parfaitement rationnel.

Comme Hugo le souligne clairement, il suit de là que la doctrine juridique de Kant est obligée de réduire sa sphère d'influence, relativement aux Wolffiens. La naïve ambition de Wolff – et avant lui de toute l'École moderne du Droit Naturel, de ce premier rationalisme – avait été de *tout* déduire, à l'exemple des mathématiques : jusqu'aux solutions positives,

au contenu des codes, à ce que Kant nomme le « *quid juris* » ;
leur projet était de convertir *tout* le droit en système rationnel.
Kant se limite aux *Fondations initiales* et *métaphysiques
de la doctrine du* droit (*Metaphysische Anfangsgründe der
Rechtslehre*). Propos délibérément plus modeste.

Des principes de la raison pure ne peut se déduire que le
« *quid jus* » : c'est-à-dire, commentait Hugo, d'abord l'*idéal*
de la *justice*, l'idée d'un monde tel qu'il devrait être, qui sera le
pôle des efforts des législateurs – et en second lieu, la raison
dictera les *formes* de toute pensée juridique, la définition
même du droit et de ses notions principales, la charpente de
son langage. Voilà qui relève du philosophe, et qui va bientôt
constituer l'objet distinct, spécialisé d'une « philosophie du
droit » ou d'une « théorie générale ».

Quant au reste, le *quid juris*, les solutions concrètes du
droit applicables dans le temps et l'espace, ce *contenu* même
que prétendaient embrasser les traités de l'École moderne du
droit naturel, ce n'est plus l'affaire de la Raison, mais de
recherches positives. A peine Kant va-t-il esquisser, dans la
première partie de son livre, quelque ébauche vague d'un
« droit privé » théoriquement et « provisoirement » applicable
dans l'hypothèse de « l'état de nature » ; dans notre présent
historique le droit en vigueur, « péremptoire », les solutions
pratiques de droit ne doivent être cherchées que « dans les
codes officiellement promulgués, sanctionnés par l'autorité »[1]. On comprend l'adhésion de Hugo, que sa formation
de romaniste prévenait contre l'École du Droit Naturel. Il
s'empresse de tirer profit de cette nouvelle philosophie, qui
libère enfin les juristes de la séculaire domination des

---

1. *Conflit des Facultés*, trad. J. Gibelin, Vrin, p. 23.

professeurs de philosophie sur ce qui leur tient le plus à cœur : Kant nous abandonne la recherche des *solutions*, qui ressortira de l'histoire ou de l'exégèse des lois. Par cette porte vont s'engouffrer l'École historique du droit, le Pandectisme, et plus tard tout le positivisme.

La victoire du rationalisme

Est-ce qu'alors la doctrine de Kant marquerait un recul du rationalisme juridique ? Bien au contraire – Il ne faut pas se faire en effet illusion sur les réussites de l'École du Droit Naturel ; en fait les Pufendorf, les Wolff n'étaient parvenus à remplir leurs systèmes de matière juridique qu'au prix de nombreux paralogismes et par des subterfuges divers, tels que le prétendu consentement de toutes les nations civilisées, ou le prétendu contrat social, pillant au passage le Digeste, empruntant plus à la tradition positive qu'à la déduction rationnelle. Au reste leur succès fut surtout académique et littéraire ; jamais l'emprise de ces doctrines sur les praticiens du droit, au moins en France, ne fut complète [1].

C'est à notre avis avec Kant et grâce à sa philosophie que le rationalisme juridique gagne sa bataille décisive. Sans doute en a-t-il habilement rabattu de ses prétentions, puisque seules désormais les *formes*, les moules de pensée, le langage (et l'indication de ses finalités) sont affectés à l'empire de la raison pure. Mais a-t-on su jamais tirer (à supposer qu'on puisse le faire) autre chose de la Raison pure ? L'École du droit naturel n'avait-elle pas toujours échoué ou même renoncé à déduire d'axiomes innés le contenu des solutions de droit ?

---

1. *Cf.* A.-J. Arnaud, *Les origines doctrinales du Code Civil français*, L.G.D.J., 1969.

Mieux là-dessus lâcher du lest, mais que sur le reste, le secteur qu'elle s'est réservée, la Raison s'installe solidement. Les catégories essentielles du système didactique du droit, sa charpente conceptuelle, ne dépendront plus que de la Raison pure, et de la seule « Faculté de philosophie »[1].

Donc, Kant séparait parfaitement les tâches des deux corporations : aux juristes, purs techniciens, voués aux besognes d'exécution, et qui désormais pourront s'installer dans la paresse philosophique, l'*utilisation*; et aux philosophes le *contrôle*, de la machine. Cette division s'est révélée funeste à long terme, nous le démontrerons tout à l'heure. – Pourtant, de ce partage la plupart des juristes se sont accommodés : ils se contentèrent volontiers de la part que Kant dédaigneusement consentait à leur attribuer. Suffisamment absorbés par leurs tâches pratiques, ils ne virent pas de sacrifice à s'y confiner; les formes de la pensée juridique, les Pandectistes ont accepté de les *recevoir* de la philosophie dominante, d'autant plus que cette philosophie ne secouait pas trop leurs habitudes, gardant l'héritage de l'École du Droit Naturel.

Passage de la doctrine Kantienne
dans les Théories générales du droit

On peut légitimement parler d'un *envahissement* de la science juridique contemporaine par la philosophie kantienne.

1) La grande école pandectiste du XIXᵉ siècle, élaborant ce qu'elle appelle la « Partie générale » du droit, a refaçonné les *définitions* des personnes, des droits subjectifs, de la propriété,

---

1. *Conflit des Facultés*, trad. cit., p. 20 *sq.*, 301 *sq.*

des contrats, de l'acte juridique[1] etc.... dans une atmosphère infectée par la philosophie de Kant.

Même les exposés de *droit romain* (puisque la science pandectiste travaille encore sur le *Corpus Juris Civilis*) ont été traduits dans ce langage, pliés à ces catégories, combien inconnues des auteurs du Digeste et des Institutes; il faut dire que les humanistes et l'École du Droit Naturel avaient déjà très avancé cette œuvre de falsification. Aujourd'hui encore nos manuels faussent le droit romain, en transcrivant ses solutions dans le système, les cadres conceptuels, souvent l'ordre d'exposition du subjectivisme moderne : et c'est que ces formes sont désormais censées les seules rationnelles, désormais *figées*[2], au grand dam de l'histoire du droit et de la science du droit comparé; et que les juristes n'auraient plus pour leur part à les discuter.

2) Plus manifestement encore, les juristes ont subi l'emprise de la *conception kantienne du droit* : science bien *isolée*, sans contact avec les sciences de la nature (puisque de l'être on ne pourrait tirer aucune conséquence normative, et que le droit pour Kant est norme), science séparée de la politique et de l'économie (puisque le droit n'est que l'auxiliaire de la science morale au sens large, et le garant des libertés), détachée même de la morale au sens strict, de la *Tugendlehre*[3]. Kant a strictement défini les bornes de la science du droit : étude des lois extérieures générales, égales pour tous, assorties de la sanction de l'État, et la *contrainte* devient le critère

---

1. Dans quel sens, nous le dirons plus bas, *infra*, p. 18 *sq.*

2. *Cf.* nos *Leçons d'histoire de la philosophie du droit*, p. 262.

3. Pudendorf et Thomasius avaient déjà préparé cette séparation de la règle de conduite « juridique » et de la loi morale interne.

de la règle de droit[1]. Le juriste, auquel Kant prescrit de faire abstraction de « l'équité », de la « nécessité », et des circonstances concrètes, s'astreint à l'observance des textes qui seuls dictent les solutions; seule comptera pour lui la lettre des règles de droit positives : soit qu'elles émanent directement de la volonté générale – le droit romain modernisé, reçu par les peuples de l'Europe moderne, matière de la science *pandectiste* – soit qu'elles puissent s'inscrire dans les codes dès lors que l'État réalisé par le contrat social est assez fort pour accomplir sa besogne de législateur; et c'est alors que s'ouvre l'ère (dès 1804 en France, plus tardivement en Allemagne) du *positivisme légaliste*.

Ce remarquable ascendant de la doctrine de Kant s'est poursuivi jusqu'à une époque toute récente, du moins dans le secteur *théorique*, le rayon des traités de « Théories générales du droit ». Jusqu'au milieu du xxe siècle on peut dire que dominaient chez nous les théories *néokantiennes* : jusqu'à Del Vecchio, Radbruch et Kelsen, j'en citerais une vingtaine d'autres. Sans doute les sources philosophiques de ces doctrines sont elles complexes et personne n'irait supposer que tout y procède de l'influence de la *Rechtslehre*. Kant ne fut que le plus grand prophète du rationalisme juridique, non le seul; et encore une fois, nous ne pouvons guère déterminer comme la pensée kantienne s'est frayé ses voies jusqu'à nous : ce peut être par la lecture de la Critique de la Raison pure ou de tel autre ouvrage de Kant – ou bien des œuvres de ses disciples et de ses successeurs : entre la philosophie et le droit, il y a une

---

1. *Cf.* U. Cerroni, *Kant e la fondazione della categoria giuridica*, Giuffré, 1962 et A. Negri, *Alle origine del formalismo giuridico. Studio sul problema della forma in Kant e nei giuristi Kantiani tra il 1789 e il 1802*, 1962.

foule d'intermédiaires. Ou simplement de précédentes « Théories générales du droit », car dans ce genre on ne se prive pas de se recopier les uns les autres.

Mais la *Doctrine du droit de Kant* (qu'aucun de ces théoriciens n'a pu totalement négliger) demeure le lieu par excellence où l'on trouvait rassemblées les idées de Kant sur la définition du droit, et toutes les notions générales qui forment l'ossature de cette science, et c'est en lui que le vaste mouvement du rationalisme juridique touchait à sa cime. Impossible de lui contester une grande importance historique.

II. EXAMEN CRITIQUE

Et maintenant, nous redescendrons le second versant de notre sujet, le côté de l'ombre, endroit de la critique. Si l'on vient de dire que la théorie kantienne du droit avait profondément marqué certains secteurs académiques, pendant près d'un siècle et demi, au point d'y devenir doctrine officielle – nous avions prévenu qu'aujourd'hui le monde juridique s'en éloigne. Ce formalisme qui nous semblait être au cœur de la doctrine kantienne, ce parti pris d'isoler le droit, ce légalisme, ce normativisme, sont investis de toutes parts d'attaques convergentes : le juriste se voit pressé de compter avec les « situations », de considérer les « faits sociaux », la « nature des choses », les conditions sociologiques ; de cesser d'ignorer l'histoire, au moins l'histoire de son temps et les fameuses « mutations » des sociétés contemporaines ; de se débarrasser de concepts datant de l'époque de Napoléon, appartenant à la structure archaïque du Code Civil, qui, nous répète-t-on aujourd'hui, auraient *fait leur temps*. On n'a plus peur d'injecter dans le droit de la morale, de réhabiliter « l'équité », la « prudence » aristotélicienne, le rôle actif « créateur » de la jurisprudence. Notre monde échappe à l'emprise de l'idéalisme allemand, tandis qu'il s'américanise : l'utilitarisme juridique, doctrine qui subordonne le droit à la politique du bien-être, cette philosophie de Bentham, cible de prédilection de Kant, il suffit de jeter les yeux sur le monde qui nous entoure pour savoir qu'il a pris sa revanche [1].

Aujourd'hui nous autres juristes sommes obligés d'apercevoir les faiblesses de la *Rechtslehre*, et ces défauts sont ceux-là mêmes de la « théorie générale » officiellement introduite sous l'influence du pandectisme. A travers Kant, c'est une manière d'aborder le monde du droit, c'est un appareil de concepts et de définitions encombrantes, que dans notre situation présente, nous voulons secouer.

Qu'est-ce que Kant a connu du droit ?

D'abord – et je ne sais si les philosophes m'accorderont ce premier point – il me semble qu'il faudrait avoir un minimum de connaissances sur ce qu'est la vie juridique avant de philosopher sur le droit. Il n'allait pas sans danger d'abandonner tout le « *quid juris* » au gens des Facultés de droit pour se faire un royaume autonome de la définition du « *quid jus* » : parce qu'il se pourrait que le *jus* fut la recherche du *quid juris* et que le droit doive se définir, non pas à partir de la Raison pure, mais de l'expérience du comportement des juristes.

Ce qui frappe d'abord les juristes historiens du droit à la lecture de l'ouvrage de Kant, c'est sa profonde ignorance du *Droit Romain.* Pourquoi spécialement le Droit Romain ? C'est

---

1. *Cf.* M. El Shakankiri, *La philosophie juridique de Jeremy Bentham*, L.G.D.J., 1970, p. 397 *sq.*

que même à l'époque de Kant les «Pandectes» étaient au programmes des écoles de droit allemandes (même dans le système d'enseignement de l'École du Droit Naturel). Il semble qu'elles constituaient encore la source principale de la formation des *praticiens*. Le *Corpus Juris Civilis* n'a rien d'un code systématique, mais est un recueil de décisions, de cas et de problèmes concrets, analogues à nos recueils actuels de jurisprudence. Dans le Digeste et les Institutes, enrichis par les commentaires des praticiens de l'Europe moderne, pouvait s'apprendre l'art de traiter une question de droit, tandis que les traités de Thomasius, Wolff ou Achenwall étaient foncièrement inaptes à rendre ce service.

D'ailleurs Kant lui-même n'affectait-il pas de cultiver le Droit Romain? Il se flattait à l'occasion de redécouvrir la bonne solution romaine [1]; et le lecteur appréciera, d'un bout à l'autre de cet ouvrage la peine qu'il se donne d'accoler à chaque terme de son système le mot latin correspondant: sans doute était-ce une tradition dans l'École du Droit Naturel.

Malheureusement ces traductions sont révélatrices. On pourrait demander, sous le texte de la *Rechtslehre*, à un romaniste d'aujourd'hui de mettre en notes ses étonnements: quand nous voyons pour notre part Kant, traitant de la «maîtrise de l'homme sur lui-même» ajouter entre parenthèses: *sui juris* – ou faire du contrat de *mutuum* (à Rome essentiellement gratuit) un contrat à titre onéreux – accumuler les contresens sur la prescription et l'usucapion romaine – le romaniste est déconcerté. Et je citerai tout à l'heure beaucoup d'autres exemples, plus graves. Kant se sera dispensé d'ouvrir le *Corpus Juris Civilis*.

---

1. *Opuscule sur la Contrefaçon des livres*, trad. J. Barni, p. 288.

Je ne mets pas en cause sa conscience d'universitaire. Puisqu'il avait à préparer des cours sur le Droit naturel, il a fait comme nous ferions tous, il a pris les derniers manuels en usage dans sa faculté, celle de philosophie. M. Philonenko rappelle qu'il a lu le manuel *d'Achenwall*, auteur d'ouvrages assez divers d'histoire, de statistique, et de la partie philosophique d'un *Jus Naturae*. Tout porte à croire qu'il connaît le traité de *Wolff*, le produit le plus célèbre en ce temps-là de l'École du Droit Naturel, et dont s'inspiraient la plupart des professeurs de Droit Naturel. Revenons encore sur cette *École* dite du Droit Naturel moderne.

La question doit être posée si, conformément à leurs titres, ce genre d'ouvrages porte sur le *droit*. Oui sans doute, d'une certaine manière, comme lorsque Hobbes, Locke ou Rousseau se trouvaient aborder le droit : d'un point de vue très *extérieur*. Des traités comme ceux d'Achenwall touchaient le monde des philosophes et théologiens, des politiques, des honnêtes gens, non pas spécialement les juristes.

C'étaient des livres qui manquaient de technicité. Déjà le parti des « humanistes », dont Grotius procède, s'opposant dès le XVIe siècle à la tradition dominante italienne des bartolistes, recommandait à ses juristes de s'instruire chez Cicéron, Sénèque, Platon, ou dans l'Évangile plutôt que du Corpus ou de la glose[1]. L'expérience juridique compte moins dans leur formation que ces autres sources culturelles. Et ce furent eux ou leurs disciples qui furent les premiers responsables de la subversion du vocabulaire romain. Quant aux professeurs de « droit naturel » de l'université allemande du XVIIe siècle, le

---

1. *Cf.* notre *Formation de la Pensée Juridique moderne*, Montchrestien, 1968, p. 509 *sq.*

plus grand nombre était encore bien plus dépourvus de culture juridique. Ces professeurs «de droit naturel» étaient professeurs de théologie, de morale, parfois de mathématiques[1]. Ils traitaient le droit comme une pièce ou un prolongement de leur *philosophia moralis*. Ils jouaient de la diversité des acceptions du mot *justice* (qui peut désigner aussi bien la bonne conduite de l'individu que l'office des tribunaux). Leur propos était de dresser le tableau *des règles de conduite* qui obligeraient l'homme, premièrement dans l'état de nature et ensuite dans l'état social. Il n'est pas sûr que tel soit l'objet topique de la science du droit.

Telles furent les sources de l'information de Kant en matière de «droit». Encore les grands auteurs de l'École, Grotius, Pufendorf, même Leibniz et Wolff, tenaient-ils à garder le contact aux textes juridiques romains; ils n'avaient pas encore rompu totalement avec l'expérience: comme Copernic ou Galilée, ils voulaient encore *vérifier* leurs théories dans l'expérience (du *Corpus Juris Civilis*). Kant, on peut en dire autant de Fichte, et même de Hegel, sont carrément étrangers au droit des juristes. Si nous disions tout à l'heure que sa *Rechtslehre* représentait le couronnement du rationalisme juridique, elle marque aussi l'apogée de l'ignorance du droit.

Le Subjectivisme de Kant était-il applicable au droit ?

Aussi vais-je maintenant confesser notre peu d'enthousiasme pour ses résultats. Je ne nie point que ce soit un ouvrage

---

1. *Cf.* les exemples donnés par H.-P. Schneider, *Justitia Universalis*, Klostermann, 1967 – pour le XVIIe siècle en Allemagne.

vigoureux, qui prouve la force de la pensée de ce vieillard de 72 ans, et même son souci de rejoindre, partant des idées, la pratique. Mais nous laissons au philosophe, si le philosophe accepte d'entrer dans les perspectives de Kant, le plaisir de le suivre sur sa route ; notre affaire à nous est de montrer que cette route touche à peine la nôtre. Pour nous tout le système se déroule dans un royaume d'idées pures, loin de notre expérience. Peut-être jugera-t-on qu'il s'agit d'un reproche mineur.

Comme ses prédécesseurs de l'École moderne du Droit Naturel, Kant traite du droit en *moraliste* : il relègue sa doctrine du Droit dans la Métaphysique des mœurs, elle est pour lui l'antichambre de la *Tugendlehre*, le droit devient l'instrument et la « condition », dans l'état de coexistence, de la libre activité morale. C'est là une manière profane d'envisager le droit, vu seulement par ses conséquences pour les intérêts de la vertu, d'un point de vue strictement *individualiste*. Ajoutons que la morale de Kant n'a pas seulement la vertu individuelle pour point de mire, mais elle prétend avoir pour *source* la conscience de l'individu, sa raison pratique subjective, cette pure morale étant par essence autonome. Pour lui toute la métaphysique (les « éléments métaphysiques de la doctrine du droit ») toute sa philosophie du droit doivent procéder de sa raison propre, interne, subjective. Kant ne voit le droit qu'en fonction et qu'à partir de *l'individu*.

Il pousse à l'extrême la tendance générale des doctrines modernes. Le projet aussi bien de Hobbes, de Locke ou de Hume que de l'École du Droit Naturel (échafaudant ses constructions sur une définition première de la « nature de l'homme ») avait été de rebâtir l'ordre juridique tout entier à partir des *individus* pris comme unique matière première. On supposait d'abord les hommes « naturellement libres », puis on

reconstituait l'ordre public par le biais du « Contrat social » –
comme un géomètre construit les figures à partir des lignes.
C'était la conséquence lointaine du nominalisme occamien [1],
de l'atomisme scientifique moderne et des triomphes de la
méthode « résolutive-compositive » [2]. On commence par
l'individu. Telle est la démarche qui s'accuse plus encore dans
la *Rechtslehre*, Kant ayant achevé la rupture avec l'expérience
des juristes.

Mais nous, qui n'avons pas été nourris de cette
philosophie, qui avons de la peine à concevoir qu'un système
théorique du droit puisse naître tout armé du cerveau, pour qui
la « théorie » repose d'abord sur une vision des choses – nous
pensons qu'une telle entreprise est vouée forcément à l'échec.
Le droit se manifestant à nous comme constitué de *relations
entre* les membres d'un groupe social (ou bien *entre* groupes),
nous estimons fou de prétendre en obtenir la moindre idée, si
ce n'est par la voie de l'expérience : en *observant* au-dessus de
nous-mêmes et *hors* de nous-mêmes, les groupes, les *ensem-
bles* sociaux où sont inclus ces relations. A partir de l'individu,
ou de la raison pure subjective d'un individu nous ne saurions
accéder à l'intelligence de ce lien qui ordonne et surplombe les
individus. S'il était vain de viser à rejoindre le droit, comme les
auteurs de l'École du Droit Naturel, à partir de la « nature de
l'homme », combien plus encore en partant de la raison
subjective de Kant !

---

1. *Cf.* notre *Formation de la pensée juridique moderne*, p. 199 *sq.*
2. *Ibid.*, p. 557, 645 *sq.*

Le langage juridique de Kant

Et voici les points principaux où la critique du juriste pourrait s'exercer : conformément aux traditions de l'École du Droit Naturel Kant *commence* par traiter *des droits* « naturels » de l'individu, puis, supposant l'intervention de « contrats » entre individus d'où procèderaient des groupements politiques de plus en plus vastes, il passe au droit de l'État moderne, puis au droit international, et pour finir au droit futur de l'Humanité. Commençons par le Droit privé [1].

Ce qui est à retenir de la première partie du système, – appelée par Kant le *Droit privé* – n'est plus guère comme nous l'avons dit, qu'un ensemble de *formes*, de concepts, de définitions ; dont le Pandectisme s'est inspiré. Nous leur reprocherons d'être impropres à saisir et à exprimer les réalités juridiques.

1. *Genèse des Droits privés*

En premier lieu Kant définit les *modes d'acquisition des droits*. Et puisque le raisonnement de Kant part de l'individu, il nous les montre résultant d'initiatives individuelles au moins au stade originaire, sous le régime du « Droit Privé ».

Il commence par le droit *réel*, première et principale espèce de droit individuel, dont le type est la propriété. La source initiale de la propriété serait un acte unilatéral (« *factum* »), *l'occupation*, prise de possession « idéale » par un mouvement de la volonté du bénéficiaire (sur ce point

---

1. Nous renvoyons pour l'explication de cette critique et les références à nos trois ouvrages : *Leçons d'histoire de la philosophie du droit*, Dalloz 1962 ; *La Formation de la pensée juridique moderne*, Montchrestien 1968 ; *Seize Essais de philosophie du droit*, Dalloz 1969.

l'analyse de Kant devait inspirer Savigny). Cette théorie de l'occupation s'inspire de celle des romanistes de l'École du Droit Naturel ; mais pas plus que la thèse rivale, celle de Locke, que reprendra Marx, de l'acquisition par le *travail* de l'individu séparé – quelle que soit la fortune de ces fictions chez les philosophes – ce mythe n'a d'autorité scientifique. Pour la science juridique romaine, hors un petit nombre de cas (la chasse et la pêche) où la communauté concède aux particuliers d'acquérir par « occupation », aucun droit de propriété ne pouvait résulter que d'un partage ; étant relation entre individus, il faut qu'il procède d'une source *supérieure* à l'individu, la loi, la coutume ou les tribunaux.

Arrivant au *droit personnel*, seconde espèce de droit subjectif Kant, ignorant les autres sources traditionnelles d'obligations (telles que le délit), veut qu'à l'origine il découle exclusivement du *contrat*. Bien sûr le contrat sera pour Kant œuvre libre des individus. Il le définit la rencontre « idéale » de plusieurs volontés (ce qui ne va pas comme on le verra dans l'Introduction de ce livre, sans le plonger dans un labyrinthe de discussions inextricables). Je sais bien que cette définition est devenue aujourd'hui courante, mais elle n'en est pas moins contraire à la bonne tradition romaine, celle qui répond à l'expérience : le contrat, tel qu'on peut l'*observer* dans les rapports de commerce et de voisinage, constitue une opération autrement complexe, où d'autres facteurs interviennent, des formes, des conditions concrètes, des faits (la remise d'une chose) ; et à laquelle le groupe social et « les tiers » sont intéressés. A l'origine d'une obligation contractuelle, il n'y a pas toujours à Rome de consentement des parties, et jamais le consentement seul… [1] Kant appauvrit, dénature le concept de *contrat*. Voilà quelques-uns de ses contresens dont nous annoncions tout à l'heure des exemples supplémentaires, sur le droit romain. Mais la liste n'est pas finie.

2. L'essence des droits privés

Comment se représenter maintenant la consistance de ces droits? Kant voit seulement le droit du côté du *sujet* qui en bénéficie. Puisque ses préoccupations vont uniquement à la morale, même à une morale très austère, le droit signifie à ses yeux une condition de la conduite morale du sujet, la garantie de sa liberté (non plus même, comme l'analysaient Leibniz et Wolff, un objet de jouissance personnelle et de félicité). Kant n'aperçoit le droit qu'avec l'œil de l'individu, qui se sert du droit comme un tremplin pour l'épanouissement de son être; il ne voit pas qu'il est d'abord, pour le juge qui le détermine, et tel que la science juridique a fonction de le considérer, *répartition* entre plusieurs au sein d'un ensemble. Aussi a-t-il défini le droit comme un *pouvoir*, une sphère de liberté du sujet; ce que bientôt les pandectistes désigneront par *droit subjectif*.

A notre avis, c'est là priver d'une de ses dimensions essentielles le concept du droit attribué au particulier; le désintégrer, ne retenir qu'un des termes de cette *relation*. Fausser la langue des juristes. Dans l'usage des juristes romains, suivi par ceux du moyen âge, et par les *praticiens* modernes, le mot *jus* appliqué au cas des particuliers, signifiait la *part* de richesses, d'obligations ou d'honneurs qui doit revenir à chacun (*suum jus cuique tribuendum*) de par ce partage entre membres d'un

---

1. Cf. *Archives de philosophie du droit*, t. XIII (1968). (Sur les notions du contrat) cf. *Seize Essais*, p. 290 *sq.*

groupement social que doit effectuer le juriste. Ou bien, il pouvait désigner le statut ou la condition faite à telle classe particulière, mais toujours *par rapport* aux autres. Et cette part ou cette condition comportait toujours un *complexe* d'avantages et d'obligations : avoir le « droit de cité romaine », c'était aussi être obligé de participer aux comices, ou de faire son service militaire [1].

Exemple, le droit de « *propriété* ». Selon les errements de l'École moderne du droit naturel, mais en poussant à l'extrême son subjectivisme, Kant le définit un pouvoir, une liberté absolue, une sphère d'action abandonnée à « l'arbitre » de l'individu, ce qui est méconnaître son côté social. S'il existe parmi nos lecteurs un propriétaire d'immeubles, il sait que la propriété comporte également des *charges* et pas seulement des libertés. Je rappelle que la définition de la propriété comme « pouvoir » « d'user de jouir et de disposer », qui passe encore pour « romaine » dans le grand public, est inconnue des textes romains ; les juristes avaient pour office d'attribuer à chacun sa *chose* en propriété (ce sont les choses que l'on partage) mais ne s'étaient pas aventurés, parce que ce n'était plus leur affaire et qu'il n'avaient pas à traiter de la conduite individuelle, à définir le pouvoir du propriétaire ni à le déclarer absolu [2].

La même erreur de perspective entache la conception kantienne du *droit personnel*, exclusivement considérée du point de vue du créancier, notion parfaitement étrangère au langage juridique romain, nous l'avons démontré ailleurs [3].

---

1. Cf. *Leçons*, p. 167 *sq.*

2. *Seize Essais*, p. 140 *sq.*

3. « Métamorphoses de l'Obligation » dans *Archives de philosophie du droit*, 1970, p. 287 *sq.*

3. *Le droit familial*

Et quant au « *droit personnel d'espèce réelle* », la grande invention de Kant, rien n'est plus significatif de la pauvreté de son système. C'est une nouveauté : le droit romain par principe s'était abstenu de traiter des rapports intra-familiaux, qui relevaient pour les anciens de l'Économique. L'énorme système de Wolff impliquait le droit familial, mais dans une partie distincte : la famille étant de ces groupes qui sont érigés au-dessus des individus, elle lui paraissait mériter un chapitre à part, usant de catégories propres.

Kant, prisonnier de la forme du droit subjectif, *privatise* le droit familial. Il imagine une troisième sorte de droit privé ayant pour objet les personnes, tout en présentant certains caractères du « droit sur les choses » : maîtrise du mari sur sa femme, pouvoir du père sur ses enfants, et du maître sur ses domestiques. Dans cette vision combien simpliste du droit de la famille, on appréciera l'analyse du contrat de mariage (transfert réciproque de l'usage des organes sexuels) et, non moins lourde et conformiste, la consécration du « droit de suite » sur les domestiques.

Décidément, Kant est loin des réalités. Combien plus nuancées et complexes sont naturellement les *relations* intra-familiales, composées toujours de mixtures de pouvoirs et obligations ! Qu'il est impropre de les transcrire sous forme de droits subjectifs ! Nous savons ce qu'il est advenu de ces maîtrises unilatérales du père, du mari et du maître : il fallut bientôt réagir contre cette grossière caricature de l'ordre familial, modelé sur l'ordre d'une caserne – et si contraire, en dépit de préjugés courants, au génie juridique romain.

La doctrine des sources du droit

Quant à la seconde partie de l'ouvrage, sur le *droit public*, M. Philonenko marquera la signification nouvelle que prend pour Kant le Droit public, et que là porte le poids du système. Le message de Kant en effet c'est le devoir qui nous incombe de constituer l'État, et de subordonner en fin de compte tout le droit à la loi de l'État (plus tard de la communauté politique internationale). Les solutions du Droit privé (pour autant que le Droit privé comportait des solutions vagues) n'étaient que *provisoires*; mais parvenu au stade actuel de civilisation, présentement, le juriste ne doit «chercher le droit que dans les Codes officiellement promulgués, sanctionnés par l'autorité»[1]. Il n'existe plus d'autre source du «*quid juris*».

En cet endroit, la doctrine de Kant se distance des positions de l'École du Droit Naturel. Pufendorf, Thomasius, ou Wolff, bien qu'ils étendissent leur système au-delà du Droit de l'individu, l'élargissant à des cercles de plus en plus vastes, la famille, la corporation, l'État, enfin le monde international, s'efforçaient de maintenir en vigueur jusqu'au terme leur droit privé; la constitution de l'État laissait intact le réseau des droits naturels reconnus aux particuliers. Avec Kant s'amorce la démarche *dialectique* de Fichte et Hegel, et le Droit public oblitère les résultats du Droit privé. C'est la législation de l'État qui forme, en fin de compte, le droit «péremptoire», les commandements du souverain étatique sont «irrésistibles». Ainsi, l'itinéraire de Kant débouche dans le *positivisme juridique*[2].

---

1. Cf. *supra*, p. 11.
2. *Leçons*, p. 254 *sq.*

Ici encore, puis-je accepter la Doctrine de Kant? à notre avis, elle souffre encore du même vice fondamental, cette optique subjectiviste qui nous paraît si mal conduire à la compréhension du droit. C'est la même malheureuse notion étriquée du droit *subjectif*, qui survit ici, transféré par l'individu physique qui en était titulaire (propriétaire, créancier ou père de famille) à la personne morale publique, «volonté générale» du peuple, ou, plus effectivement, du prince. D'ailleurs, tel est l'aboutissement à peu près fatal de la pensée individualiste moderne, celui déjà de Hobbes ou de Rousseau avant d'être celui de Fichte, tous n'échappant à l'anarchisme que pour échouer dans la tyrannie. On n'aperçoit plus, pour finir, à la source du droit, qu'un pouvoir fermé sur lui-même, le vouloir arbitraire du prince, semblable au pouvoir absolu du propriétaire sur sa chose ou de l'adjudant sur ses recrues.

Combien plus riche était le tableau *des* sources[1] du droit, dans le *Corpus Juris Civilis* ou les *Institutes* de Gaius! Combien plus riche la description du *partage* des fonctions, honneurs, responsabilités publiques, *entre* les classes sociales et organes publics dans la Politique d'Aristote! Autant que le droit familial et le droit privé, c'est une manière bien médiocre de penser le droit public que de le faire en terme de maîtrises, de pouvoirs, de souverainetés. Le juriste ne peut que conclure à la profonde discordance de cette théorie aux besoins de la science du droit.

---

1. Lois, avis des jurisconsultes, coutume, etc.

CONCLUSION
LA *RECHTSLEHRE* DE KANT EST-ELLE UNE THÉORIE DU DROIT ?

J'ai cru, vers les deux tiers du livre, devoir revenir sur ce verdict. Notre auteur, soucieux des effets de sa doctrine dans la pratique, aspirant désespérément à rejoindre le réel à partir de sa théorie, semble en fin de course se rapprocher des perspectives des juristes. Traitant du passage du moment théorique du droit privé à la synthèse du droit public (§ 39 et 41), après de pénibles contresens sur la « justice commutative » (§ 39), il y a un passage de son livre où il paraît redécouvrir l'objet véritable de l'art juridique, la « *justice distributive* » : non pas d'apporter une sanction à certaines règles de conduite – ce qui ferait du droit le gendarme de la morale – ni le service des libertés de l'individu, condition de sa moralité ; mais plus humblement le partage entre les intérêts des plaideurs. *Suum cuique tribuere.* Mais *rien* ne vient remplir notre espoir. La pensée de Kant est aveugle, ne comporte aucune ouverture sur cette espèce d'activité qui est le propre de l'œuvre judiciaire, aucun accès tant aux méthodes qu'aux finalités de cet art de la distribution.

C'est pourtant là que nous l'aurions attendu à l'œuvre :

1) *Comment* opérer ce partage des biens et des charges ? *comment* le législateur lui-même, puisque la solution de Kant est de confier au souverain le monopole de cet office, y pourvoira-t-il ? (en réalité ce n'est pas le monopole du législateur ; *tout juge* a pour rôle de répartir le mien et le tien entre les parties au procès). La *Rechtslehre* n'apporte *rien* qui éclaire la démarche du juge en cette recherche du *quid juris*, dont une « philosophie du droit » devrait apparemment s'occuper.

C'est que l'œuvre du juge et du juriste, je défie quiconque de la bien saisir à travers le système de Kant. Cet art que les juristes romains ont élaboré, à l'aide de la philosophie grecque, la philosophie kantienne s'est interdit d'y rien comprendre. Elle s'est bouché l'intelligence des techniques d'observation comme des procédés de raisonnement spécifiquement juridiques. Je ne puis qu'esquisser ces deux points : a) En isolant de l'*expérience* la raison pratique, en niant que de l'observation puisse découler aucun savoir sur le devoir être, Kant a donné le coup de grâce à la méthode juridique classique du *droit naturel*[1], déjà pervertie par Grotius et ses successeurs – b) et en second lieu ce philosophe accoutumé à poursuivre dans sa coquille, solitairement, ses déductions, ne sait rien de la procédure de la *controverse* judiciaire, par laquelle les juristes romains accédaient à leurs solutions[2].

2) Quant au *but* même de l'opération, il n'est pas moins foncièrement inintelligible dans la philosophie de Kant. Il ne s'agit pas d'aboutir à *n'importe quelle solution* que dicte l'arbitraire du prince ou la « volonté générale », le juge recherche une sentence bonne, *juste*, acceptable. Le droit est *ars aequi et boni*, il poursuit des solutions *justes*. – Mais qu'est la *Justice* pour Kant ? Un rêve subjectif, utopique et insaisissable d'égalité universelle et de liberté, lequel n'a plus rien à voir avec la justice, située, concrète, matérielle – meilleur partage entre les intérêts des plaideurs – à quoi tend

1. *Cf.* notre Abrégé du droit naturel classique, dans *Leçons* p. 133 *sq.* ; *Seize Essais*, p. 49 *sq.* Rappelons que cette philosophie classique du droit naturel, que pratiquent les juristes romains est à l'opposé de « l'École » dite du droit naturel moderne. Elle tire le droit non de la Raison, mais de l'observation du monde, et non pas d'une définition abstraite de la « nature de l'homme », mais de l'observation des groupes.

2. *Ibid.*, p. 163 *sq.* *Cf.* Ch. Perelman, *Droit, morale et philosophie*, L.G.D.J. 1968.

le travail du juge. *Le but même du droit* ne peut entrer dans les catégories kantiennes.

Pour nous la *Rechtslehre* de Kant, qui passe à côté de l'objet, des finalités, de la méthode et des instruments de notre travail, *n'est pas une théorie du droit.* Elle marque le sommet d'une période d'*oubli* de la philosophie du droit.

Kant a cru nous parler du droit (il est vrai qu'il était victime des habitudes allemandes de l'École du Droit Naturel), alors qu'il faisait autre chose. Si Kant a cru constituer la science des principes, des fondements *a priori*, comme les *mathématiques du droit*, il a commencé par une sorte de mathématique *non-euclidienne essentiellement étrangère à notre expérience juridique.*

D'un malentendu

Telle est du moins la réaction d'un juriste historien du droit – qui ne s'attend pas excessivement à être suivi. Aucune chance que des philosophes consentent à prendre au sérieux notre critique de Kant, si tout ce qu'ils connaissent du droit, ils l'ont appris en lisant Kant ; ou Fichte ou Hegel ; ou d'autres successeurs de Kant, y compris Kelsen.

Supposé même qu'ils aient lu Hobbes, Locke, Rousseau, Leibniz, et peut-être Wolff, cela ne suffira pas encore à lever notre dissentiment, puisque ce n'est pas dans cette école ni dans ce genre de littérature, nous avons expliqué pourquoi, qu'il faut chercher une théorie du droit des juristes.

Il est vrai que même chez les juristes, le sens du terme est tombé dans l'incertitude, qu'il est aujourd'hui ambigu, et que bien des juristes aussi jugeraient notre thèse paradoxale. Ce qui fait l'intérêt très actuel de la doctrine de Kant, c'est que tel a été l'ascendant de son système philosophique qu'elle a conquis un large secteur de l'enseignement *théorique* du droit.

Ses formes de pensée, son langage, sa définition même du droit
– nous l'avons dit – ont pénétré les universités allemandes, et,
de là, gagné tout le continent. Il est de fait que le positivisme
légaliste y est devenu quelque temps doctrine officielle, et
que les Pandectistes ont bâti leurs exposés systématiques
des concepts généraux du droit, refondu les définitions de la
propriété, de l'acte juridique, de la possession, du contrat, dans
les perspectives de Kant. Alors, le langage de Kant n'est-il pas
devenu le nôtre ?

Le déferlement sur les juristes de la philosophie kantienne
s'est perpétué jusqu'à nos jours dans un bon nombre de
« Théories générales du droit et de l'État » : les juristes ne se
soucient pas de fournir un travail personnel en matière philosophique, il arrive que ces ouvrages renvoient surtout aux
philosophes leur propre enseignement. Et je reconnais volontiers que si les philosophes prennent la peine de lire Kelsen ou
Del Vecchio, ou même le chapitre premier, dit Introduction
générale de beaucoup de manuels de droit civil, ils y
trouveront pour l'essentiel, confirmé le système de Kant.

Aussi, l'intention de cette Préface a-t-elle été de mettre
en garde que ces exposés « théoriques » – plaqués au-dessus de
la science du droit – sont très peu significatifs de la pensée
juridique commune. Le philosophe s'en rendrait compte, s'il
continuait au-delà du premier chapitre n'importe quel traité
de droit.

Il s'y trouvera vite loin de Kant. Sans doute le succès de la
Rechtslehre peut-il *s'expliquer* en son temps. Elle a pu servir
au début du XIXe siècle une *politique* particulière, la cause de
l'étatisme, l'individualisme, le libéralisme bourgeois. Mais
l'office du juge ni du droit ne fut jamais de se mettre au service
d'une *partie*, fût-ce l'individu ivre de liberté morale. Le juge

est toujours un arbitre *entre* les parties du groupe social. Jamais les vrais artisans de l'art judiciaire n'ont accepté de plier le droit à l'optique de l'individu.

Si l'on veut bien regarder le *contenu* des ouvrages juridiques contemporains, on y constatera que les notions pandectistes de la personne, de la propriété, du contrat – comme rencontre de volontés – de la possession etc., sans avoir jamais réussi à exprimer convenablement la réalité juridique, sont parvenues à un état de *crise* manifeste. Le positivisme légaliste, qui prétendait réduire aux Codes les sources du droit, et ne fut jamais qu'une fiction, *est aujourd'hui abandonné*. Sur ces faits-là vous ne trouverez plus de désaccord chez les juristes.

Les *formes* de la Doctrine du droit nous semblent aujourd'hui disconvenir à notre discipline; produit de provenance extrinsèque, exporté par erreur dans le droit; mauvais vêtement de confection, impropre, étriqué, où les juristes respirent mal; tout notre effort est aujourd'hui de nous libérer de cette chape.

Jules Barni, l'ancien traducteur de la Doctrine du droit, en 1854, portait l'ouvrage de Kant aux nues. P.I.: « La philosophie n'est que d'hier, disait naguère une voix éloquente; de quel jour date donc la science du droit naturel? L'ouvrage dont je publie ici la traduction et le commentaire est le contemporain de cette mémorable époque » etc. Que ces lieux communs emphatiques et naïvement progressistes supposent d'ignorance sur l'histoire de la philosophie sociale! De nos jours, l'historien du droit ne peut ignorer l'existence d'une philosophie respectueuse des réalités juridiques, collant à notre expérience, dont les juristes de l'Europe ne manquèrent point de se nourrir à aucune époque; philosophie qui ne date pas de

Kant ni même de Grotius, mais de vingt-trois siècles… Nous ne pensons plus que la *Rechtslehre*, cette intrusion dans le droit d'un langage constitué ailleurs, cette œuvre de dénaturation de notre outillage conceptuel, représente pour nous un progrès… J'espère que M. Philonenko, en 1970, témoignera d'un moindre enthousiasme. Même s'il n'a pas à envisager cet ouvrage du point de vue qui fût le nôtre.

Pour Etty

INTRODUCTION

La *Doctrine du droit*, première partie de la Métaphysique des mœurs[1], fut publiée, sans doute, en 1796 – suivant l'affirmation de Schubert[2]. Mais, en fait, aucun éditeur n'a pu établir avec toute la précision désirable, la date de la parution. En effet, l'affirmation de Schubert est contredite par une série de témoignages. Le 3 décembre 1796, Hahnrieder à Berlin « attend toujours avec impatience la métaphysique du droit et la doctrine de la vertu, en lesquelles il croit trouver quelque lumière sur des objets qui lui sont jusque-là demeurés obscurs ». Le 7 décembre de la même année Jakob écrit à Kant,

---

1. *La doctrine de la vertu* en est la deuxième partie, et nous nous permettrons de renvoyer pour de nombreux problèmes à notre introduction à celle-ci. Nous suivrons ici le texte de l'édition de l'Académie corrigé par Vorländer (PHB, 1919). Qu'il nous soit permis de dire d'une part que de graves défauts affectent le texte kantien et que certaines phrases sont peu claires, et que d'autre part nous ne donnerons pratiquement pas de références au bel ouvrage de G. Vlachos, *La pensée politique de Kant*, Paris, 1962, trésor d'érudition et de réflexions que tout un chacun doit consulter par soi-même.

2. Kant's Werke, *Gesamtausgabe*, K. Rosenkranz et F. Wilhelm Schubert, Leipzig, 1838, Bd. IX, p. i-xvi et 1-366.

depuis Halle, qu'il attend « sa métaphysique du droit, qui est indiquée comme terminée, mais dont l'impression n'est sans doute pas achevée ». Et à Nuremberg, le 16 janvier 1797, Erhard déclare qu'il n'a pas encore l'ouvrage entre les mains. Selon Vorländer, l'ouvrage est paru entre la fin de l'année 1796 et le début de l'année 1797. – La première édition de la *Doctrine du droit*, en tous cas, parut sous le titre suivant : *Metaphysische Anfangsgründe der Rechtslehre von Immanuel Kant, Königsberg, bey Friedrich Nicolovius 1797.* Puis liée à la *Doctrine de la vertu* sous le titre : *Die Metaphysik der Sitten in zwey Theilen. Abgefasst von Immanuel Kant, Königsberg, bey Friedrich Nicolovius 1797. Erster Teil: Metaphysische Anfangsgründe der Rechtslehre. Königsberg*, etc. – *Zweiter Teil: Metaphysische Anfangsgründe der Tugendlehre. Königsberg*, etc. Une édition eut lieu aussi en 1798 qui comprenait un appendice formé de remarques explicatives, destinées à répondre aux objections d'un compte rendu du *Journal des savants* de Goettingue, dont l'auteur – Bouterwek, suivant la lettre de Fichte à Kant du 1er janvier 1798 – avait semblé pénétrant et cordial à Kant. Cet appendice, qui fut d'ailleurs publié séparément, fut malheureusement, dans la *Doctrine du droit*, inséré à un endroit qui n'était pas judicieux, c'est-à-dire à la fin du § 42. Comme beaucoup d'éditeurs, nous l'avons rejeté à la fin du volume, car il traite de questions qui touchent aussi bien les développements initiaux que les dernières conclusions de la *Doctrine du droit.*

Bien que Kant ait traité plusieurs fois dans ses séminaires et cours des problèmes relatifs au droit – il aborda le *droit naturel* au moins onze fois et vraisemblablement douze, entre 1766/67 et 1788, sans compter les très nombreuses leçons touchant à la philosophie morale en général[1] – la préparation de la *Doctrine du droit* fut assez laborieuse. Il est vraisemblable au demeurant que de grandes différences séparaient les leçons et la *Doctrine du droit*. Natorp, en confrontant le texte issu du cours sur le droit naturel du semestre d'été de 1784 et la *Doctrine du droit*, assure que cette dernière ne se rattache pas étroitement au cours bien que, d'une part, le plan général soit dans les deux cas emprunté au *Ius Naturae* d'Achenwall[2], de même, d'autre part, qu'une bonne partie de la terminologie. En outre, le travail accompli par Kant est attesté par les nombreux fragments manuscrits que l'on découvre dans les *Lose Blättern aus Kants Nachlass* de R. Reicke. On ne compte pas moins de 60 fragments dans la convolute E (dont certains, il est vrai, se rattachent à la *Doctrine de la vertu*), c'est-à-dire 3 (division des devoirs), 5 20 21 (préface), 22 29 II 34 (§ 24 et 25), 37 (§ 31, 32, 48), 39 (§ 11 et § 14), 40 (division des devoirs de vertu), 43 II, 48, 52 (introduction XVII), 72 (projet d'un caté-chisme moral), 76 II et III (concept et division des devoirs). Les principaux fragments se rattachent d'une part aux moments généraux de la métaphysique des mœurs [3 9 22 23 I (passage de la Doctrine du droit à l'Éthique) 29 36 38 46 60 76 I] et d'autre part à des problèmes spécifiques du droit [1 et 4 – ou 70 75 II – 6 11-17 18 II et III 19 23 III (politique)], 24, 27 29 ; 10 32 33 I II (possession du sol); 32 III IV 33 35 II 43 I IV 47 I 59 (possession juridique ou intellectuelle par opposition à la possession empirique), 42 44 45 47 (formes

---

1. E. Arnoldt, *Kritische Exkurse im Gebiete der Kant-Forschung*, Königsberg, 1894, p. 644 *sq.*

2. Sur Achenwall, cf. notre livre *Théorie et praxis dans la pensée morale et politique de Kant et de Fichte en 1793* (désormais cité : *Théorie et praxis*), Paris, 1968, p. 12-14.

de la constitution), 50 51 53 (droit de louage), 54 58 II (possession commune), 55 68 (acquisition extérieure), 56 57 58 (acquisition originaire du sol), 77 II (politique).

I

Or, d'une manière générale, on peut dire que ce travail n'a pas trouvé sa récompense. Bien que la *Doctrine du droit* constitue la dernière tentative systématique véritablement originale de la pensée kantienne, le dernier effort pour défricher un sol nouveau, son influence a été finalement assez réduite. Assurément, il existe des rapports entre la pensée de Kant et celle d'autres théoriciens du droit ultérieurs, par exemple Kelsen[1], mais l'on ne saurait dire que la philosophie du droit de Kant, qui a souvent fait l'objet de la critique sarcastique de Hegel[2], ait possédé le même rayonnement que la *Critique de la Raison pure* ou la *Critique de la faculté de juger*. Au demeurant dans les pays qui ne sont pas de langue allemande les redoutables difficultés du texte – dont certaines phrases sont interminables, quelque peu confuses, et parfois même franchement incorrectes – ont pu rebuter les traducteurs et entraver de la sorte la diffusion de la pensée kantienne. En outre, un malheureux concours de circonstances a pu dissimuler le sens profond du développement de Kant.

1. H. Kelsen, *Théorie pure du droit*, Paris, 1962. Nous prenons la liberté de renvoyer aux ingénieuses analyses de M. Goyard, dans sa thèse encore inédite : *Essai de critique phénoménologique du droit* (1970).
2. Hegel, Sämtliche Werke (Glockner-JA) Bd. I, p. 107 *sq.* ; p. 457 *sq.* et spécialement p. 467 [cf. *Phaenomenologie des Geistes* (Lasson), p. 307], Bd. VII, § 29, p. 79, et § 75, p. 132.

D'une part, la *Doctrine du droit* ne peut être séparée de la réflexion du philosophe sur la Révolution française[1]. Dans l'important développement consacré au *droit politique* (§ 43-52) Kant porte des jugements dont l'inspiration se trouve tantôt favorable à certains aspects de la Révolution française et tantôt, au contraire, défavorable. Nul ne saurait contester assurément que, saisie de l'intérieur, la systématique kantienne ne soit cohérente, mais le développement considéré à partir de la Révolution française elle-même, donc à partir d'une histoire concrète, apparaît plein de contrastes. Si Kant conteste formellement la condamnation à mort de Louis XVI – c'est-à-dire son « exécution dans les formes » (*formale Hinrichtung*), qui signifie tout autre chose qu'un assassinat[2] – en revanche ses notations souvent cruelles concernant la noblesse et même le clergé[3] semblent inspirées par un certain « extrémisme ». Dès lors on reporte à l'intérieur de la pensée kantienne, si l'on ose dire, les jugements contrastés que sa direction intime et nécessaire lui commande de porter sur l'extérieur. Les incertitudes de l'histoire se transforment en hésitations du philosophe. Comment ne pas estimer dans ces conditions que la *Doctrine du droit* est un écrit de circonstances ? Ainsi les relations entre le souverain et la souveraineté ne sont pas claires et tout se passe comme si Kant,

---

1. Cf. *Théorie et praxis*, 1 re partie.

2. *Doctrine du droit*, Remarque générale, A, p. 203.

3. Kant approuvera la Révolution française, tant qu'elle lui paraîtra conduite par le roi ; *cf.* M. Guéroult, « Fichte et la Révolution française », *Revue philosophique*, 1939, p. 242. Sur les problèmes évoqués, cf. H. Cohen, *Kant's Begründung der Ethik*, 2 e éd, Berlin, 1910, p. 438-439.

indigné par certains aspects de la Révolution française, tendait
à les confondre [1].

D'autre part, si la *Doctrine du droit* diffère de la *Doctrine
de la vertu* en ce qu'elle cherche à établir un principe universel
pour un nouveau domaine de la culture (tandis que la *Doctrine
de la vertu* ne fait qu'appliquer le principe de la morale), il faut

1. M. Guéroult, *op. cit.*, *loc. cit.* Cf. G. Vlachos, *op. cit.*, par exemple p. 417.
D'audacieux parallèles entre la Révolution française et la Révolution copernicienne furent tentés de leur côté. Ainsi ce texte du *Moniteur* du 13 nivôse an IV
(3 janvier 1796) saluant la publication du projet de paix perpétuelle (le premier
texte de Kant traduit en France) : « Le célèbre Kant, cet homme qui a produit en
Allemagne dans les esprits une révolution pareille à celle que les vices de
l'Ancien Régime ont laissé arriver en France dans les choses, vient d'étayer du
poids de son nom la cause de la Constitution républicaine. Après avoir établi les
bases solides et scientifiques d'une réforme de la philosophie, il a cru pouvoir
proclamer quelques-uns des résultats de cette réforme, qui jusque-là avaient été
plus sentis qu'avoués ; il n'a pas craint de s'exprimer loyalement et franchement. Son âge avancé devant le conduire bientôt au terme de sa glorieuse
carrière, il a dédaigné les alarmes que pourraient concevoir et cette fausse
prudence qui seconde le mal en le laissant faire et l'hypocrisie de l'erreur et du
scepticisme… ainsi (AP) à six cents lieues de Paris, un philosophe professe le
républicanisme, non de la France, mais du monde entier. » (Cf. Kant, *Écrits
politiques*, introduction et notes par A. Aulard, Paris, 1917, p. 26.) Ce lecteur
enthousiaste ignorait certainement la lettre du 22 mars 1793 à Spener où Kant
déclarait que son âge ne permettait qu'un seul souhait : celui du repos et de la
paix (AK. XI, p. 417, lettre n° 564). D'ailleurs la Révolution française devait
susciter en Allemagne, chose louable certes, un intérêt passionné pour la philosophie du droit. « En l'espace de trois ans, écrivait Forberg, le 18 mars 1795, les
kantiens ont importuné le monde de douze théories du droit naturel, pas une de
moins, et la treizième va bientôt s'y ajouter. » Forberg devait songer à celle de
Kant. Mais il y en eut beaucoup plus. L'influence toute particulière que la
Révolution française aurait exercé sur les recherches de Kant ne serait donc tout
au plus qu'un phénomène banal. Or Kant n'étant point un être banal, on peut
supposer qu'elle n'a pas été si profonde chez un esprit âgé, qui ne plantait pas
des arbres de la liberté et ne désirait que la paix. On verra mieux plus loin qu'il
savait juger – c'est le cas de le dire ! – les choses de loin.

bien reconnaître qu'elle souffre aux yeux de certains de graves défauts. La considérant, E. Cassirer n'hésite pas à déclarer que toute la première partie qui intéresse le droit privé est dominée par la tendance de plus en plus marquée de Kant à mettre en œuvre des schémas et des divisions préfabriqués qui ne respectent pas toujours la complexité du réel : « A cet égard, écrit-il, la construction kantienne du mariage comme droit personnel d'espèce réelle est caractéristique. L'œuvre ne s'élève véritablement à une grande liberté intellectuelle que lorsqu'elle s'applique aux questions du droit public : le droit politique et le droit des gens. »[1] On peut d'ailleurs faire deux remarques assez sévères sur le droit privé – qui se ramène à la théorie de la possession – et que Kant, suivant en cela Achenwall et d'autres théoriciens du droit, identifie au *droit naturel*. En premier lieu, Kant n'a pas su dissiper l'équivoque qui habite la notion de droit naturel. Dans l'expression « droit naturel » la nature est présupposée d'une double manière : ou bien il s'agit de la nature en tant qu'elle est la vérité – ou bien il s'agit de la nature en tant qu'elle est l'état primitif, préhistorique de l'homme. Cette équivoque est présente dans toute l'histoire du droit naturel, et si Kant a pu parfois chercher à l'écarter[2], il n'a pas été suffisamment clair. A dire la vérité, ces deux aspects du droit naturel le repoussaient autant l'un que l'autre. Il se méfiait du faux apriorisme qui habitait le droit naturel au premier sens, et ce n'est pas la *Fondation du droit naturel* de Fichte (1796) qui aurait pu le réconcilier avec cette tendance qui s'était déjà si nettement manifestée chez Wolff. Mais d'un autre côté Kant ne se sentait guère attiré par les

---

1. E. Cassirer, *Kants Leben und Lehre*, Berlin, 1918, p. 426.
2. *Doctrine du droit*, § 6, p. 125.

fictions de l'état de nature au sens d'état primitif de l'homme.
Tandis qu'il traite de « la communauté originelle du sol...
(*communio fundi originaria*)», Kant déclare qu'il s'agit
d'une « Idée qui possède une réalité objective (juridiquement
pratique), et il la faut clairement distinguer d'une communauté
primitive (*communio primaeva*), qui n'est qu'une fiction »[1].
Dès lors Kant aurait dû s'incliner vers le droit positif ; mais il le
jugeait trop contingent et empirique pour s'appuyer sur lui.
Aussi bien une fâcheuse ambiguïté se dessine-t-elle dans la
Doctrine du droit. – Mais ce n'est pas tout. On peut se demander en second lieu de quelle manière Kant aborde le droit en
général. Si la méthode transcendantale était rigoureusement
appliquée ou applicable, Kant aurait dû reconnaître dans le
droit un ensemble de *méthodes* susceptibles de déterminer les
contenus de la jurisprudence comme la méthode mathématique permet de déterminer les contenus de l'expérience
physique. Or, on doit bien avouer qu'au lieu de traiter des
méthodes, Kant dans la *Doctrine du droit* s'applique beaucoup
plus aux contenus, renversant ainsi la technique transcendantale telle que l'avait établie la *Critique de la Raison pure.*
Et cette impossibilité ou cette impuissance à se consacrer à la
considération des méthodes est sans aucun doute la raison pour
laquelle Kant n'a pas pu ériger l'organon des sciences sociales
qui aurait dû être le pendant de la théorie philosophique des
sciences[2].

Enfin l'ouvrage de Kant semble souffrir d'un grave défaut.
Comme l'ont très justement vu les néo-kantiens, c'est la partie
relative au droit politique et au droit des gens qui possède le

---

1. *Doctrine du droit*, § 6, p. 125.
2. H. Cohen, *Kant's Begründung der Ethik*, p. 438-439.

plus grand intérêt. Toute la théorie de la possession et de la propriété manque de vigueur; trop souvent Kant utilise en les modifiant assurément de manière considérable des idées empruntées au droit romain. Et cependant si l'on replace la *Doctrine du droit* dans l'ensemble de l'œuvre de Kant on observera que c'est précisément cette théorie de la propriété qui constitue le moment original de l'ouvrage : Kant avait, en effet, déjà développé dans ses opuscules *Sur le lieu commun : cela peut être bon en théorie, mais ne vaut rien en pratique* (1793)[1] et le *Projet de paix perpétuelle* (1795)[2], l'essentiel de ses vues concernant le droit politique et le droit des gens. On peut donc penser que ce qui est le plus nouveau dans la

---

1. Cf. *Théorie et praxis...*

2. *Cf.* A. Philonenko, « Kant et le problème de la paix », *Revue Guerres et Paix*, 1968. Condamné par Molkte (« la paix perpétuelle est un rêve et d'ailleurs ce n'est même pas un beau rêve; la guerre est un élément de l'ordre cosmique voulu par Dieu ») le premier célèbre *Projet pour rendre la paix perpétuelle en Europe* (*cf.* Th. Ruyssen, *Les sources doctrinales de l'internationalisme*, Paris, 1958, t. II, p. 580 *sq.*) donna quelque consistance à l'idée d'un projet de ce genre. En 1766, l'Académie française rend hommage aux mémoires de Laharpe et de Gaillard, lors du « prix de la paix ». En Allemagne on s'occupa aussi beaucoup du problème. Déjà en 1758 J.F. Palthen publiait un *Projekt eines immerwaerenden Friedens in Europa*. Le texte de l'Abbé de Saint-Pierre (1712) n'avait pas connu la stérilité. Ce n'est pas le lieu de citer tous les opuscules consacrés à cette idée. La question est de savoir quelles furent les sources de Kant. Vorländer pense que Kant ne l'a connu qu'à travers le *Jugement sur le projet de paix perpétuelle* de J.-J. Rousseau, publié à Genève en 1782 (Kant, *Zum ewigen Frieden*, Vorländer Herausgeber, Leipzig, 1919, p. x *sq.*). Mais par ailleurs on découvre dans l'écrit de Kant consacré à la paix perpétuelle un jugement ironique contenu dans une lettre à Grimarest de Leibniz [*Œuvres de Leibniz* (Foucher de Careil), t. IV, p. 315]. Il est presque impossible de déterminer si les sources de Kant étaient nombreuses ou relativement maigres et récentes (ainsi le *discours* de Volney, *sur la paix et la guerre du 18 mai 1790*).

Doctrine du droit est aussi ce qui manque le plus d'intérêt!
Nous verrons néanmoins que ce reproche est assez mal fondé
– comme ceux que nous venons de présenter – et que seule une
lecture superficielle du texte de Kant l'autorise. Car si l'on y
regarde bien, pour ne prendre que ce dernier point, ce qui est
véritablement important c'est la manière tout à fait originale
dont Kant rattache à travers la théorie de la propriété le droit
naturel au droit public. Disons en un mot, avant d'y revenir,
que toute la théorie du droit naturel est en vue de l'État et
justifiée par l'État, qui lui-même est un problème pour
l'histoire en tant que lieu où la praxis *humaine réalise l'Idée
politique.*

II

Tentons de résumer à grands traits tout d'abord la *Doctrine
du droit.* Elle se compose de deux parties, l'une consacrée au
droit privé, l'autre au *droit public.* Ces deux parties sont
elles-mêmes précédées par une *Préface,* une *Introduction à la
métaphysique des mœurs* et une *Introduction à la Doctrine du
droit.*

Dans la *Préface* Kant, après avoir brièvement indiqué
comment la métaphysique des mœurs forme le pendant des
Premiers principes métaphysiques de la science de la nature,
et comment dans son rapport à l'expérience un système tout
entier fondé sur la raison ne peut en certains cas atteindre que
des résultats approximatifs, précise que la *Doctrine du droit*
sera pour ainsi dire divisée en deux : l'exposé proprement dit
des principes, d'une part – et d'autre part des observations
parfois étendues (que nous avons dans notre traduction indiquées sous le titre de *remarque*). Il se défend ensuite du
reproche d'être obscur, se plaint de ce que l'on ait pu

confondre sa doctrine avec celle de Hausen et enfin soutient le paradoxe suivant lequel il est en droit de dire qu'il n'y a pas eu de véritable philosophie avant la philosophie transcendantale [1].

L'*Introduction à la métaphysique des mœurs* ne soulève aucune difficulté particulière : c'est un rappel de définitions bien connues des lecteurs de Kant et il n'y a que deux points qui soient vraiment délicats. En premier lieu Kant distingue quatre termes : *Willkür, freie Willkür, Wille, Freiheit*, qu'il faut traduire respectivement par *arbitre, libre-arbitre, volonté, liberté* [2]. Le sens du mot arbitre (*Willkür*) que Kant oppose avec le libre-arbitre (*freie Willkür*) à la volonté n'est pas dès l'abord clair. Précisons tout d'abord que Kant, qui ne donne pas à ce terme un sens scolastique, identifie la raison et la volonté, en déclarant de cette dernière que « dans la mesure où elle peut déterminer l'arbitre elle est la raison pratique elle-même » [3]. L'arbitre apparaît dès lors comme le déterminable

---

1. Nous avons tenté de déterminer dans *La doctrine de la vertu* (p. 10 *sq.*, p. 27 *sq.*) le statut de la métaphysique des mœurs dans le corpus de la philosophie transcendantale. Nous prendrons la liberté de renvoyer encore une fois à l'ouvrage approfondi de B. Rousset, *La doctrine kantienne de l'objectivité* (p. 504-513). On se reportera aussi avec profit à l'ouvrage de H. Cohen, , *Kant's Begründung der Ethik*, p. 373 *sq.* Mais la question n'est pas là : Kant a-t-il le droit d'affirmer qu'il n'existait pas de philosophie avant la sienne ? L'éclectisme d'un Leibniz tendrait à montrer le contraire : bien des points de vue sont légitimes. Ajoutons encore une remarque : dans ce qui va suivre nous n'exposerons pas le contenu de la *Rechtslehre*. Son mouvement intérieur nous paraît plus important. P.M. Kretschmann, (« An Exposition of Kant's Philosophy of Laws » in *The Heritage of Kant*, Princeton, 1939) a donné une solide présentation du texte de Kant.

2. On ne voit pas comment traduire *Willkür* par libre-arbitre sans fausser la pensée kantienne.

3. *Doctrine du droit*, I, p. 87.

dans la faculté de désirer – comme les formes de l'intuition pure sont, pour ainsi dire, le déterminable par rapport aux catégories[1] – et Kant peut écrire : « L'arbitre qui peut être déterminé par *raison pure* s'appelle libre-arbitre. » Le libre-arbitre est le déterminable déterminé de telle sorte qu'il manifeste l'indépendance de la volonté, en ce cas identique à la raison pratique, c'est-à-dire par conséquent la liberté. Et la détermination par la raison est la soumission des maximes de l'action sous la condition de l'universalité qui les qualifie pour une législation universelle. Naturellement, il est possible que le déterminable ne soit pas déterminé sous cette condition, auquel cas on ne peut l'appeler un libre-arbitre[2]. – Le deuxième point délicat intéresse la division de la métaphysique des mœurs. Et il est fondamental, car il s'agit de savoir si Kant a clairement distingué, c'est-à-dire d'une manière philosophiquement bien fondée, le droit et la morale.

Kant sépare dans les termes suivants le droit et la morale : « La législation éthique (quand bien même les devoirs pourraient être extérieurs) est celle qui ne saurait être *extérieure*; la législation juridique est celle qui peut aussi être extérieure. Ainsi c'est un devoir extérieur de tenir la promesse donnée dans un contrat; mais le commandement d'agir ainsi uniquement parce que c'est un devoir sans tenir compte d'un autre mobile n'appartient qu'à la législation intérieure. »[3] Déjà dans *Eine Vorlesung ueber Ethik* Kant avait présenté cette distinction, d'après laquelle le devoir ou mieux l'obligation juridique, étant dictée par une double contrainte,

1. A. Philonenko, *L'œuvre de Kant*, t. I, p. 148 *sq.*

2. Kant, *Die Religion innerhalb der Grenzen der reinen Vernunft*, I, II, p. (A) 24.

3. *Doctrine du droit*, III, p. 94.

d'une part celle qu'exerce la loi morale, et d'autre part la contrainte

des lois extérieures ou publiques, était caractérisée comme parfaite (ou complète) par opposition à l'obligation morale incomplète parce que dictée par le seul principe de la moralité : « Die inneren Obligationes sind unvollkommene obligationes, weil wir dazu nicht können gezwungen werden » – « Die Obligationes externae sind aber perfectae denn da kommt noch ausser der inneren Verbindlichkeit die äussere Nötigung dazu. »[1] Sans doute dans *Les fondements de la métaphysique des mœurs* Kant reconnaît qu'il existe « non seulement des devoirs parfaits extérieurs, mais encore des devoirs parfaits intérieurs »[2]. Mais il est peu contestable que la distinction effectuée dans la métaphysique des mœurs ne rejoigne l'esprit de la *Vorlesung ueber Ethik.*

Or, déjà Fichte en 1795 avait fait observer que la distinction de Kant ne se traduisait pas toujours clairement[3]. Après lui A. Feuerbach, Thibaut, Hugo lui-même n'acceptaient pas

---

1. *Eine Vorselung über Ethik*, P. Menzer Herausgeber, Berlin, 1924, p. 39. « Les obligations intérieures sont des obligations imparfaites, parce que nous ne nous pouvons y être forcés »; « Mais les obligations externes sont parfaites car à l'obligation morale s'ajoute encore, en outre, la contrainte externe. » Ce point de vue, unifiant plutôt que séparant droit et morale, est encore celui des kantiens en 1795-1796. Reihold ne démord pas encore de cette opinion (soutenue par Hufeland et bien d'autres) qu'il a exposée dans ses déjà anciennes *Briefe über die Kantische Philosophie* (II, 3). En 1793, Fichte est toujours kantien (cf. *Théorie et praxis*, p. 114 *sq.*, § 48). Il ne montrera le bout de l'oreille qu'en 1795 dans son compte rendu du *Projet de paix perpétuelle de Kant* (SW. Bd. VIII, p. 427 *sq.*). Au sujet de Schelling on consultera le beau livre de A. Hollerbach, *Der Rechtsgedanke bei Schelling*, Frankfurt am Main, 1957.

2. *Fondements de la métaphysique des mœurs* (trad. fr. Delbos), p. 138.

3. C'était dans son esprit un grave reproche.

sans réserves cette distinction[1]. C'est qu'une difficulté se présentait : comment fonder sur la liberté transcendantale la contrainte (*Zwang*) ? S'il est vrai que la liberté transcendantale est le principe de la loi morale en nous, alors on voit mal comment on en peut déduire la contrainte extérieure – ou du moins cette dernière ne peut être considérée comme fournissant la différence spécifique au point de vue de la méthodologie transcendantale. Il faudra tout au contraire que la notion de contrainte évolue pour s'intégrer à une disjonction plus profonde séparant l'*État* et la *culture*, l'une et l'autre convergeant vers une même problématique, celle de *l'histoire*. Mais aussi bien le rapport du droit privé au droit public ou du droit naturel au droit politique et international devra être modifié – c'est-à-dire pensé tout autrement qu'on n'a coutume de le faire – puisque c'est seulement au niveau de l'État que le droit pourra acquérir sa spécificité, de telle sorte que par un renversement, qui fait précisément l'originalité profonde de la *Doctrine du droit*, c'est au niveau principiel le droit politique qui assure la validité du droit naturel, et *non le droit naturel qui contient la justification du droit politique*. En même temps on apercevra clairement comment les difficultés que nous avons commencé par indiquer peuvent être levées et en grande partie résolues.

Mais quoi qu'il en soit de ce point, qui suppose que seule l'identification du *droit* à *l'État* confère au premier sa spécificité en le détachant de l'éthique et au second sa légitimité, il est clair qu'adoptant une disposition toute classique dans son ouvrage en s'élevant du droit privé jusqu'à l'État[2] Kant ne

---

1. Voir les difficultés que rencontre P.A. Feuerbach dans son écrit *Kritik des natürlichen Rechts als Propädeutik zu einer Wissenschaft der natürlichen Rechte* (1796).

2. C'est encore le plan de la philosophie du droit de Hegel.

peut faire jouer son idée fondamentale dès le début de la
Doctrine du droit, et qu'un malaise est inévitable puisque la
contrainte (*Zwang*) est inséparable de l'idée de violence et
que cette dernière est contraire au droit comme à la liberté
transcendantale [1]. Et lorsque Kant déclare dans le § IV de
l'introduction à la métaphysique des mœurs qu'on peut
« concevoir une législation extérieure qui ne contiendrait
rien que des lois positives – H. Cohen n'adopte pas la correction de Natorp qui substitue "positives" à "naturelles" – encore
faudrait-il qu'une loi naturelle précédât pour fonder l'autorité
du législateur, c'est-à-dire la faculté d'obliger les autres par
son simple arbitre » [2], il est permis de se demander ce que signifie cette « loi naturelle ». Est-ce la loi fondamentale de la
raison pratique ? Ou bien est-ce la loi du plus fort, si l'on ose
dire, qui comme loi de la nature est incontestable [3] ? Si le droit
se fonde sur la force il se distingue de l'éthique, mais il devient
un concept en lui-même contradictoire, et si le droit se fonde
sur la loi fondamentale de la raison pratique, sa spécificité
devient douteuse.

Cependant, dès l'*Introduction à la Doctrine du droit* Kant
présente de nouveaux arguments pour séparer d'une manière
plus efficace le droit et l'éthique, afin de pouvoir par la suite
montrer leur collaboration nécessaire au sein de cette unité
plus vaste qu'est *l'histoire*.

---

1. Fichte résoudra le problème dans les termes suivants : la sphère du droit
est la partie pratique en laquelle l'intérêt égoïste et sensible est admis ; de plus la
formation de l'État est le moyen de la moralité. (SW. Bd. III, p. 206.)

2. *Doctrine du droit*, IV, p. 99.

3. H. Cohen, *Kant's Begründung der Ethik*, p. 401.

Dans le § B, après avoir au début donné des définitions nominales, Kant définit de trois manières le droit. Le concept de droit : 1) « ne concerne que le rapport extérieur, et, à la vérité, pratique d'une personne à une autre » ; 2) « ne signifie pas le rapport de l'arbitre au souhait » (par conséquent au simple besoin d'autrui)[1] ; 3) enfin n'intéresse que « la *forme* du rapport des deux arbitres respectifs, dans la mesure où ils sont considérés comme libres et si, ce faisant, l'action de l'un des deux peut s'accorder avec la liberté de *l'autre* d'après une loi universelle »[2]. Par ces trois points le droit est distingué de la morale d'une manière plus précise – le dernier point notamment qui indique que dans le droit on ne tient compte que de la forme du rapport extérieur, c'est-à-dire qu'il ne s'agit pas de savoir si l'action est faite par devoir, mais seulement si elle est conforme au devoir, est très important : il procure au droit, au moins, une originalité de point de vue sur les actions des hommes[3]. De là suit « la loi universelle du droit : Agis extérieurement de telle sorte que le libre usage de ton arbitre puisse coexister avec la liberté de tout un chacun suivant une loi universelle… »[4]. La *coexistence* n'est pas le *respect*, bien que sans coexistence aucun respect ne soit possible. Ici s'affirment en même temps – et cela est très fichtéen[5] –

---

1. Sur ce point il est difficile de dire qui est le plus proche de Kant, de Fichte ou de Rousseau – nous pencherions peut-être pour le dernier.

2. *Doctrine du droit*, § B, p. 104.

3. Kant insiste sur le point suivant : ce qui importe, c'est la forme du rapport. Savoir si d'un point de vue « économique » tel ou tel a perdu, n'intéresse pas le juriste.

4. *Doctrine du droit*, IV.

5. C'est Fichte qui le premier aperçoit la nécessité de séparer droit et morale. Il lui faut donc rendre hommage. Il est probable que Kant a lu *Le fondement du droit naturel* de Fichte.

l'indépendance du droit par rapport à l'éthique, et son incontestable dépendance : n'en est-il pas la condition réelle ? Mais Kant ne parvient pas encore à définir assez nettement les deux domaines puisqu'il écrit : « C'est à mon égard une exigence de la morale que d'ériger en maxime la conduite qui convient au droit. » [1]

De là l'étonnant § D. Kant y affirme que « le droit est lié à la faculté de contraindre ». Ainsi le droit est clairement distingué de la morale, Kant précisant que la « faculté de contraindre... est, suivant le principe de contradiction, liée en même temps au droit » [2]. Seulement si l'on admet cette thèse et que l'on porte l'accent sur la dépendance du droit par rapport à la morale, dès lors, puisque la liaison du droit et de la contrainte s'effectue selon le principe de contradiction, c'est-à-dire analytiquement, c'est l'éthique qui elle-même devient droit – d'où l'on pourrait conclure que l'impératif catégorique, le « Du sollst » [3] devrait plutôt s'expliciter dans un « Tu ne dois pas ! », tant et si bien que Hegel n'aurait pas entièrement tort de considérer l'éthique kantienne comme une morale de l'inter-diction et de la rapprocher de l'Ancien Testament [4]. Mais dans ce même § D Kant donne une définition purement morale de la contrainte juridique ; c'est, dit-il, « l'obstacle à ce qui fait obstacle à la liberté ». H. Cohen n'a pas tort de juger que nous revenons là au domaine de la morale [5]. Et l'on voit comment en

1. *Doctrine du droit*, § C, p. 105.

2. *Doctrine du droit*, § D, p. 105.

3. On a souvent remarqué que Kant conservait à l'occasion l'orthographe luthérienne : « *du sollt* ».

4. J. Wahl, *Le malheur de la conscience dans la philosophie de Hegel*, Paris, 1951, p. 54-55. Cf. *Hegels theologische Jugendschriften*, H. Nohl Herausgeber, Tübingen, 1907, p. 261 *sq.*

5. H. Cohen, *Kant's Begründung der Ethik*, p. 404.

ce § D Kant affirme simultanément l'indépendance du droit par rapport à la morale et sa dépendance.

Si l'on veut néanmoins savoir en quel sens s'oriente Kant, il suffira de se reporter à l'*Appendice à l'introduction à la Doctrine du droit*. Le philosophe distingue le droit au sens strict (*ius strictum*) et le droit au sens large (*ius latum*) «en lequel la faculté de contraindre ne peut être déterminée par aucune loi». Kant exclut du droit strict, donc du vrai droit, si l'on ose dire, *le droit d'équité* et *le droit de nécessité*, qui l'un comme l'autre font intervenir des considérations étrangères au concept du droit, tel qu'il a été défini dans le § B. Certes, la *Doctrine du droit* pourra paraître ici quelque peu dépassée et vieillie, tant il est vrai que dans les structures juridiques il existe des instances de *conciliation*, de telle sorte qu'à l'application du droit strict prélude souvent une tentative relevant du droit large. Mais précisément cette insertion des considérations d'équité et de nécessité – qui rejoignent à beaucoup d'égard ce que l'on nomme les « circonstances atténuantes » – est un empiètement de la morale sur le droit et ses lois. Et la rejetant, trouvant même contradictoire l'idée d'un « tribunal de l'équité »[1] et ne parvenant pas à donner un sens strictement juridique à la déclaration : « *summum ius summa injuria* », Kant distingue catégoriquement droit et morale, bien que le fondement de cette distinction en même temps que sa portée ne puissent encore apparaître en leur pleine et décisive clarté.

De cette orientation suivent nécessairement *la division générale du droit* qui comprend trois moments : *la division de la métaphysique des mœurs en général* et d'une part *la division suivant le rapport objectif de la loi au devoir*, d'autre part *la*

---

1. *Doctrine du droit*, p. 108.

division suivant le rapport subjectif des obligeants et des obligés. On retiendra particulièrement la conclusion de ces distinctions – qui toutes tendent à séparer le droit et la morale – , qui d'ailleurs est reprise plus loin. «La division suprême du droit naturel, écrit Kant, ne peut être (comme il arrive parfois) celle du *droit naturel* et du *droit social*, mais celle du droit *naturel* et du droit *civil*; le premier de ces droits est dit le *droit privé* et le second le *droit public*. En effet, *l'état de nature* n'est pas opposé à l'état social, mais à l'état civil, car il peut y avoir une société à l'état de nature, mais non pas une société civile (garantissant le mien et le tien par des lois publiques), ce pourquoi dans le premier état le droit s'appelle le droit privé.»[1] La même thèse est présentée dans le §41 et le «parfois» (quelque peu vague) est précisé: Kant vise Achenwall: «On appelle *état de nature* (*status naturalis*) l'état qui n'est pas juridique, c'est-à-dire celui en lequel il n'y a pas de justice distributive. Ce n'est pas l'état *social* (comme le pense Achenwall), et qui pourrait être appelé un état artificiel (*status artificialis*) qui lui est opposé, mais l'état *civil* (*status civilis*) d'une société qui est soumise à une société distributive; car en l'état de nature lui-même il peut y avoir des sociétés légales (par exemple la société conjugale, paternelle, domestique en général et d'autres)…»[2].

Non seulement Kant, ce faisant, justifie la division de la *Doctrine du droit* en théorie du droit privé (naturel) et théorie du droit public (essentiellement le droit politique), mais encore il accomplit le premier pas fondamental dans l'élaboration d'une relation à la fois correcte et transcen-

1. *Doctrine du droit*, p. 116.
2. *Doctrine du droit*, § 41, p. 187.

dantale entre le droit et la moralité. En ce moment même, tandis que Kant fait coïncider le droit naturel ou privé avec la société (*Gessellschaft*), il s'éloigne du pathos de la philosophie de Rousseau qui aboutit à confondre l'État et la société, ou plus exactement à conférer à la société un statut tout à fait privilégié. Et comme la société a des implications aussi bien juridiques que morales, le concept du droit est dans la pensée de Rousseau dépourvu de toute la précision désirable. Sans entrer dans les difficultés propres au *Contrat social* d'un point de vue transcendantal, et qui consistent essentiellement en ce que *l'objectivité* du pacte social s'avère juridiquement contestable [1], il n'en reste pas moins que l'on est autorisé à dire que Rousseau s'interdit une délimitation déterminée du droit n'établissant pas son identité avec l'État en lequel il trouve son fondement et inversement. Tandis que Rousseau ne parvient pas à séparer clairement *État* et *culture* – pour en opérer la synthèse dans *l'histoire* – au contraire Kant établit cette distinction dès le principe. Assurément seule la synthèse dans l'histoire permet d'établir avec toute la netteté désirable la signification de la disjonction (de même ce n'est qu'à partir de la synthèse de l'imagination que la disjonction des concepts purs et des intuitions est compréhensible); il n'en est pas moins vrai que la « moralisation » des concepts juridiques dans son immédiateté est écartée par Kant. On dira peut-être qu'il ne faut point exagérer cette opposition de Rousseau et de Kant, qui aurait été peut-être moins aiguë sans l'influence exercée sur l'auteur de la *Critique de la Raison pure* par la Révolution

---

1. J. Ebbinghaus, *Gesammelte Aufsätze*, Darmstadt, 1968, p. 160 *sq.*

française [1] ; on objectera sans doute aussi que Kant n'a fait que revenir à Pufendorf qui est le premier grand juriste ayant avec vigueur réduit l'ampleur du concept de la *socialitas* – c'est en cela que consiste son originalité par rapport à Grotius, dont on a trop dit qu'il n'avait fait que le « codifier » – au profit de l'État compris en sa réciprocité avec le droit. Mais cette objection est peu fondée ; elle revient tout simplement à homologuer, pour ainsi dire, l'oubli dans lequel est tombé Pufendorf après la Révolution française. Aussi, répondant à cette dernière objection on répond aussi à la première : l'opposition de Kant et de Rousseau n'a nullement été rendue plus aiguë par la Révolution française – tout au plus celle-ci a-t-elle amené Kant à mieux déterminer ses concepts. Quant à l'accord (sentimental) que des générations d'historiens de la philosophie ont cru découvrir entre Rousseau et Kant, il relève souvent de la plus pure invention [2].

---

1. Nous avons pris soin, dans *Théorie et praxis*, d'opposer Kant et Rousseau d'une part et de déterminer l'influence de la Révolution française sur Kant d'autre part.

2. Schiller consacrait encore quelques vers dans son poème *Die Weltweisen* à Pufendorf, mort cependant depuis déjà cent cinquante ans. Mais la Révolution française a précipité Pufendorf dans l'oubli total. On ne le lit plus (exception faite de Schopenhauer et de certains juristes) ; ses idées sont jugées mortes (alors qu'elles demeurent vivantes et souvent actuelles). C'est un phénomène étrange et déconcertant que la disparition de la vie quotidienne et souvent même savante d'un auteur dont la grandeur n'a pas été méconnue. Bossuet est un autre exemple. Après la première guerre mondiale, il n'occupe plus les esprits. De là des contresens « culturels » si l'on ose dire.

III

Le problème de la contrainte (*Zwang*) n'est pas encore résolu. Nous avons seulement aperçu le sens profond de la disjonction du droit et de la morale en la rapportant à celle de l'État et de la société et en indiquant dans l'histoire le moment véritablement synthétique[1].

Ne pouvant pas entrer ici dans le détail de la première partie de la *Doctrine du droit* et discuter en chaque cas les assertions de Kant, ni en quelle mesure elles reflètent bien l'esprit du droit romain, auquel il se réfère si souvent, nous nous bornerons à expliciter les trois idées directrices qui la commandent et qui toutes, d'une certaine manière, constituent les éléments fondamentaux dans le rapport philosophique du droit à la morale, bien que la question de la contrainte ne puisse être entièrement résolue par la seule conjonction de ces trois idées. La première idée concerne le rapport du droit privé ou naturel au droit public et plus particulièrement politique; la seconde caractérise la structure phénoménologique du droit; la troisième, enfin, intéresse le problème si discuté du droit personnel d'espèce réelle. Si l'on ne développe pas ces trois idées, la forme et le contenu du droit politique selon Kant peuvent paraître strictement incompréhensibles.

On s'appliquera donc à la première idée. Le droit privé intéresse, selon Kant, le mien et le tien en général, et c'est même ce thème qui est le plus apparent dans toute la première partie de la *Doctrine du droit*. De même que la

---

1. Nous avons déjà indiqué dans l'introduction de la *Doctrine de la vertu* la relation de la métaphysique des mœurs à l'histoire (p. 19), il reste à poser en termes clairs le problème constitué par le rapport de la Révolution copernicienne à l'histoire.

Phénoménologie de l'Esprit de Hegel commence par le
« ceci » et le « cela », de même la *Doctrine du droit* proprement
dite débute par le « mien » et le « tien ». La théorie du droit n'a
pas à se préoccuper du droit interne inné, car il signifie la
liberté humaine, sans laquelle – c'est-à-dire sans la présupposer – il n'est point de droit, ni *a fortiori* de morale, pensable.
« La *liberté* (l'indépendance de l'arbitre nécessitant d'autrui),
dans la mesure où elle peut subsister avec la liberté de tout
autre suivant une loi universelle, est l'unique droit originaire
revenant à l'homme de par son humanité. »[1] Qu'on ne dise
point que l'affirmation de la liberté est au sein de la *Doctrine
du droit* une assertion analytique – c'est une proposition
thétique[2] : la position qui rend seule possible la problématique
initiale, qui est celle du jugement synthétique *a priori* dans la
théorie du droit : comment est-il possible que je puisse
posséder quelque chose qui m'est extérieur comme mien ?

Kant distingue dans le § 1 la possession sensible ou bien
encore empirique – tenir un objet dans la main[3] – et la possession intelligible : posséder l'objet sans nécessairement le
détenir d'une manière physique, c'est-à-dire indépendamment
des conditions de temps et d'espace. « Une possession *intelligible* (si elle est possible) est une possession sans
détention. »[4] Pour qu'une chose soit ma possession, il suffit
que je puisse en être le maître sans léser un autre, et

---

1. *Doctrine du droit*, p. 111.
2. Il est préférable d'user ici de la terminologie fichtéenne. Schelling
[SW (JA) Bd. I, p. 111-112] assimile l'analytique et le thétique, faute que
lui reproche Kroner. Sur le concept de liberté chez Schelling, qui est tout
théorétique, cf. A. Philonenko, *La liberté humaine dans la philosophie de
Fichte*, § 25-29.
3. Th. von Schmalz, *Das reine Naturrecht*, § 50 *sq*.
4. *Doctrine du droit*, § 1, p. 119.

inversement une chose sera dite en ma possession si autrui, par l'usage qu'il en fait, me lèse. Dans la théorie de la possession – dont il accorde à ses prédécesseurs qu'elle constitue la nécessaire prémisse de la propriété – Kant met en valeur plusieurs moments par lesquels il s'oppose tantôt à ses contemporains et tantôt les rejoint. D'une part il s'oppose à Achenwall en rejetant le concept de *res nullius* et cela dans l'énoncé même du postulat juridique de la raison pratique (§ 2) : « Il est possible que j'aie comme mien tout objet extérieur de mon arbitre ; c'est qu'une maxime d'après laquelle, si elle devenait une loi, un objet de l'arbitre devrait être *en soi* (objectivement) sans possesseur (*res nullius*) est contraire au droit. » Le principe de l'argumentation de Kant est que le concept de *res nullius* signifie une restriction de *l'usage* que la liberté peut faire des choses. – Or, une telle limitation ne peut être transcendantalement justifiée. En ceci Kant s'accorde avec le Fichte de *l'État commercial fermé* : la véritable possession n'est pas à proprement parler celle des choses, mais de l'usage des choses[1]. « *Le mien* selon le droit (*meum iuris*) est ce à quoi je suis tellement lié, que l'usage qu'un autre en ferait sans mon agrément me léserait. La possession est la condition subjective de la possibilité de l'usage en général. »[2] Ainsi donc, d'autre part, Kant s'accorde avec Fichte : *le droit de possession se supprime dans le droit de l'usage*. Et pour toutes les choses extérieures (qu'il s'agisse des choses corporelles – de l'arbitre d'un autre, en tant qu'il me doit une prestation – ou, enfin, de l'état d'un autre par rapport à moi[3] ; car telles sont les trois sortes d'objets de mon arbitre) le problème de la

1. *Théorie et praxis*, p. 183 *sq.*
2. *Doctrine du droit*, § 1, p. 119.
3. *Doctrine du droit*, § 4, p. 121.

possession se ramène toujours à un problème d'usage, moyennant naturellement des corrections dans la modalité de l'usage – car autre chose user d'un objet, autre chose user d'un homme.

C'est sur cette conception, qui représente un progrès non négligeable, que repose un des aspects les plus paradoxaux de la théorie kantienne. Tandis que la plupart de ses contemporains indiquaient dans le *travail* la condition fondamentalement synthétique de la possession, celle par laquelle, pour parler le langage de l'auteur de la *Critique de la raison pure*, la possession empirique était ramenée à la possession intelligible, Kant au contraire écarte cette condition. « Il est, dit-il dans le § 17, intitulé : *Déduction du concept d'une acquisition originaire*[1], tellement clair que le premier travail, le premier abornement, ou en général la première transformation d'un sol ne peut livrer le titre de son acquisition… que celui qui a donné tous ses soins à un sol qui n'était pas auparavant le sien, à perdu sa peine et son travail vis-à-vis du premier possesseur. »[2] Dans la perspective de Kant, ce raisonnement si éloigné de celui de certains de ses contemporains, en particulier Schmalz et Fichte[3], qui voyaient dans la *Formgebung*, ou encore dans la *specificatio*, la condition de l'acquisition[4], est parfaitement

---

1. Comme l'intuition n'est pas en jeu, l'exposition ne se distingue pas ici de la déduction.

2. Schmalz et Fichte s'accordent pour considérer que la forme donnée à un objet (la *specificatio* selon Schmalz) est un principe d'acquisition, et par conséquent ils s'opposent à Kant, *Doctrine du droit*, § 17, *Remarque* du § 15.

3. De là à conclure à un accord complet entre le jeune Fichte et Schmalz, il existe un pas qu'on ne saurait franchir.

4. Celle-ci pose de redoutables difficultés, il suffira de lire le *Corpus iuris civilis*, vol. I, *Iustiani Digesta, Liber primum*, VIII, 3, le *De Officiis* de Ciceron, Lib. III, § 90 (*cf.* M. Pohlenz, *Die Stoa, Geschichte einer geistigen Bewegung*,

légitime : si la possession est l'*usage*, elle ne pourrait avoir sans contradiction comme première condition l'usage lui-même. C'est pourquoi Kant revient à Achenwall : l'occupation est la condition vraiment synthétique de la prise légitime de possession[1]. De là une exposition – un peu formelle en ce qu'elle tend à imiter la triplicité de la *Déduction transcendantale* – du principe universel de l'acquisition extérieure (§ 10) qui dégage les trois moments de l'*occupation* (comme acquisition) : *l'appréhension* (*possessio phaenomenon*), *la déclaration, l'appropriation* (*possessio noumenon*).

Il n'est pas nécessaire d'aller plus loin pour délimiter les deux moments qui dans la théorie de la possession vont intervenir pour subsumer le droit privé ou naturel sous le droit politique. En premier lieu, puisque le concept de *res nullius* est écarté, il convient qu'un possesseur puisse être désigné avant le premier possesseur privé – ou plus exactement, car ici le sujet est qualifié à partir de l'objet, si l'on ose s'exprimer ainsi, il convient que la possession privée ne soit pas absolument originaire. De là l'idée d'une communauté originelle du sol en général, mieux d'une *possession commune originaire*, à partir de laquelle, par un accord réciproque, les hommes pourront prétendre à l'acquisition privée. « La possession de tous les hommes sur la terre, qui précède tout acte juridique de leur part (possession qui est donc constituée par la nature elle-même), est une *possession commune originaire* (*communio possessionis originaria*) dont le concept n'est pas empirique et ne dépend point de conditions temporelles, comme celui

Bd. I, p. 190, Bd. II, p. 96), L'*Éthique de Spinoza*, L. IV, p. xxxvii, schol., II. En 1793, Fichte part en guerre contre cette tradition, cf. *Théorie et praxis*, § 78 *sq.* Hegel le tournera en ridicule, SW. Bd. VII, p. 98.

1. Achenwall, *Ius naturae*, I, § 113.

d'une *possession commune primitive* (*communio primaeva*), concept imaginaire et indémontrable, mais est au contraire un concept pratique rationnel, qui contient *a priori* le principe seul d'après lequel les hommes peuvent faire usage, selon des lois de droit, de leur lieu sur la terre. »[1] Ici Kant distingue très clairement le droit naturel rationnel du droit naturel au sens présocial. Et si, comme nous l'avons souligné[2], sa distinction peut paraître trop peu énergique, c'est parce qu'on néglige de la rapporter à la disjonction de l'État et de la culture, qui confère au droit sa spécificité et le sépare de la morale. – Mais ce n'est pas tout : l'idée de la possession commune originaire est en vue de l'État et réduit déjà le droit naturel au droit politique. D'une part, en effet, la possession commune, en tant qu'acte juridique, ne peut avoir lieu sans *contrat* comme le souligne Kant, de telle sorte que le contrat pénètre déjà le *ius naturale* à cette occasion[3]. Et d'autre part la *forme de ce contrat* implique la constitution à venir de l'État : « Mais le titre rationnel de l'acquisition ne peut résider que dans l'Idée d'une volonté *a priori* unifiée de tous (c'est-à-dire de leur union nécessaire), et cette Idée est ici tacitement présupposée comme une condition indispensable (*conditio sine qua non*), car une volonté particulière ne peut imposer aux autres une obligation qu'ils n'auraient pas autrement. – Or, l'état d'une volonté effectivement unifiée de manière universelle en vue d'une législation est l'état civil. Ce n'est donc que conformément à l'Idée d'un état civil... que l'on peut acquérir *originairement* quelque chose d'extérieur. »[4] *Ainsi le droit naturel se*

1. *Doctrine du droit*, § 13, p. 139.
2. Cf. *infra*, p. 35.
3. H. Cohen, *Kant's Begründung der Ethik*, p. 411.
4. *Doctrine du droit*, § 15, p. 140.

subsume sous le droit politique et l'on ne peut pas dire, comme pour d'autres doctrines, que le droit naturel renferme les conditions qui légitiment le droit politique, *c'est au contraire le droit politique qui fonde et par là-même justifie le droit naturel en le réalisant.*

Mais ce rapport apparaît sous un autre aspect. En effet, en second lieu, à la possession est lié le droit de contrainte. Mais précisément, en raison de l'inversion qui vient d'être indiquée, la contrainte cesse de pouvoir être assimilée à la violence incompatible avec la liberté transcendantale. Supposé qu'un conflit m'oppose à un autre homme, je n'ai pas le droit de le contraindre par la violence *nue* à respecter ce qui est mien et inversement. Formellement, bien que d'un point de vue psychologique le jugement puisse être tout autre[1], il est impossible de dire que l'état de nature est un état de guerre, c'est plutôt un état de *Rechtlosigkeit* (*status iustitia vacuus*) et rien par conséquent, encore que les hommes s'affrontent en l'absence de droit, n'autorise la violence nue, qui, dans le système de Spinoza, assimilée à la puissance et au droit exister – car existe ce qui mérite et a la force d'exister[2] – domine la totalité du système du droit. Aussi bien la signification de la contrainte (réciproque) doit-elle se transformer : *la seule contrainte liée au droit est celle par laquelle je puis contraindre autrui à entrer avec moi dans l'état civil.* « La

---

1. *Cf.* A. Philonenko, *Kant et le problème de la paix*, *loc. cit.* Introduction aux *Réflexions sur l'éducation de Kant*, Paris, 1966, p. 32 *sq.*

2. Spinoza, *Lettre L à Jarig Jelles* : « Vous me demandez quelle différence il y a entre Hobbes et moi quant à la politique : cette différence consiste en ce que je maintiens toujours le droit naturel et que je n'accorde dans une cité quelconque de droit au souverain que dans la mesure où par la puissance il l'emporte sur eux ; c'est la continuation de l'état de nature. » Sur la position de Fichte, cf. *Théorie et praxis*, p. 152 *sq.*

possibilité de l'acquisition, écrit Kant, quel que puisse être l'état des hommes entre eux (même ainsi dans l'état de nature), est un principe du droit privé, qui autorise chacun à exercer la contrainte, par laquelle seule il lui est possible de sortir de cet état de nature et d'entrer dans l'état civil qui est seul capable de rendre toute acquisition péremptoire. »[1] De là le titre du § 15. Toute acquisition au niveau du droit privé ou naturel est *provisoire*; ce n'est que dans l'état civil qu'elle devient *péremptoire.* – Mais d'importantes conclusions dérivent de cette thèse. Tout d'abord on voit à nouveau que le droit naturel doit trouver son *Aufhebung* dans le droit politique. Mais ce qui possède une plus haute signification c'est que le sens de la contrainte se trouve entièrement bouleversé, de telle sorte que l'ambiguïté du § D est tout entière dissipée. La contrainte n'est pas fondée sur la morale – aussi droit et morale, État et société sont-ils clairement distingués –; elle n'est pas non plus opposée à la morale; mais partant des conditions fondamentales du droit et du postulat juridique de la raison pratique, la contrainte se révèle comme condition de possibilité de l'État. Et puisque, comme l'affirme Kant, « la constitution civile… est… d'un point de vue objectif, c'est-à-dire comme devoir, nécessaire »[2], la contrainte se manifeste comme médiation du devoir, comme condition de possibilité concrète non seulement de l'État, mais encore de la *liberté*, de telle sorte que concrètement et pratiquement c'est la liberté qui doit être fondée sur la contrainte (dont elle est abstraitement la fin ultime), et non la contrainte qui doit être fondée sur la liberté[3]. Ainsi s'opère à la fois la distinction de la morale et du droit,

---

1. *Doctrine du droit*, § 15, p. 141.
2. *Ibid.*, § 15, p. 140.
3. *Kritik der reinen Vernunft* (A), p. 316 *sq.* (T.P., p. 264).

en même temps que l'intériorisation de la contrainte, qui dépasse sa signification primaire, qui consiste en une force contraignante extérieure.

Enfin on pourrait nouer ces deux moments en montrant comment la relation du droit naturel ou privé au droit public ou politique est une relation mouvante : le mouvement par lequel le droit politique s'établit en justifiant le droit naturel détermine l'espace en lequel se constitue le *droit positif*. De la sorte droit politique, droit naturel et droit positif sont unifiés dans une synthèse réelle, qui se manifeste dans la transformation graduelle de la notion de contrainte. Mais cette synthèse pour être bien comprise doit être rattachée à la structure phénoménologique du droit qui jette de vives lumières sur l'essence du droit politique.

La détermination de la structure phénoménologique du droit met, bien entendu, en lumière son opposition à la morale, puisqu'elle le sépare aussi d'une manière générale de tous les autres domaines intellectuels. Et l'on pourrait dire aussi que cette détermination est, par principe et par définition, présente dans tous les moments de la *Doctrine du droit*, c'est-à-dire non seulement au niveau du droit privé, mais encore à celui du droit politique. Toutefois, à notre sens, c'est dans l'exposé consacré au *droit personnel* (§ 18-21) que Kant est plus particulièrement confronté au problème de la structure phénoménologique du droit. En effet, il doit s'appliquer à la difficile question de l'essence du *contrat*.

On a étudié jusqu'ici le *droit réel*, qui est le droit d'user d'une chose. Toute autre est la définition du *droit personnel* : « La possession de l'arbitre d'un autre comme faculté de le déterminer par mon arbitre à une certaine action suivant les lois de la liberté (le mien et le tien extérieurs en rapport à la causalité d'autrui) est *un* droit (et je puis en avoir plusieurs semblables envers la même personne ou envers d'autres), mais l'ensemble (le système) des lois suivant lesquelles je puis être en cette possession, est *le* droit personnel, qui ne peut être qu'unique. »[1] Ce droit à une prestation d'autrui ne peut être acquis par un acte d'autorité unilatéral, ni par un acte juridique de caractère négatif, comme *l'abandon* ou encore la *renonciation* (*per derelictionem aut renunciationem*), mais seulement par *translation*, « laquelle n'est possible que par une volonté commune »[2]. Ainsi est posé le problème de l'unification des volontés, dont la portée politique est incontestable, et sous sa forme originaire en tant que contrat : « L'acte de la volonté unifiée de deux personnes, par lequel en général le sien de l'un devient celui de l'autre, est le *contrat*. »[3]

Kant semble, à première vue, occuper une position intermédiaire entre Pufendorf et le jeune Fichte. Il refuse que les contrats ne puissent être conclus par les seules volontés humaines, comme le voulait Pufendorf, faisant intervenir en ceci la religion et la morale naturelle dans le droit[4]. Et par là même il s'accorde avec le jeune Fichte. En revanche il n'admet aucunement comme le jeune Fichte – soucieux de légitimer la rupture du pacte social que représente la révolution – que les contrats puissent être rompus unilatéralement, sous le prétexte que ne concernant que des droits aliénables, dès lors que les contrats se révèlent opposés à

1. *Doctrine du droit*, § 18, p. 149 *sq.*
2. *Doctrine du droit*, p. 150.
3. *Ibid.*
4. *Théorie et praxis*, p. 168 ; Pufendorf, *Le Droit de la Nature et des Gens*, I, II, chap. III, § 20.

l'instance suprême de la liberté pratique, ce soit un devoir que de les dénoncer. A la question de savoir si je dois tenir ma promesse, Kant répond positivement : « ...que je le doive, c'est ce que chacun comprend par lui-même. » C'est une conséquence immédiate du postulat juridique de la raison pure pratique[1]. Le problème, de toute évidence, ne se situe pas là pour Kant. Il est tout différent de celui qui oppose Pufendorf et le jeune Fichte. On ne peut pas même dire que ce soient les moments particuliers du contrat qui retiennent son attention. Opposé en ceci à certains juristes et naturellement accordé à d'autres, Kant considère que les moments particuliers du contrat sont au nombre de deux : « En tout contrat on rencontre deux actes juridiques *préliminaires* de l'arbitre et deux actes juridiques constitutifs. Les deux premiers (qui composent la *tractation*) sont l'*offre* (*oblatio*) et le *consentement* (*approbatio*) le concernant ; les deux autres (je veux dire ceux qui regardent la *conclusion*) sont la promesse (*promissum*) et l'*acceptation* (*acceptatio*). » Mais de toute manière rien n'est acquis par les déclarations du promettant et de l'acceptant ; « mais il y faut une volonté unifiée des deux et par conséquent la déclaration simultanée des deux volontés »[2]. *Le problème principiel du contrat, qui révèle la structure phénoméno-*

---

1. A cette occasion Kant (§ 19 de la *Doctrine du droit*, p. 151) attaque Mendelssohn, qui, dans son ouvrage intitulé *Jerusalem* (*Moses Mendelssohn's Schriften zur Psychologie und Aesthetik sowie zur Apologetik des Judenthums* herausgegeben von Dr Moritz Brasch, Leipzig, 1880, Bd. II, p. 387, 389, 397, etc.), discutait l'essence du contrat en partant de problèmes n'intéressant pas les individus, par exemple la relation de l'État et de l'Église. La note p. 387 est caractéristique du point de vue général de Mendelssohn et justifie, en partie, l'attaque de Kant.

2. *Doctrine du droit*, § 19, p. 150.

logique du droit, est celui de la fonction du temps. La résolution de ce problème implique celui de la volonté unifiée.

Kant ne cache pas que cela fut toujours une aporie dans la philosophie du droit. Car de quelque manière qu'on s'y prenne il ne se peut concrètement, ou si l'on préfère empiriquement, que sous un rapport quelconque, les déclarations ne se suivent. On nous épargnera la description de situations fantaisistes : ainsi celle d'un témoin, censé prendre acte simultanément des deux déclarations. Mais Kant insiste lui-même sur ces situations pour indiquer l'aporie profonde qui se présente : « Les formalités extérieures (*solemnia*) lors de la conclusion du contrat (se serrer la main ou rompre une paille tenue par deux personnes – *stipula* –) et toutes les assurances données de part et d'autre au sujet des précédentes déclarations prouvent bien plutôt l'embarras des contractants sur la manière de se représenter comme existant *simultanément* dans le même instant des déclarations qui toujours se suivent nécessairement; et c'est ce qu'ils ne parviennent pas à faire, car il s'agit d'actes qui toujours se suivent dans le temps en lequel si un acte est, l'autre n'est pas *encore*, ou n'est déjà *plus*. »[1]. Par là même se manifeste l'essence intime, inexposable dans l'intuition du droit, et c'est l'*atemporalité*, si l'on nous permet de nous exprimer ainsi. Le droit en sa totalité se donne et se veut toujours définitif. En un sens le droit n'est pas de ce monde et ainsi les lois se donnent à l'esprit comme ayant toujours déjà été et comme devant toujours être. C'est, en un sens, l'*Ausserweltlichkeit* du droit, qui en assure la spécificité par rapport à tout autre domaine de l'esprit. Car la *science* porte en elle-même une temporalité spécifique qui est, comme on a

1. *Ibid.*

essayé de le montrer ailleurs [1] d'un point de vue transcendantal l'infinie reproduction du présent et du passé dont émerge l'avenir. Inversement la *morale*, comme on le voit chez Fichte, se temporalise à partir de l'avenir[2], et il y a une temporalité spécifiquement pratique que Kant n'aurait pas manqué de mettre en lumière s'il n'avait commencé par considérer comme unifiés sous un même principe le droit et la morale. En revanche, le temps du droit est le temps substantiel, ou mieux le temps qui se nie toujours lui-même comme temps : *les lois sont*. C'est ce que l'on aperçoit clairement dans la solution que Kant apporte au problème de la temporalité du contrat. Celle-ci n'est qu'empirique et doit être mise entre paren-thèses, car les actes juridiques sont les moments composants d'un « rapport ... purement intellectuel »[3] qui, étant atempo-rel, permet de comprendre la simultanéité des déclarations respectives. « Il s'ensuit que les deux actes, celui de la pro-messe et celui de l'acceptation ne sont point représentés comme se suivant l'un l'autre, mais tout au contraire (pour ainsi dire – *gleich als* – en tant que *pactum re initum*) comme procédant d'une volonté commune unique, ce qui est exprimé par l'expression "en même temps" (*zugleich*) et l'objet (*promissum*) est lui-même représenté comme acquis suivant les lois de la raison pure pratique, les conditions empi-riques étant écartées. » – Mais comment ne pas voir que le « *zugleich* » n'a pas ici le même sens que dans la philosophie théorique ? Il représente non pas l'unité temporelle et temporalisante (au sens transcendantal) des conditions de l'expérience

1. *Cf.* A. Philonenko, *La liberté humaine dans la philosophie de Fichte*; *L'œuvre de Kant*, t. I.

2. *La liberté humaine dans la philosophie de Fichte*, § 115-118.

3. *Doctrine du droit*, § 19, p. 151.

et des objets de l'expérience, mais bien plutôt l'*Aufhebung* du temps en lui-même par lui-même dès lors que l'on pénètre dans la sphère du droit.

D'importantes conséquences phénoménologiques et philosophiques découlent de cette définition phénoménologique du droit. En premier lieu, pour commencer par la plus importante, on voit qu'au niveau du droit politique les lois devant être pensées en leur atemporalité, aucune révolution ne saurait être admise. Le bouleversement révolutionnaire est l'inversion de l'essence du droit, son apparence qui confine au crime; c'est qu'il introduit dans ce qui « est » le « devenir » et le « passé ». Aussi Kant condamne-t-il toute révolution et même toute mise en question de l'union civile existante, en paroles et en actes. « L'origine du pouvoir suprême est, pour le peuple qui y est soumis, *insondable* au point de vue pratique, c'est-

à-dire que le sujet *ne doit pas discuter* activement de cette origine comme d'un droit contestable (*ius controversum*) relativement à l'obéissance qu'il lui doit… Un contrat réel de soumission au pouvoir… a-t-il été originairement premier comme fait, ou bien est-ce le pouvoir qui a précédé et la loi n'a-t-elle paru qu'ensuite, ou devaient-ils se suivre en cet ordre : ce sont pour le peuple, déjà soumis à la loi civile, des ratiocinations tout à fait vides et cependant dangereuses pour l'État… Une loi qui est si sacrée (inviolable), qu'au *point de vue pratique* la mettre en doute, donc en suspendre l'effet un moment, est déjà un crime, ne peut être représentée comme ayant sa source chez les hommes, mais chez quelque législateur suprême et infaillible, et telle est la signification de cette assertion : "Toute autorité vient de Dieu", qui n'exprime pas un *fondement historique* de la constitution civile, mais l'Idée d'un principe pratique de la raison : on doit obéir au pouvoir législatif existant, quelle qu'en puisse être l'origine. »[1] – Mais par là devient manifeste le grand problème de la philosophie kantienne du droit. Clairement distinguée de la morale, comme l'État de la société, elle pose la question du progrès en termes presque insolubles. Comment remédier à ce qui est ? Comment modifier ce qui doit être tenu pour absolument existant ? Kant, à la fin de son ouvrage, parle de *réformes*, qui doivent être accomplies insensiblement. Mais une temporalité insensible, même si elle se distingue de la temporalité violente de la révolution, n'est-elle pas encore une temporalité ? Séparant État et culture que réunissent Fichte et Rousseau, Kant semble s'engager dans une contradiction monumentale et pourtant c'est là que gît le secret du sens ultime de la contrainte.

Quoi qu'il en soit, on voit bien nettement que l'attitude de Kant envers la Révolution française n'est point dictée par un opportunisme sans principes. Elle procède jusque dans ce qui en peut paraître ambigu de la position fondamentale de Kant

---

1. Ce texte de Kant semble contredire un passage du célèbre article *Qu'est-ce que les lumières ?* : « Mais j'entends crier de partout : *ne raisonnez pas*. L'officier dit : ne raisonnez pas, mais exécutez ; le financier : ne raisonnez pas, mais payez ; le prêtre : ne raisonnez pas, mais croyez… » Il faut toutefois souligner quelques points. Dans cet article, Kant célèbre, autant que dans *Qu'est-ce que s'orienter dans la pensée ?*, discours kantien de la méthode, la liberté de penser. Il écrit, en effet, ceci : « Mais que le public s'éclaire lui-même, c'est ce qui est plutôt possible ; cela même est presque inévitable, pourvu qu'on lui laisse la liberté. » En 1793, il maintient la liberté de penser comme un droit sacré (cf. *Théorie et praxis*, p. 42). Ce que Kant veut dire est sans doute ceci : la liberté de penser ne doit pas nécessairement devenir une liberté de contestation ou bien encore sauvage. Son opposition à Hegel qui voit en toute réflexion un crime, ébranlant l'État et la morale [*Phänomenologie des Geistes* (Lasson), p. 311-312, SW (Glockner), Bd. I, p. 466-467] demeure entière. Sur l'aspect moral de la critique hégélienne, cf. *Théorie et praxis*, p. 26, note 4.

relative à la question de l'essence du droit. – De ce qui précède et qui a été déduit de la structure phénoménologique du droit qui se manifeste dans le contrat, résulte aussi l'un des moments principaux de l'essence du contrat social. Sans doute on ne saurait passer immédiatement de l'accord de deux volontés à l'accord de la volonté de tous, qui est *omnilatérale*[1]. Kant insiste sur ce point. Il demeure cependant qu'à deux égards il se rapproche de cette idée. D'une part la validité de l'accord repose sur le rapport intellectuel qui le constitue, et en ce sens on pourrait déjà presque dire qu'il appartient au royaume des Idées. Mais d'autre part Kant insiste sur le fait que la garantie transcendantale du contrat repose sur l'Idée de la volonté omnilatérale. Seul celui qui s'élève à l'Idée de l'arbitre de tous unifié *a priori* peut transformer l'évidence *factice*, suivant laquelle je dois tenir ma promesse, en évidence *génétique*[2], et si l'on admet que l'État est l'exposition d'une Idée, alors ce ne peut être que l'Idée du pacte social, de la constitution parfaite, considérée comme *chose en soi* qui garantit de manière ultime tout contrat. On ne doit jamais perdre de vue cette déclaration essentielle de l'*Appendice* : «Tout "factum" est objet dans le *phénomène* (des sens) ; en revanche, ce qui ne peut être représenté que par raison pure, ce qui doit être compté au nombre des *Idées*, auxquelles nul objet ne peut être donné dans l'expérience comme adéquat, ainsi une *constitution juridique* parfaite entre les hommes, c'est la chose en soi elle-même. »[3]

1. *Doctrine du droit*, § 14, p. 140.

2. C'est dans la *Wissenschaftslehre* de 1804, *Nachgelassene Werke*, Bd. II, p. 112 *sq.*, que Fichte introduit les concepts d'évidence factice et d'évidence génétique.

3. *Doctrine du droit* ; *cf.* H. Cohen, *Kant's Begründung der Ethik*, p. 51.

On peut passer rapidement dans cette introduction qui veut uniquement toucher à l'essentiel sur les développements plus concrets compris dans les § 20 et 21[1]. Il nous suffit d'avoir montré comment, dans la définition phénoménologique du contrat, le droit naturel (les contrats particuliers) ne trouve sa justification et son fondement que dans le droit politique. Disons seulement que Kant se pose la question de savoir ce qui est acquis dans le contrat. Ce n'est pas une chose, mais un acte (causalité) de l'arbitre d'un autre par lequel il rend la chose mienne[2]. Par où l'on voit que le droit personnel mérite bien cette appellation. Quant à l'acte par lequel autrui fait la chose mienne, c'est la translation, qui s'effectue « suivant la loi de la continuité »[3], de telle sorte que jamais la chose ne puisse être dite « *res nullius* », comme le veut Achenwall. Kant insiste particulièrement sur le fait que le temps peut être mis hors de jeu dans l'effectuation du contrat correctement pensé, se préparant de redoutables difficultés dans la résolution du problème posé par le testament.

La troisième idée importante qui se présente dans le droit privé est celle du *droit personnel d'espèce réelle*. « Ce droit est celui de la possession d'un objet extérieur *comme étant une chose* et d'en faire usage *comme d'une personne* »[4]. Tel est le rapport entre des êtres libres comme l'homme et la femme. « Le concept d'un *droit réel d'espèce personnelle* s'élimine

1. Nous avons de même négligé dans la théorie de l'acquisition le problème de la substance.
2. *Doctrine du droit*, § 20, p. 152.
3. *Ibid.*
4. *Doctrine du droit*, § 22, p. 155.

sans autre considération, car on ne peut pas penser le droit
d'une *chose* envers une *personne.* »[1] A la division tétracho-
tomique qui pourrait suivre de la dichotomie du droit réel et du
droit personnel, se substitue une synthèse – une trichotomie –
dont l'ultime moment produit est celui du droit personnel
d'espèce réelle. Le développement (§ 22-27), surtout l'analyse
du *droit domestique* (§ 28-30), est sans doute le plus vieilli
et le plus faible de Kant. On y aperçoit clairement comment
ce philosophe du XVIIIe siècle qui pensait le XIXe siècle retom-
bait parfois dans les ornières de son temps. De là à se moquer
comme le fit Hegel de certains passages de ce développement,
il y a tout de même une marge[2].

Hegel s'est moqué de Kant assimilant le mariage à un
contrat. Ce que redoutait Kant avant tout c'est que dans l'union
sexuelle, nécessaire au mariage réel[3], l'une des deux parties ne
devienne une *chose.* Examinant la liaison non-conjugale il
déclare dans l'*Appendice* qu'elle est en quelque sorte « cannibale », la femme, par exemple, n'étant qu'un simple objet de
consommation[4]; et c'est dans le contrat seul qu'il découvre le
moyen de réhabiliter le mariage, en incluant dans la sphère du
droit l'union des sexes. Il va de soi que Kant repousse le
concubinat, la polygamie, la prostitution – etc. A dire le vrai, il
semble bien qu'il y ait en ceci, outre la prétentieuse cocasserie
qu'y découvrait Hegel, une sérieuse difficulté. En quoi le
contrat, instituant une réciprocité dans l'usage que chaque
personne fait du corps de l'autre, peut-il, demande H. Cohen[5],

---

1. *Doctrine du droit*, Appendice, 1.
2. Hegel, SW (Glockner), Bd. VII, p. 132 (*Philosophie du droit*, § 75).
3. *Doctrine du droit*, § 27, p. 158-159.
4. *Doctrine du droit*, Appendice, 3.
5. H. Cohen, *Kant's Begründung der Ethik*, p. 419.

réduire l'opposition entre chose et personne[1]? La réponse qu'apporte Cohen n'est guère satisfaisante; il insiste surtout sur le fait que la possession étant là aussi ramenée à l'usage, le contrat commande un usage qui respecte l'*unité* et par conséquent la dignité de la personne. Mais pour comprendre Kant sur ce point nous pensons qu'il convient plutôt de partir du contrat en tant que tel et même considéré en son essence : car si l'union sexuelle est justifiée par le contrat, c'est qu'à travers lui les deux personnes s'affirment humainement comme des personnes égales et d'une même dignité juridique. Aussi Kant soutient-il la thèse de la complète égalité des deux sexes dans le mariage; il écrit, en particulier : « Que ce droit personnel se présente cependant en même temps *selon un mode réel*, c'est là ce qui se fonde sur ce que si l'un des deux époux s'est échappé ou s'est mis en la possession d'une autre personne, l'autre époux a toujours et incontestablement la faculté de le ramener en sa puissance comme si c'était une chose. »[2] Et encore : « Pour les mêmes raisons, le rapport des époux est un rapport d'*égalité* de possession. »[3]

Ce que l'on devrait sérieusement reprocher à Kant – et cela n'est pas sans importance pour le droit politique – c'est de n'avoir pas poussé jusqu'au bout les conséquences de sa thèse, légitimant le mariage par le contrat, au lieu de l'accuser avec Hegel d'avoir privé l'union conjugale de toute beauté. L'égalité de l'homme et de la femme n'est pas affirmée par Kant jusqu'en ses dernières conséquences et on le reconnaît ici fils de son siècle. Assurément il affirme que c'est une obligation

---

1. A. Philonenko, *Kant und die Ordnungen des Reellen*, Kantstudien, 1970.

2. *Doctrine du droit*, § 25, p. 157.

3. *Doctrine du droit*, § 26, p. 157.

commune aux deux parents que d'élever leurs enfants – éducation dont il se fait une idée assez différente de celle proposée par Rousseau[1]. Mais il ne reconnaît pas à la femme un statut égal à celui de l'homme qui est à ses yeux le *maître de maison* – on pourrait dire le chef de famille – sans que l'on voie d'argument précis justifiant la position subordonnée de l'épouse. Aussi sur le plan politique seul le maître de maison sera-t-il qualifié comme citoyen actif – suivant la terminologie de Sieyès –, tandis que le droit de vote sera refusé à la femme comme aux domestiques et en général à tous ceux qui ne sont point propriétaires. Ici les vieilles traditions issues du droit romain subsistent de manière absolue, et Kant, si souvent novateur, apparaît dépendant de son temps. Seuls des arguments psychologiques et économiques, au demeurant contestables[2], interviendront pour justifier cet état de choses. Mais on voit bien que dès lors *volens nolens* l'État se modèlera sur la société conjugale. A ce point de vue on peut encore bien dire que l'état civil justifie et fonde l'état de nature, mais on ne peut plus affirmer que la fondation soit, philosophiquement, rigoureusement fondée.

De ce point de vue encore, la disjonction de l'État et de la société, qui explicite celle de la morale et du droit, paraît moins assurée. La société idéale de Rousseau – celle de Clarens – semble une totalité harmonieuse fondant intimement les deux aspects distingués. L'État ne serait-il pas comme la famille le

1. Voir dans les *Réflexions sur l'éducation* de Kant nos notes et notre introduction.

2. En ce qui concerne l'épouse, notons que Condorcet était un partisan déclaré de l'égalité des sexes. Quant à la doctrine générale de Kant sur ce point, elle tombe sous le mot de Montlosier, repris par Robespierre, suivant lequel selon ce système « Jean-Jacques Rousseau n'aurait pu être élu ».

reflet de la société conjugale culturelle, dont Rousseau, au terme de la *Nouvelle Héloïse*, fait la clef de voûte du système intégral des droits et des devoirs[1]? – Ces difficultés doivent à notre sens ne pas être cependant exagérées. L'idée maîtresse de Kant, à savoir que seul le droit considéré en son objectivité transcendantale assure l'*Aufhebung* du droit naturel dans le droit politique, demeure maintenue fermement, et comme on le voit à propos de la théorie de la réforme et de la révolution, il n'est jamais question d'abaisser le débat au plan de la simple prudence (pragmatisme, *Klugheit*). Kant ne vise jamais ce qui est susceptible « d'arranger », mais ce qui est droit et honnête (*honnestum*). Et si l'on se plaint que la philosophie juridique soit trop marquée par la morale et ses équivalents, il suffira de revenir à l'idée de la politesse développée dans la *Doctrine de la vertu*, exemple parmi d'autres de l'influence que le droit exerce sur l'éthique[2]. A partir du droit, la fonction métaphysique de la politesse s'éclaire : elle est ce moment qui exige que le *prochain* sache toujours aussi se comporter comme un *lointain* et se garde de toute intrusion dans la vie strictement personnelle d'un individu, revenant ainsi de l'horizon culturel au formalisme juridique. L'honnête homme n'est pas seulement celui qui se préserve de tout acte indélicat et qui veut observer l'exigence de délicatesse qu'impose la

1. J.-J. Rousseau, *La Nouvelle Héloïse*, Partie V, Lettre VII.
2. C'est à bien des égards la position de Nietzsche à l'époque d'*Aurore*. L'intersubjectivité ne peut exister pour Nietzsche (blessé) que sous la forme de la politesse, qui est un « savoir-vivre ». Il serait fastidieux de relever tous les passages en lesquels Nietzsche insiste sur la nécessité de créer, au moins pour soi, une vie propre (qui ne connaît la plaisanterie sur la lettre, visite imprévue, qui suppose ensuite des ablutions?). Peu d'interprètes ont mis en lumière cet aspect de la pensée de Nietzsche – car la politesse est sans doute moins superficielle qu'on ne le pense « ordinairement ».

morale, c'est aussi celui qui sait laisser exister l'autre comme un Soi pour soi, et cette duplicité de l'honnêteté explique la singulière rencontre de Kant et de Nietzsche à un moment déterminé de la carrière littéraire et philosophique de ce dernier : il y a une philosophie de la politesse [1].

Le développement du *droit des parents*, c'est-à-dire des époux envers leurs enfants, n'apporte aucun élément bien nouveau. En un mot, le devoir que se sont infligé les parents, par cela seul qu'ils ont « mis au monde une personne sans son consentement » [2], de telle sorte qu'ils ne sauraient se soustraire à l'obligation « de rendre les enfants satisfaits de l'état qui est le leur » [3], fonde un droit : celui d'éduquer leurs enfants. On ne rentrera pas ici dans le détail de la théorie kantienne de l'éducation, exposée avec une relative précision dans les *Réflexions sur l'Éducation*. Nous voudrions plutôt indiquer comment Kant a parfaitement aperçu la difficulté *métaphysique du rapport des enfants aux parents*. Dans la rigueur métaphysique, en effet, ces derniers ne peuvent – à moins de nier toute liberté, auquel cas la philosophie du droit s'effondre – comprendre comment l'acte sexuel peut être la cause authentique de la génération d'êtres libres. Dans une longue note, Kant va plus loin : « On ne peut pas même comprendre comment il est possible que *Dieu crée* des êtres

---

1. Nous avons sans doute sous-estimé cette philosophie de la politesse en introduisant la *Doctrine de la vertu*.

2. *Doctrine du droit*, § 28, p. 160.

3. Jusque dans le détail se confirme cette importante pensée de Kant : « Il est au plus haut point important d'être satisfait de la Providence. » L'enfant est l'être qui peut – si nous adhérons à la conception kantienne de l'existence sans la théorie du devoir et du travail : « Les Anglais se pendent pour passer le temps » – être le moins satisfait. Car – et Chateaubriand le savait mieux que personne – nul être n'est satisfait d'être venu au monde.

libres. » [1] Comme le dit M. Scheler, l'acte humain de procréation « n'est qu'une cause occasionnelle à la faveur de laquelle
s'effectue le rattachement d'un sujet spirituel à la nouvelle
unité somatique en voie de devenir. Seul le matérialisme
conséquent peut prétendre que l'homme constitue, même au
point de vue psychique, le produit pur et simple de ses
parents » [2]. La relation des parents aux enfants et réciproquement ne va pas de soi dans le monde phénoménal et nous
ignorons tout du monde intelligible. Quant à s'en tenir à un
« matérialisme conséquent », ce serait encore une fois ôter son
fondement au droit, car s'il est conséquent le matérialisme doit
nier la liberté. Fichte, dès 1793, cherchera à lever la difficulté
en montrant que le rapport entre les parents et les enfants se
ramène au niveau du monde phénoménal humain déjà à un
rapport intellectuel. La parenté s'institue dans *l'adoption d'un
être nouveau par des êtres déjà existants*. C'est uniquement
parce l'homme et la femme unis par les liens contractuels du
mariage décident de donner tous leurs soins à l'enfant, que ce
dernier devient le leur [3]. Assurément Kant ne va pas jusque-là ;
mais l'exposé de la difficulté philosophique montre que ce
développement n'aurait pas été contraire à sa doctrine.

Il reste enfin à traiter du droit du maître de maison envers
les domestiques. Les développements de Kant ne sont pas très
nouveaux sur le plan philosophique, juridique et moral : ce que
Kant cherche à montrer c'est, d'une part, que la relation du
maître de maison aux domestiques (qui peuvent très bien être
les enfants, mais seulement lorsque parvenus à leur majorité
ils sont *émancipés*, et par conséquent capables de conclure un

1. *Doctrine du droit*, § 28, p. 159.
2. M. Scheler, *Nature et formes de la sympathie*, Paris, 1950, p. 184.
3. Fichte, *Gesamtausgabe*, I, W. Bd. I, p. 286 *sq.*

contrat) n'est jamais la relation d'un propriétaire à un autre homme qui lui appartiendrait, et, d'autre part, qu'il faut distinguer deux statuts communément confondus. Pour ce qui est du premier point, on notera que Kant avait déjà déclaré auparavant : « Un homme peut bien être son propre maître (*sui iuris*) mais non *propriétaire de soi-même* (*sui dominus*, pouvoir disposer de soi selon son gré), et encore moins des autres hommes parce qu'il est responsable de l'humanité en sa propre personne. »[1] Aussi Kant considérant sous l'aspect de la domesticité le droit personnel d'espèce réelle, non seulement ramène, ici comme ailleurs, le droit au droit d'usage, insistant pour que l'*usage* ne dégénère pas en *abus*, mais encore il affirme clairement que la relation contractuelle ne saurait jamais aboutir à une négation de la *personnalité* : « Mais en ce qui touche à la matière, c'est-à-dire l'*usage* qu'il peut faire de ses domestiques, il n'a pas le droit de se conduire comme s'il en était le propriétaire (*dominus servi*), car ils ne sont sous sa puissance que par un contrat. Or, un contrat par lequel une partie renonce au profit d'une autre à toute sa liberté, cessant donc d'être une personne, et qui n'aurait plus par conséquent le devoir d'observer un contrat, mais de reconnaître seulement la force, serait un contrat en lui-même contradictoire, c'est-à-dire nul et sans effet. »[2] En second lieu, Kant s'applique à clairement distinguer dans un passage de l'*Appendice* qui se rapporte au passage dont nous traitons, le statut du domestique et celui de l'artisan[3]. La nature du contrat qui les lie au maître de maison n'est pas de même nature, bien que d'un point de vue moral ce dernier les doive traiter toujours de la même

---

1. *Doctrine du droit*, § 17, p. 146.
2. *Doctrine du droit*, § 30, p. 163.
3. *Doctrine du droit*, Appendice, 3.

manière, c'est-à-dire jamais simplement comme un moyen, mais toujours aussi en même temps comme une fin[1].

C'est d'ailleurs cette dernière idée qui gouverne l'ensemble du développement un peu terne, il le faut bien avouer, du droit personnel d'espèce réelle. Mais à travers ce développement, Kant cherche à délimiter avec exactitude le statut de tous les membres appelés à vivre dans l'État. Qu'il soit influencé par des idées alors dépassées[2], la chose est certaine. Néanmoins, on doit rendre hommage à ce souci, à cette recherche méticuleuse pour déterminer dès le niveau du droit naturel la structure organique de l'État, bien entendu que seul l'État ou le droit politique aura le privilège et de fonder et de justifier les déterminations proposées par le droit naturel. Et c'est en ce moment, le plus terne assurément, que se manifeste, à son niveau supérieur, l'originalité, mieux la rigueur de la méthode transcendantale : *loin d'être constructive ou génétique* – en un sens fichtéen mal entendu – *elle est une analyse régressive* – rendant possibles des synthèses progressives, comme on le voit en la *Critique de la faculté de juger*[3] – qui remonte au fondement, au principe, de telle sorte que le pur donné apparaisse fondé au terme de la réflexion. C'est un vain débat que celui qui consiste à savoir si la méthode transcendantale est ou bien génétique (constructive) ou bien analytique. Elle est par-delà ce dilemme, réunissant, dans une métho-

---

1. On a voulu voir en ce point une anticipation de la doctrine de Marx, Kant apportant à l'usage de l'homme une limitation. Mais comme l'a justement indiqué G. Canguilhem, citant Leibniz (*Philosophische Schriften*, Bd. I, p. 198) dans sa *Connaissance de la vie*, p. 137-138, Paris, 1952, la doctrine des animaux-machines était déjà une limitation fondamentale de l'usage de l'homme.

2. B. Groethuysen, *Philosophie de la Révolution française*, Paris, 1926.

3. *Critique de la faculté de juger*, § 64-65.

dologie *sui generis*, les diverses démarches et conférant à l'une d'elles une certaine priorité à partir du rôle qu'elle joue au sein de la totalité générale méthodique qui est la philosophie transcendantale. Sans doute il y a quelque ironie à juxtaposer une réflexion sur la méthodologie transcendantale fondamentale et un développement assez terne et dépourvu de vigueur. Mais cela montre bien que les textes de Kant possèdent toujours une signification qui dépasse leur simple contenu.

L'exposé des trois idées essentielles de la première partie de la *Doctrine du droit* nous a permis de cerner les principaux contenus : la théorie de l'acquisition ou théorie du droit réel, la théorie du contrat ou du droit personnel, enfin la théorie du droit personnel d'espèce réelle. Kant conclut cette première partie par une division dogmatique de tous les droits acquis par le contrat, et distingue, en fait, douze cas. Cette division est, affirme-t-il, *pure*, et son souci en commentant les différents cas est d'éliminer les moments empiriques qui se rencontrent dans tel ou tel cas. Dès lors, la voie de l'exposition est tracée : il faut rationaliser autant que possible les diverses situations juridiques. Kant s'y applique essentiellement en simplifiant ou en rationalisant un droit romain déjà bien simplifié par ses prédécesseurs[1]. Une trop brève théorie génétique de l'argent empruntée pour l'essentiel à Adam Smith et la définition réelle de ce qu'est un livre servent en quelque sorte d'exemples préalables à cette rationalisation.

---

1. Sans revenir sur les observations de Hegel, on peut observer que Kant ne s'attache ni à la lettre, ni à l'esprit du droit romain. Le commentaire des principes d'Ulpien (p. 110) fournit un bon exemple.

Nous ne pouvons discuter ici tous les problèmes que soulèverait une interprétation exacte des développements de Kant concernant par exemple le mode d'acquisition par *usucapio*[1]. Nous nous attacherons seulement au problème posé par l'*acquisitio hereditatis*, c'est-à-dire par le testament. – Ce qui est frappant dans le paragraphe que Kant consacre à ce problème, c'est qu'il ne se pose pas les questions qui semblaient fondamentales à Pufendorf, Rousseau, Schmalz, Fichte. Pour ceux-ci, deux questions passaient avant les autres. D'une part (et cela est très sensible chez Rousseau, Schmalz, Fichte), l'héritage posait la question de la perpétuation des inégalités sociales. On résolvait le problème en suivant à la lettre un thème de Pufendorf: «Il y a, par rapport à la disposition des biens, écrit Rousseau, une remarque importante à faire, qui lève bien des difficultés: c'est, comme l'a montré Pufendorf, que par la nature du droit de propriété, il ne s'étend point au-delà de la vie du propriétaire, et qu'à l'instant qu'un homme est mort son bien ne lui appartient plus.»[2] Schmalz en déduisait que seule l'humanité tout entière était la légitime héritière du défunt, dont les biens pouvaient dès lors être justement répartis[3]. Et le jeune Fichte voyait là un moyen de pallier les inconvénients du libéralisme et

---

1. Kant néglige l'histoire de l'*usucapio*; il en simplifie les applications, les effets et conditions, il traite bien simplement le problème posé par les *res furtivae* (Justinien, Inst., 2, 6, 3), La relation entre *traditio* et *usucapio* n'est pas vraiment approfondie. Qu'on songe toutefois que la pensée kantienne vaut par elle-même, et que poser la question des sources n'est pas toujours la meilleure méthode de l'aborder.

2. J.-J. Rousseau, *Œuvres complètes*, Bibliothèque de la Pléiade, t. III, p. 263.

3. Th. von Schmalz, *Das reine Naturrecht*, VII, § 75.

d'instituer un certain socialisme[1]. Mais déjà Fichte, en 1793, jugeait
cette solution peu réaliste – peut-être est-ce pour cela qu'on ne trouve aucun écho de ce problème chez Kant. D'autre part, et cela est particulièrement net dans la *Grundlage des Naturrechts* (1796) de Fichte, se posait la question de savoir en quelle mesure le testament en lui-même pouvait être un acte juridique rationnel : car le testament est, à un certain moment, la décision d'une personne qui *n'existe plus* sur quelque chose *qui existe* (ses biens). On retrouve quelque trace de ce dernier problème chez Kant. Mais il est si différemment abordé que la perspective d'ensemble est totalement modifiée.

On a vu que pour la validité du contrat non seulement étaient nécessaires les déclarations simultanées des deux parties, mais encore leur volonté unifiée. Or, on ne peut imaginer à première vue comment la volonté de Caius, qui n'est plus, pourrait être unifiée avec celle de Titus, qui existe. La solution de Kant est la suivante : par le testament « Titus acquiert un droit particulier à la succession, semblable à un droit réel, je veux dire le droit exclusif de l'accepter… et c'est pourquoi celle-ci au moment de la mort est dite *hereditas iacens* »[2]. De là l'importante conclusion de Kant : « Les testaments sont donc, même au point de vue du simple droit naturel, valables (*sunt iuris naturae*), mais il faut entendre cette assertion au sens suivant : ils sont susceptibles et méritent d'être introduits, ainsi que sanctionnés, dans l'état civil (quand celui-ci s'établira). Car il n'y a que lui (la volonté générale en celui-ci) qui garantisse la possession de la succession, tandis

---

1. *Théorie et praxis*, p. 188.
2. *Doctrine du droit*, § 34, p. 175.

que suspendue entre l'acceptation et le refus, elle n'appartient à vrai dire à personne. » Kant en revient au fil conducteur de tout son développement concernant le droit privé en ce qui touche le problème particulièrement épineux du testament : *c'est seulement l'institution du droit politique, constitué par des lois publiques déterminant l'état civil, qui assure le fondement et la justification du droit naturel, qui, autrement, resterait une simple fiction rationnelle.*

Aussi bien verra-t-on Kant faire intervenir de plus en plus clairement l'exigence de l'état civil dans les développements qui concluent le droit privé ou naturel. Ainsi la *vindicatio* ou revendication d'une chose perdue fait intervenir, en fin de compte, l'idée de la *justice distributive*, qui caractérise précisément l'état civil dans la mesure où elle suppose un tribunal : «La raison juridiquement législative en revient donc à nouveau au *principe de la justice distributive*, qui consiste à juger de la légalité d'une possession, non selon ce qu'elle est *en soi* en relation à la volonté privée de chacun (*dans l'état de nature*), mais seulement selon ce qu'elle serait devant un *tribunal*, dans un état constitué par une volonté universelle et unifiée (dans un état civil). » [1] Et les § 41-42 qui développent le passage du mien et du tien dans l'état de nature au mien et au tien dans l'état juridique en général, concluent de la sorte le droit privé par son *Aufhebung* dans le droit publiquement reconnu. Trois thèmes gouvernent cette conclusion. En premier lieu Kant sépare *société* et *État* en attaquant Achenwall [2]. En second lieu, il montre comment le droit naturel présuppose pour être valable l'institution de l'état

---

1. *Doctrine du droit*, § 39, p. 184.
2. Nous avons cité ce texte plus bas, p. 39.

civil. En troisième et dernier lieu, il détermine le sens de la *contrainte*, tel qu'il peut être défini au terme de l'analyse du droit privé: c'est, bien compris, le postulat de la raison pratique juridique elle-même – on doit se contraindre ainsi qu'autrui à entrer dans un état civil ou de justice distributive. « Du droit privé dans l'état de nature émerge donc le postulat du droit public: "Tu dois, en raison de ce rapport de coexistence inévitable avec tous les autres hommes, sortir de cet état pour entrer dans un état juridique, c'est-à-dire dans un état de justice distributive." – On peut en développer analytiquement le principe à partir du concept du droit, dans son rapport extérieur, par opposition à la violence (*violentia*). »[1] Ainsi culmine dans l'idée d'une contrainte opposée à la violence, sans pour autant relever de la culture et à travers elle de la morale, l'analyse du droit privé; et s'identifiant à l'État le droit se sépare clairement de l'éthique.

IV

Avant d'analyser le droit public, il convient de rappeler quelle fut la position de Kant dans le problème des rapports du droit et de la morale antérieurement à la rédaction de la *Doctrine du droit*.

En 1784, dans le texte consacré à l'*Idée d'une Histoire universelle au point de vue cosmopolitique*, Kant ne distingue pas clairement *État et culture*. On peut même dire que tout le développement de l'*Idée d'une Histoire universelle* est axé dans la perspective de la culture. Dès lors les jugements portés sur les problèmes qui se posent sont inévitablement des juge-

---

1. *Doctrine du droit*, § 42, p. 188-189.

ments moralement pratiques. Toute l'histoire de l'homme se joue et se déroule dans une série de problèmes concernant la combinaison d'un *maximum* de liberté humaine et d'un *minimum* de détermination ou de contrainte. Ainsi le point de départ de l'humanité est un maximum de liberté qui est confronté à un minimum de contrainte, sans que ce maximum puisse être un absolu puisqu'il s'agit d'une liberté sauvage, qui doit être domestiquée par l'homme lui-même. L'intervention des schèmes du calcul infinitésimal ne doit pas surprendre. Ce calcul devait avoir beaucoup d'influence sur les sciences sociales au XVIIIᵉ siècle et s'illustrer brillamment dans la construction du concept de volonté générale chez Rousseau (opposée à la volonté de tous)[1]. Le point d'arrivée de l'histoire humaine devrait être une liberté absolue, ou du moins un maximum de liberté et un minimum de contrainte, étant bien entendu que la contrainte signifierait alors autonomie, c'est-à-dire règle et discipline que s'impose l'esprit à lui-même.

Or, la considération de la liberté humaine primitive – qui n'est pas éduquée – conduit Kant à considérer comme insoluble le problème de la constitution d'une association civile, d'un État. Ce problème, dit-il, est « le plus difficile ; et c'est celui qui sera résolu en dernier par l'espèce humaine »[2]. La liberté *primitive* de l'homme est, en effet, l'expression de sa

---

1. *Théorie et praxis*, § 84 *sq*. Kant n'a jamais cherché à définir la volonté générale en partant des concepts de différentielle et d'intégrale. Il n'a pas voulu non plus – en ceci aussi réaliste que les hommes de son temps, car personne ne voulut, même dans l'effervescence de la Révolution française, de la démocratie directe – instituer un autre concept politique que celui du système représentatif, sur lequel il ne se faisait guère d'illusions.

2. Kant, *Vermischte Schriften*, F. Gross Herausgeber, Leipzig, 1921, *Idee zu einer allgemeinen Geschichte in Weltbürgerlicher Absicht*, VI, p. 230. Cf. aussi *Réflexions sur l'éducation*, p. 73, *Die Religion* ... (A), p. 141.

courbure naturelle : l'homme est égoïste et ramène toutes choses à lui-même. « C'est pourquoi ce problème est le plus difficile de tous ; et même sa solution parfaite est impossible : le bois dont l'homme est fait est tellement courbe qu'on ne peut rien en dégager de parfaitement droit. La nature ne nous a donné comme tâche que de réaliser une solution qui soit une approximation de cette idée. »[1] Lorsque Kant dit que l'homme est courbe, fait d'un bois courbe (*aus so krummen Holz*)[2], il ne veut pas dire comme saint Augustin que l'homme regarde vers la terre et non vers le ciel, mais bien plutôt comme Luther, que l'homme retourne en soi-même ; il est *curvus*, c'est-à-dire : *curvus = curvus in se = versus in sui amorem*[3]. Dès lors, d'un point de vue moral la solution du problème politique ne peut être qu'approximative : on n'en finira jamais de *rectifier* les courbures de la liberté. Sans doute la culture, opposant les égoïsmes, fait que les courbures se rectifient d'elles-mêmes[4]. Et si l'on ne considère les choses qu'en gros, la position de Kant est opposée à celle de Rousseau, bien qu'ils ne distinguent pas État et culture et se placent tous les deux à un point de vue moralement pratique. Pour Rousseau, l'homme *droit par nature* se courbe dans la société. Pour Kant, en raison de l'affrontement des égoïsmes, la sociabilité insociable de l'homme, leur antagonisme, *les courbures se compensent*. Il n'en demeure pas moins – et toute la théorie kantienne du luxe,

---

1. *Théorie et praxis*, p. 28 et notes.
2. La *Doctrine du droit* oppose elle aussi le droit et le courbe, § E, p. 107.
3. A. Nygren, *Eros et Agapès*, t. III, p. 285 *sq.*, Paris, 1944.
4. Indiquée dès 1784, cette idée ne sera jamais abandonnée par le philosophe. Nous l'avons exposée à maintes reprises. Dans ses *Réflexions sur l'éducation*, Kant use de la métaphore de l'arbre qui poussant seul se courbe, *cf.* p. 80 et 35.

proche de celle de Voltaire, le montre – que *la culture régé-*
nère peu ou prou les courbures. Il n'y a donc de solution
qu'approximative (cela dit en un sens mathématique) et la
liberté demeure, en dépit de ses progrès, liberté pour le mal.

En 1795, considérant combien sa philosophie donnait sur
ce point raison aux réactionnaires qui, tels Rehberg, brillant
épigone de Burke, insistait sur les faiblesses de la liberté
humaine pour nier toute positivité à la Révolution française,
Kant, qui n'approuvait pas entièrement cette dernière, crut
néanmoins devoir déclarer le problème de l'État soluble,
distinguant ainsi société et État : « Le problème de la formation
de l'État, pour autant que ce soit dur à entendre, n'est pourtant
pas insoluble, même s'il s'agissait d'un peuple de démons
(pourvu qu'ils aient quelque intelligence); il se formule de la
façon suivante : Ordonner une foule d'êtres raisonnables
qui réclament tous d'un commun accord des lois générales en
vue de leur conservation, chacun d'eux d'ailleurs ayant une
tendance secrète à s'en excepter; et organiser leur constitution
de telle sorte que ces gens, qui par leurs sentiments particuliers
s'opposent les uns aux autres, réfrènent réciproquement ces
sentiments, de façon à parvenir dans leur conduite publique
à un résultat identique à celui qu'ils obtiendraient s'ils
n'avaient pas ces mauvaises dispositions. Un pareil problème
doit pouvoir se résoudre. Car il ne requiert pas l'amélioration
morale des hommes. » [1] Ainsi *la courbure de l'homme si elle*

---

1. Kant's Werke, E. Cassirer, p. 452, *Projet de paix perpétuelle*, p. 44-45.
G. Giese cite ce texte pour démontrer que le reproche de Hegel (Kant a
abandonné sa grande idée de l'unité du droit et de l'éthique) est bien fondé,
cf. *Hegels Staats idee und der Begriff der Staatserziehung*, p. 13 *sq.*, Halle,
1926. Comme à l'ordinaire, les reproches hégéliens apparaissent moins fondés

rendait toujours problématique l'instauration d'un Règne des fins, ne rendait plus toutefois impossible l'institution d'une République.

Deux conséquences devaient suivre de cette nouvelle détermination des relations du droit et de la morale, de l'État et de la culture, orientant de manière nouvelle les rapports réciproques des deux domaines à présent distingués. D'une part, l'État identifié au droit, accomplissant l'*Aufhebung* – partielle comme on le verra – du droit naturel dans le droit public et principiellement *politique*, devait, en raison même de sa structure phénoménologique, se confiner en un *formalisme* étranger à la *socialitas*, comme la chose apparaît manifestement dans le problème de l'opposition de la révolution et de la réforme ou encore en celui de la justice pénale, limitée à la loi du talion. Tant et si bien que la *socialitas*, par un renversement dialectique devait à son tour réagir sur le formalisme juridique afin de lui donner un « remplissement », de telle sorte que ce dernier, en dépit de son atemporalité, puisse être investi par des intentionnalités culturelles compensant l'*Aufhebung* du droit naturel dans le droit public (politique), et que l'*État devienne un* problème (*Aufgabe*) *pour l'éthique, au lieu d'en être seulement une conséquence ou un corollaire.* Mais, d'autre part, là où l'*Aufhebung du droit naturel se révèle impossible* – c'est-à-dire essentiellement au niveau du droit des gens et surtout du droit cosmopolitique (la paix perpétuelle) – *parce que les sujets* (à ce niveau les États) *ne peuvent dépasser le droit naturel, l'instauration indéfinie du Règne des fins doit pouvoir s'accomplir au nom de la* socialitas, et

si l'on part de Kant. Pour une vue synoptique, cf. A. Philonenko, *Hegel critique de Kant*, Bulletin de la Société française de philosophie, 1968.

l'Idée d'une *société des nations* doit acquérir une réalité objectivement moralement pratique. Ces deux conséquences convergent dans l'affirmation de *l'histoire comme principe synthétique de la métaphysique des mœurs*. En 1797 on assiste donc à une dialectique subtile de séparation et d'interpénétration du droit et de la morale, qui fait apparaître tour à tour chaque moment comme solution et comme problème, ce qui est le propre d'un devenir de l'Esprit.

C'est l'ensemble de ces rapports complexes, pour ainsi dire finement tissés entre eux, qui aboutit à la doctrine du droit public. On comprendra que celle-ci ait pu paraître d'un abord difficile à de nombreux commentateurs, qui n'ont d'ailleurs pas toujours saisi l'orientation exacte de Kant, pour une raison bien précise – ils cherchaient entre Kant et Rousseau des liens qui en 1797 n'existent plus.

V

La grande thèse du *Contrat social* de Rousseau est que la souveraineté et le peuple ne se distinguent pas. C'est à cette condition seule que Rousseau peut écrire : « Il est de l'essence de la puissance souveraine de ne pouvoir être limitée : elle peut tout ou elle n'est rien. »[1] Mais du même coup la révolution, comme acte du peuple, était justifiée et devenait dans le droit politique l'expression du droit naturel de l'homme. En même temps tout droit de résistance était né. Mais la résistance était saisie en un sens foncièrement original : il apparaissait qu'elle devenait résistance au souverain, donc au peuple, par consé-

---

1. J.-J. Rousseau, « Lettres écrites de la montagne », *Œuvres complètes*, Bibliothèque de la Pléiade, t. III, p. 826.

quent à la révolution et négation de la puissance politique souveraine d'une part et du droit naturel de l'homme comme liberté d'autre part. C'est ainsi que Rousseau a complètement bouleversé les rapports politiques dans la pensée moderne.

Or, tout dans l'exposé du *droit politique*, premier moment dans la deuxième partie de la *Doctrine du droit*, qui s'applique au droit public, montre que Kant a accompli un effort aussi considérable qu'en 1793[1] pour rétablir une philosophie politique dominée par l'idée de *réforme* et non par celle de *révolution* et qu'il est revenu aux principales idées de Pufendorf.

Certes, Kant affirme initialement que la souveraineté est contenue à l'origine dans le peuple lui-même. On remarquera bien que Pufendorf n'a jamais songé à soutenir une autre thèse. Mais l'idée fondamentale de cette philosophie juridique – en un sens foncièrement réaliste – est que la souveraineté se délègue, d'abord aux représentants du peuple, les députés, puis à la personne désignée comme souveraine. Kant va même plus loin en affirmant que la souveraineté du peuple « n'est qu'un *être de raison* (représentant le peuple entier), tant qu'il n'y a pas encore de personne physique qui représente la puissance suprême de l'État et qui procure à cette Idée son efficacité sur la volonté du peuple »[2]. Dans la *Doctrine du droit*, Kant semble d'ailleurs avoir voulu montrer qu'en définitive tout se ramenait à la personne souveraine. Plusieurs détails le prouvent assez clairement. – En premier lieu, comme en 1793, et ainsi que nous l'avions montré dans *Théorie et praxis*, Kant limite la possibilité de l'expression de la souve-

1. Voir à ce sujet *Théorie et praxis*, et naturellement G. Vlachos, *La pensée politique de Kant*, p. 451 *sq.*

2. *Doctrine du droit*, § 51, p. 221.

raineté populaire en reprenant la distinction de Sieyès entre citoyens passifs et citoyens actifs : tous les citoyens sont égaux en ce qu'ils sont tous également soumis à la loi – et à ce titre ils sont *sujets* – mais ils ne sont pas égaux dans l'institution des lois : seuls ceux qui sont *sui iuris* sont habilités à voter. Sans doute Kant reconnaît que le concept de citoyen passif « semble d'une manière générale en contradiction avec la définition du concept de citoyen en général »[1]. Des critères tant psychologiques qu'économiques lui semblent néanmoins imposer ce concept. En fait, Kant se rattache à une idée issue du droit romain suivant laquelle seuls les propriétaires sont des citoyens à part entière, car il serait anormal que des non-propriétaires décident de la propriété. – En second lieu, dans ce système *représentatif* du peuple, on remarquera que non seulement la fonction parlementaire est très vaguement définie et que le rôle exact du député n'est pas l'objet de longues considérations, mais encore que Kant, en ceci peut-être très actuel, n'accorde guère de confiance aux députés. Il écrit, en effet : « Le peuple qui est représenté par ses députés (au parlement), trouve dans ces gardiens de sa liberté et de ses droits des hommes vivement intéressés à leur propre position et à celle des membres de leur famille dans l'armée, la marine et les fonctions civiles – qui dépendent des ministres – et qui (au lieu d'opposer une résistance à la prétention du gouvernement…) sont tout au contraire toujours prêts à prendre en mains le gouvernement. »[2] Au mieux de par ses députés le peuple peut opposer au pouvoir une résistance

---

1. *Doctrine du droit*, § 46, p. 196.
2. *Doctrine du droit*, Remarque générale A, p. 202.

non pas active, mais *négative*, et alors la constitution est
« limitée »[1].

Mais là où se montre le plus clairement la volonté de Kant
de tout ramener à la personne (morale et physique) souveraine,
c'est dans sa théorie des pouvoirs. « Tout État contient en soi
trois *pouvoirs*, c'est-à-dire la volonté générale unie en trois
personnes »[2]. Il y a « le *pouvoir souverain*… qui réside en la
personne du législateur ; le *pouvoir exécutif*, en la personne qui
gouverne (conformément à la loi) et le *pouvoir judiciaire* ».
Ces trois pouvoirs – et ceci montre comment Kant, pas plus
que Mirabeau, n'est hanté par l'idée de la séparation des
pouvoirs – sont subordonnés et coordonnés les uns aux autres.
Dans le principe, il est vrai, ces pouvoirs sont séparés – mais
ceci uniquement pour se garder de la faiblesse humaine trop
inclinée au despotisme. Dans l'Idée ils forment une totalité
organique indissoluble, comme le confirme d'ailleurs la
terminologie flottante de Kant pour désigner la personne
souveraine[3] et le fait aussi que le droit de résistance active
envers ces trois pouvoirs soit *également* nié, le pouvoir législatif étant *irréprochable*, le pouvoir exécutif *irrésistible*, le

---

1. *Ibid.*, p. 204-205.

2. La théorie du pouvoir chez Kant est complexe. Disons qu'il ne croit pas à
la séparation des pouvoirs si elle doit être réelle. En ceci il rejoint Mirabeau
(*discours du 16 juillet 1789*). Le Souverain est trop élevé au-dessus des autres
pouvoirs. Mais Kant ne croit pas non plus à l'unité : « Ce n'est que dans la
personne divine que ces trois personnes peuvent être unies, car seule cette
personne unit toutes les perfections » (AK. Bd. XIX, p. 567, n° 7971). Dans
l'ensemble, la théorie de Kant consiste à limiter le pouvoir du souverain en lui
ôtant des attributions dévolues aux personnes privées.

3. La terminologie est flottante, outre le terme *Souverän*, Kant emploie
ceux de *Staatsoberhaupt, Staatsherrscher, Beherrscher*, etc.

pouvoir judiciaire *irrévocable*[1]. En outre, le souverain pouvant déposer le Régent (pouvoir exécutif) et intervenir dans la législation, il est pour le moins permis de poser la question de savoir si la séparation des pouvoirs n'est pas quelque peu fictive. – Or, il est un fait, longuement commenté par Kant, qui permet d'apercevoir la vraie tendance de sa théorie : c'est l'exécution « dans les formes » de Louis XVI[2]. Cette exécution dans les formes du monarque, « total renversement des principes du rapport entre le souverain et le peuple », est pour Kant « un suicide de l'État »[3]. Or, Kant ne peut parler de « total renversement », et surtout de « suicide de l'État » que s'il assimile un pouvoir, le pouvoir législatif, à la totalité du pouvoir (ce que H. Cohen considère comme une erreur singulière)[4]. Mais, en outre, il assimile la personne physique du souverain et la souveraineté morale. Dès lors l'unité du pouvoir se constitue et on voit émerger le face à face du souverain et de l'État, qui n'est pas forcément despotique, mais qui peut aussi l'être.

Il y a plus : outre ce que Cohen appelle la surprenante confusion du souverain et de la souveraineté[5], on voit Kant déterminer exactement comme Pufendorf les rapports conflictuels entre le peuple et le souverain. Le peuple est sans doute dans son droit tandis qu'il choisit Guillaume plutôt que Louis

---

1. Cf. Pufendorf, *Le droit de la Nature et des Gens*, L. VII, chap. IV, § 11. Sur la question du droit de résistance, cf. W. Haensel, *Kants Lehre vom Widerstandsrecht*, Kantstudien, 1926. L'orientation socialiste de H. Cohen l'amène ici à commettre quelques erreurs minimes d'interprétation.

2. *Doctrine du droit*, Remarque générale A, p. 203.

3. *Ibid.*, p. 204.

4. H. Cohen, *Kant's Begründung der Ethik*, p. 438.

5. *Ibid.*, p. 436.

comme souverain[1], mais dès lors que son choix est fait, il ne saurait résister au souverain. En effet, « la contradiction saute aux yeux, écrit Kant, dès que l'on pose la question de savoir qui serait juge dans ce conflit entre le peuple et le souverain ? (car ce sont, si on les considère juridiquement, toujours néanmoins deux personnes morales différentes); par où l'on voit que le premier veut être juge de sa propre cause »[2]. Par là se trouve condamnée toute révolution. La structure phénoménologique du droit voudrait que l'on repousse aussi tout mouvement dans le cadre de l'État. Pourtant, comme Pufendorf disant des lois civiles : « Personne n'a acquis le droit d'exiger qu'elles subsistassent toujours »[3], Kant déclare sans le contredire : « Un changement de la constitution (vicieuse) de l'État peut bien être parfois nécessaire – mais il ne peut être accompli que par le souverain lui-même par une *réforme*, et non par le peuple, c'est-à-dire par *révolution*. »[4] Mais l'aspect pufendorfien de la théorie de Kant est destiné, dans son esprit, à résoudre le problème fondamental de la contrainte. On a vu tous les éléments qui conduisaient à une solution préliminaire de ce problème, donnant le pas à l'*État* sur la *socialitas*. Mais à présent un changement radical de perspective, qui justifie les thèses kantiennes sur la nature du pouvoir en totalité, s'opère : le souverain ou plus précisément la personne souveraine « qui n'a que des droits envers les sujets et pas de devoirs »[5], se trouvant donc au-dessus des lois, peut raisonner *moralement sur la nature actuelle de l'État et procéder à des réformes*

1. Pufendorf, *Le Droit de la Nature et des Gens*, L. VII, chap. VI, § 9.
2. *Doctrine du droit*, Remarque générale A, p. 203.
3. Pufendorf, *Le Droit de la Nature et des Gens*, L. VII, chap. VI, § 9.
4. *Doctrine du droit*, Remarque générale A, p. 204.
5. *Ibid.*, p. 201.

aussi bien internes qu'externes, qui le contraignent à se dépasser vers une existence morale, laquelle permet à l'État de rejoindre le mouvement universel de la culture. Ainsi la contrainte qui était d'abord contrainte à entrer dans l'État devient contrainte à entrer dans le Règne des fins. Et la synthèse indubitable qui s'effectue ici entre État et culture ou société n'est possible que parce que le souverain échappant à la contrainte des lois échappe du même coup à leur formalisme incontestable et que, personne physique et morale, union du droit et de la morale, de l'État comme phénomène et de l'État comme Idée, il *appartient à l'histoire.* La transition entre l'État et l'histoire – du même coup la synthèse entre l'État et la culture – s'opère par et dans la personne du souverain. De là cette thèse de Kant, incorrectement interprétée par Cohen, qui sans cesse replace le peuple à la dignité du souverain, sans tenir compte du fait que la souveraineté est déléguée, – c'est à la volonté souveraine de promouvoir des réformes en confrontant l'*Idée du contrat social* et la réalité constitutionnelle et politique. Cohen a sans aucun doute parfaitement vu comment le mouvement de l'État ne pouvait être compris que dans la relation de l'Idée de l'État et de l'État comme phénomène, mais il a trop accentué – de manière quelque peu utopiste, encore qu'il s'en défende – la fonction du peuple comme origine de la souveraineté, pour ne pas voir dans le rôle impérial conféré au souverain, une telle disjonction des principes kantiens, selon lui, qu'il est donc permis de dire qu'à un certain moment le *peuple* comme totalité perd son existence[1].

---

1. H. Cohen, *Kant's Begründung der Ethik*, p. 436.

Kant, il est vrai, cependant, nuance cette apothéose du souverain. Et il lui impose de sévères limitations, qui le distinguent du souverain de Pufendorf qui demeure à certains égards dominé par des idées féodales. Trois limitations fondamentales apparaissent.

En premier lieu, une importante correction apparaît dans l'idée que garant de la propriété, le souverain à ce titre maître du pays (*Landesherr*), « ne peut avoir la propriété privée d'un sol quelconque (car autrement il se transformerait en personne privée) »[1]. C'est la négation de l'idée force de la féodalité qui s'exprime ici : « Le chef suprême ne peut donc avoir de *domaines*, c'est-à-dire des terrains pour son usage privé (ainsi l'entretien de la cour). En effet, puisqu'il serait de son intérêt personnel de les étendre autant que possible, dès lors l'État courrait le danger de voir toute propriété du sol dans les mains du gouvernement. »[2] Il n'est pas possible de développer ici toutes les implications de cette thèse principielle, qui est aussi une des restrictions les plus sévères apportées par Kant à l'idée du souverain qu'il a d'abord pour ainsi dire surélevée ; mais personne ne manquera de voir combien son caractère est décisif.

En second lieu, Kant limite la toute-puissance de la souveraineté par rapport aux fonctionnaires de l'État : « Pour ce qui est d'un emploi civil, la question se pose de savoir si le

---

1. *Doctrine du droit*, Remarque générale B, p. 206.
2. *Ibid.*, p. 206. En revanche, en ce qui touche l'Église, Kant estime qu'elle ne doit avoir aucune place privilégiée. On consultera surtout l'*Appendice*, p. 252. Néanmoins, sa théorie du pouvoir, impliquant l'obéissance civique totale (voir ici la note 79) (Remarque générale A, p. 201), alors même que ce pouvoir est d'après lui originairement fondé sur la violence, l'amène à reprendre l'ancienne formule : « Toute autorité vient de Dieu » (*ibid.*, p. 201).

souverain a le droit de reprendre à quelqu'un l'emploi qu'il lui a donné selon son bon plaisir (sans que ce fonctionnaire ait démérité)? Je dis : non! car ce que la volonté unie du peuple ne décidera jamais sur ses fonctionnaires civils, le souverain ne peut pas non plus le décider au sujet de celui-ci. »[1] En revanche, le souverain, le *Beherrscher* du peuple, puisqu'il ne peut être le régent, « peut lui ôter son pouvoir, le déposer, transformer son gouvernement »[2], bien qu'il ne le puisse punir. Conception toute moderne de l'État qui distingue le despotisme sans nuances et la charge politique fondamentale de la conduite du gouvernement, c'est-à-dire la conduite de l'État[3].

Enfin, en troisième lieu, une sérieuse limitation est apportée dans la section E de l'*Allgemeine Anmerkung*, qui significativement réunit le droit de punir et le droit de gracier. Mais l'énoncé du droit de gracier est formulé dans les termes suivants : « Le droit de gracier (*ius aggrantia*) le criminel, soit en adoucissant sa peine, soit en la remettant tout à fait, est de tous les droits du souverain le plus délicat, car s'il donne le plus d'éclat à sa grandeur, il est aussi l'occasion de commettre la plus grande injustice. – A l'égard des crimes commis par les *sujets* les uns envers les autres, il n'appartient nullement au souverain d'exercer ce droit, car ici l'impunité (*impunitas criminis*) est la suprême injustice envers les sujets. Ce n'est donc qu'à propos d'une lésion qui le touche lui-même (*crimen laese majestatis*) qu'il en peut user. Et en ce cas même il ne le pourrait pas si l'impunité devait constituer un danger pour le peuple lui-même au point de vue de sa sécurité. – Ce droit est le

---

1. *Doctrine du Droit*, Remarque générale D, p. 211.

2. *Ibid.*, § 49. *Cf.* note 46.

3. *Ibid.*, § 51.

seul qui mérite le nom de majesté. »[1] C'est peut-être la plus grave limitation apportée au pouvoir du souverain. Quelles qu'en soient les modalités, le droit de grâce est la possibilité offerte au souverain de transformer une solution juridique en un problème moral, et toute grâce est en soi et pour soi une réforme. Elle signifie sa suprématie, non arbitraire, mais volontaire (au sens kantien) par rapport au pouvoir exécutif et au pouvoir judiciaire surtout. Réduisant le droit de grâce aux seuls cas qui intéressent une atteinte à sa propre personne, Kant, après avoir limité les attributions du souverain touchant le territoire et sa relation aux fonctionnaires, les réduit à présent d'une manière presque dérisoire dans le problème du droit de grâce.

On a surtout retenu la violente attaque lancée contre le Marquis de Beccaria, juriste et philosophe, et la théorie extrêmement sévère de la peine. Fichte, un des premiers, s'en est offusqué[2]; Hegel lui a emboîté le pas... etc. Il est vrai que d'un certain point de vue la thèse kantienne est insoutenable. Le *ius talionis*, s'il est soumis à la condition de la réciprocité intégrale, aussi bien au point de vue de la qualité que de la quantité, voit son application se révéler pour le moins délicate. Un texte de Kant en apporte la preuve : « Mais comment faut-il faire avec des punitions pour des crimes qui ne permettent aucune réciprocité, soit parce que les peines seraient en elles-mêmes impossibles ou même constitueraient un crime punissable envers *l'humanité* en général, comme, par exemple, le cas de viol, celui de pédérastie ou de bestialité ? Les deux premiers devraient être punis de castration (comme celle des

---

1. *Doctrine du Droit*, Remarque générale E, p. 220.
2. Fichte, SW, Bd. III, p. 283, cf. *Théorie et praxis*, p. 172 *sq.*

eunuques blancs ou noirs dans un sérail), le dernier par l'expulsion pour toujours de la société civile, parce qu'il s'est lui-même rendu indigne de la société humaine. – *Per quod quis peccat, per idem punitur et idem.* »[1] On verra en considérant bien la solution apportée à ce problème – qui pourra certes paraître tragicomique – l'embarras de Kant. Mais il y a encore plus étonnant d'un certain point de vue. Toute la thèse du Marquis de Beccaria reposait sur l'argument suivant – personne ne peut être puni de mort, car personne dans le pacte social n'engage à ce point sa personne qu'elle puisse cesser d'être. Kant répond en avançant deux objections assez fortes. La première fait jouer un motif psychologique : la thèse de Beccaria s'effondre d'elle-même dès le principe, car quand bien même s'agirait-il de la plus petite peine, « il est impossible de *vouloir* être puni ». La seconde est plus philosophique : c'est l'homme nouménal, c'est-à-dire *la raison juridiquement pratique en moi*, qui prononce la sentence envers l'être sensible. Toutefois, comment ne pas remarquer qu'à un autre endroit Kant s'est lui-même servi de l'argument de Beccaria. Dans le § 30 il écrit, en effet : « Or, un contrat par lequel une partie renonce au profit d'une autre à toute sa liberté, cessant d'être une personne, et qui n'aurait plus par conséquent le devoir d'observer un contrat, mais de reconnaître seulement la force, serait un contrat contradictoire en lui-même, c'est-à-dire nul et sans effet. »[2] Il faut bien avouer que les termes ne sont pas absolument identiques. Mais il existe une série d'équivalences philosophiques qui permettraient de rendre rigoureux le parallèle des deux argumentations.

---

1. *Doctrine du droit*, Appendice 5, p. 246. On ne perdra pas de vue que l'essence du *ius talionis* est pour Kant psychologique. *Ibid.* p. 216.

2. *Ibid.*, § 30.

Il existe néanmoins dans la thèse de Kant – qui voit dans le *ius talionis* la seule loi qui puisse «fournir avec précision la qualité et la quantité de la peine»[1] et qui est loin d'être le dernier à percevoir les difficultés d'application[2], – plusieurs idées tout à fait justes et que la sociologie serait bien mal venue de contester. Kant ne veut pas que la peine, quelle qu'elle soit, serve d'exemple ou dans le meilleur des cas – telle est l'opinion de Fichte qui prend la défense de Beccaria contre Kant et déclare que le «grand homme... n'était pas infaillible» – de méthode pour améliorer le coupable[3], et *soit un moyen*. Et c'est pourquoi la loi pénale est un impératif *catégorique* (*Das Strafgesetz ist ein kategorischer Imperativ*). Car si la peine était un impératif *pragmatique*, l'homme lui-même serait transformé en moyen – en «chose», ce qui est pour Kant plus grave que la mort. C'est ce que l'on comprend parfaitement en lisant ce texte qui ne peut pas ne pas donner à penser: «Que doit-on penser du dessein suivant: conserver la vie à un criminel condamné à mort, s'il acceptait que l'on pratique sur lui de dangereuses expériences et se trouvait assez heureux pour en sortir sain et sauf, de telle sorte que les médecins acquièrent, ce faisant, un nouvel enseignement, précieux pour la chose publique? C'est avec mépris qu'un tribunal repousserait le collège médical qui ferait une telle proposition; car la justice cesse d'être une justice dès lors

---

1. *Doctrine du droit*, Remarque générale E, p. 215.

2. Les textes cités le montrent bien assez.

3. Pour Fichte, la peine doit être un moyen pour améliorer le coupable. De là son opposition à la peine capitale. Notons que par ailleurs il reproche à Kant sa définition de la société civile ou État. Selon Fichte, l'État n'est pas une fin en soi – ce qui fut le point de vue de Kant assez longtemps – mais un moyen. A ce sujet, cf. *Conférences sur la destination du savant* de Fichte et la précieuse introduction de J.-L. Vieillard-Baron, Paris, 1969.

qu'elle se donne pour un quelconque prix. »[1] La fin de ce texte énonce une autre idée précieuse : c'est que s'il est vrai que, comme l'affirme *La Religion dans les limites de la simple raison*, reprenant le mot d'un membre du Parlement anglais : « Tout homme a son prix pour lequel il se livre »[2], inversement la justice n'a pas de prix, et que par elle et à travers elle l'homme acquiert une *dignité*. Mais par là même la théorie de l'État, en ce qu'elle peut paraître avoir de plus austère et de plus « attardé », s'avère comme une contrainte pour dépasser l'État juridique dans l'Univers moral.

Kant se montre étrangement indifférent à certains problèmes qui ont fort agité ses contemporains. Le meilleur régime est-il monarchique, aristocratique, démocratique ? Peu importe : le vrai républicanisme consiste à respecter l'esprit des lois et n'importe quelle forme de l'État conviendra. Au demeurant, toute dissertation sur la meilleure forme de l'État est étrangement dépassée : dans le passé et dans l'avenir. Dans le passé car « elle appartient aux dictons tautologiques de la sagesse et signifie seulement que la meilleure constitution est celle *qui fait* le meilleur gouvernant, c'est-à-dire celle qui

---

1. *Doctrine du droit*, Remarque générale E, p. 215. H. Cohen a bien vu que la défense du *ius talionis* était chez Kant l'affirmation de l'homme comme fin en soi, cf., *Kant's Begründung der Ethik*, p. 281 : « La peine est le droit de l'être libre. Il ne doit être puni ni pour qu'autrui soit effrayé, ni le tout conservé (tout dont il serait écarté), mais parce qu'il est fin en soi et doit le demeurer comme tel... »

2. Kant, *Die Religion innerhalb der Grenzen der reinen Vernunft*, I, III, p. (A) 38.

est la meilleure » [1]. « Les formes de l'État ne sont que la *lettre* (*littera*) de la législation originaire dans l'état civil ». [2] Quant à l'avenir le voici : le but « d'une pure république » est, visant « la seule constitution conforme au droit », « de parvenir enfin à ce résultat suivant la lettre même par le fait que ces anciennes formes empiriques (statutaires), qui ne servaient qu'à réaliser la *soumission* du peuple, se résolvent dans la forme originaire (rationnelle), qui seule prend la liberté comme principe et même comme condition de toute *contrainte* nécessaire à une constitution juridique dans le sens propre du terme » [3]. De là cette thèse à première vue étonnante : si la contrainte se résolvait dans l'État, puisqu'à l'état de nature, par exemple, aucune acquisition ne pouvait être péremptoire, mais seulement provisoire, à présent le droit même de l'État n'est plus tenu pour définitif, comme s'il devait, à son tour, se supprimer dans une unité plus haute : « On ne peut admettre qu'un droit *provisoire* interne, mais non un état absolument juridique de la société civile. » [4]

C'est que l'ultime synthèse entre un droit indépendant de la morale et une morale sans relation immédiate au droit, autrement dit celle de l'État et de la société, doit être effectuée, de telle sorte que la *liberté devienne elle-même contrainte*, au sens le plus élevé, *et réciproquement*. Ce problème historico-philosophique est celui de *la paix perpétuelle*. La troisième section qui traite de la paix perpétuelle, soit du droit cosmo-politique, est relativement peu développée quand on la

---

1. *Doctrine du droit*, § 51, p. 222. Le problème de la meilleure constitution remonte, il est vrai, à Platon et Aristote.
2. *Doctrine du droit*, § 52, p. 224.
3. *Doctrine du droit*, § 25, p. 224.
4. *Doctrine du droit*, § 52, p. 224.

compare à celle du droit politique dont on vient de traiter. Cependant elle s'applique à l'idée de paix perpétuelle, sommet de la *Doctrine du droit*. On dira que Kant avait déjà abordé ce sujet dans un opuscule de 1795. Mais l'objection n'est pas bonne – Kant ne redoutait pas de publier à nouveau un texte, quitte à le retoucher de-ci de-là. A dire le vrai, entre l'opuscule de 1795 et les brèves pages de 1796, qui annoncent et même forment la conclusion, il y a une différence qu'aucun kantien averti ne saurait méconnaître.

Le point de départ est identique : c'est le droit public dans ses deux premières parties et surtout en la seconde – à savoir *le droit des gens* dont Kant explique avec soin le véritable sens, en disant qu'on devrait le nommer *das Staatenrecht* et renoncer à user de l'expression *das Völkerrecht* par où l'on entend le droit des gens. Tout le sens du développement du droit des gens revient à montrer que par-delà le droit politique, il existe un droit qui règle ou devrait régler le droit des peuples comme le droit privé ou naturel réglait le droit des individus. Néanmoins, une importante différence apparaît : *si le droit naturel privé justifiait l'individu à contraindre autrui à entrer avec lui dans un état civil* (donc dans des rapports politiques), *on ne saurait reconnaître à aucune nation celui de contraindre une autre nation à entrer avec elle dans une unité supra-nationale : la synthèse juridique n'est pas infinie.* L'opuscule de 1795 ne disait pas autre chose; mais la finitude de la synthèse juridique était moins éclatante, en raison même de l'absence de tout développement sur le droit naturel privé. C'est ce qui explique la différence de ton, qui ne doit pas être négligée, entre l'opuscule de 1795 et la *Doctrine du droit*. En 1795, constatant que les rois désormais n'étaient plus philosophes et que ces derniers n'étaient plus rois (greffant sur ce thème quelques idées baroques), Kant s'était franchement amusé en proposant un projet de traité de paix universelle en treize points[1]. Dans la *Doctrine du droit*, Kant est sérieux. Or, lorsqu'on fait d'une chose non pas une chimère, mais une fin dont nul ne peut dire si elle sera réalisée, il ne reste que le développement ironique et détaillé ou le sérieux concis. C'est en somme le propre de la sagesse platonicienne, et Kant en a, une fois de plus, fait son profit.

Le droit des gens, rapport naturel des États, considérés à présent entre eux et non plus en eux-mêmes, est l'équivalent du droit privé naturel. On peut fort bien traiter un individu *contrairement au droit naturel*. Qu'au niveau des États un tel droit existe, qui devrait au moins être observé, c'est déjà quelque chose de consolant. Kant n'hésite pas à écrire : « Dans l'état de nature des États *le droit de faire la guerre...* est le moyen permis à un État pour poursuivre par sa *force propre* son droit contre un autre État... »[2] Si la guerre est à proprement parler un état de *Rechtlosigkeit*, alors le concept d'un ennemi injuste n'a pas de sens, car tout État est juge de sa propre cause[3]. « Au demeurant, l'expression "un ennemi injuste dans l'état de nature" est un *pléonasme*; car l'état de nature est lui-même un état d'injustice. Un ennemi juste serait un ennemi auquel résister serait de ma part chose injuste; mais alors il ne serait plus mon ennemi. »[4] Cependant on peut, on doit même parler d'un droit *avant*, *pendant*, *après* la guerre[5]. Kant écrit même ces lignes : « Tous les moyens de défense sont permis à un État auquel on fait la guerre, à l'exception seulement de

---

1. *Cf.* A. Philonenko, *Kant et le problème de la paix*, *loc. cit.*
2. *Doctrine du droit*, § 56, p. 229.
3. *Doctrine du droit*, § 60, p. 233.
4. *Doctrine du droit*, § 60, p. 233.
5. *Doctrine du droit*, § 53, p. 226-227.

ceux dont l'usage ôterait aux sujets la capacité d'être des citoyens; car alors il s'ôterait en même temps la capacité de compter comme une personne (qui participerait avec les autres des mêmes droits) dans les rapports des États d'après le droit des gens. Au nombre de ces moyens illégitimes il faut ranger ceux qui consistent à se servir de ses propres sujets comme espions et de ceux-ci et même d'étrangers comme d'assassins, d'empoisonneurs (on peut très bien ranger dans cette classe ceux qu'on appelle les francs-tireurs qui épient les individus dans les embuscades), ou même uniquement pour répandre de fausses nouvelles; en un mot, on ne doit pas se servir de tous les moyens perfides, qui détruisent la confiance, qui est nécessaire pour fonder à l'avenir une paix durable. »[1] On ne saurait dire que Kant se trompe. Mais si la guerre est le moyen permis pour poursuivre son droit par la force, comment empêcher la plupart des esprits de croire que « le succès justifie tout » ?

Au début du §61, Kant explique pourquoi la paix perpétuelle devrait être réalisée et pourquoi elle ne peut être qu'une Idée. « Puisque l'état de nature des peuples, ainsi que celui des individus, est un état dont on doit sortir pour entrer dans un état légal, il s'ensuit qu'avant cet événement tout droit des peuples et tout le mien et le tien extérieurs que les États peuvent acquérir ou conserver par la guerre n'est que *provisoire*; ils ne peuvent avoir une valeur *péremptoire* et devenir un *état de paix* véritable que dans une *union* universelle *des États* (par analogie avec celle par laquelle un peuple devient un État). Mais comme la trop grande étendue d'un tel État des peuples, qui couvrirait de vastes contrées,

1. *Doctrine du droit*, § 56, p. 230-231.

ferait que son gouvernement, et par conséquent aussi la protection de chaque membre, deviendraient à la fin impossibles, et comme une multiplicité de semblables corporations réintroduit de nouveau un état de guerre, *la paix éternelle* (le but dernier de tout le droit des gens) est évidemment une Idée irréalisable. Mais les principes politiques qui tendent à ce but, je veux dire qui tendent à opérer des alliances entre États, servant à se *rapprocher* continuellement de ce but, ne le sont pas, et comme, en revanche, cette *approximation* est fondée sur le devoir, qu'elle est par conséquent une tâche fondée sur le droit des hommes et des États, elle est certainement réalisable. »[1]

On dira que l'argument majeur invoqué par Kant (l'impossibilité matérielle d'un État des États) est dans le fond une idée technique et non pas juridique. Si un État des peuples est impossible – et seul il constitue une solution juridique – ce n'est pas *de jure* mais de *facto*. Il est d'autres raisons issues de la pédagogie, de l'ethnologie, d'autres disciplines aussi, que nous avons indiquées en d'autres réflexions[2]. Mais le sens de la thèse kantienne est ailleurs. D'abord, comme l'a justement indiqué P. Hassner dont les vues sont souvent des plus contestables, Kant est véritablement le seul grand philosophe, qui percevant toutes les difficultés s'est cependant rangé du côté des hommes bons et naïfs[3]. Naïveté feinte ou réelle? La question peut se poser. Il y avait là peut-être l'expression d'un certain enthousiasme pour la Révolution française – le grand bouleversement, croyait-on, annoncé par Rousseau dans

---

1. *Doctrine du droit*, § 61., p. 233-234.
2. Voir notamment les *Réflexions sur l'éducation*.
3. P. Hassner, *Les concepts de guerre et de paix chez Kant*, « Revue française de science politique », vol. XI, 1961, p. 651.

l'*Émile* avait eu lieu. Quoi qu'il en soit Kant est plus proche des naïfs que des savants. D'autant plus qu'il ignore le nouveau développement que vont connaître les guerres et que parlant de «Congrès», il demeure – c'est le moins qu'on puisse dire, un homme de son temps. Il y a aussi l'idée que sans fondement technique le droit est vain, comme la science sans expérience : Kant n'est pas sceptique – ne dit-il pas que cette tâche «est certainement réalisable»? – il n'est pas non plus crédule et dans le fond bien moins naïf qu'on a voulu le dire. Il demeure toutes ces difficultés accumulées, et cela finit par se nommer une impossibilité; Kant ne se veut pas dédaigneux et ne repousse pas le projet de l'Abbé de Saint-Pierre, qui ne rendait pas Leibniz moqueur, mais désabusé. Il n'y a, disait-il, que la volonté qui manque aux hommes pour s'épargner une infinité de maux [1].

Aussi, entre l'illuminisme de Platon et de bien d'autres, la crédulité de tant de diplomates, Kant se veut de bon sens, naïf si l'on y tient. En quoi consiste, en ceci, le bon sens? – bien moins à penser qu'à agir et cela selon le devoir, sans se poser de question. Le droit supra-national comme la métaphysique est une science par purs concepts, puisqu'il n'a pas de fondement technique, et comme la métaphysique ne peut s'appuyer sur des expériences. *C'est donc une Idée.* Les abus ne manqueront pas et c'est l'essentiel de ce que dit Kant dans la section dernière réservée au *droit cosmopolitique.* Il se montre soucieux, à juste titre, de l'abus qui se nomme colonisation, inévitable conséquence du commerce, lequel, après que la guerre ait contribué à disperser les hommes sur toutes les terres

---

1. *Œuvres de Leibniz*, éditées par Foucher de Careil, t. IV, p. 325.

connues, doit les réunir[1]. Mais de cet abus, comme d'autres, on peut dire ceci : « Cet abus possible ne peut ôter au citoyen de la terre (*Erdbürger*) le droit de tenter d'être en communauté avec tous, de *fréquenter* toutes les régions de la terre, bien qu'il ne puisse avoir un *droit d'installation* (*ius incolatus*) sur le sol d'un autre peuple sans un contrat particulier. » La fin du § 62 montre que Kant savait que le droit cède ici souvent à la force.

Cependant la *conclusion* montre la *force* du sens bon qui est aussi bon sens. *Puisque le droit supra-national est une Idée qui ne possède pas une exposition* dans l'intuition, comme le droit strict[2], *du concept de droit à l'Idée du droit s'accomplit de nouveau la Révolution copernicienne, en même temps que le passage à la synthèse suprême du droit (et des États) à la moralité (c'est-à-dire à la société au sens restreint) est fondé.* Cette ultime synthèse débouche sur l'expérience fondamentale de *l'histoire* et nous n'avons pas besoin de *savoir* techniquement, pragmatiquement ou même scientifiquement ; « Aussi la question n'est pas de savoir si la paix perpétuelle est quelque chose de réel ou si ce n'est qu'une chimère et si nous ne nous trompons pas dans notre jugement théorique, quand nous admettons le premier cas, mais nous devons agir comme si la chose qui peut-être ne sera pas devrait être… » – *Comme si ! Als ob.* Le vrai discours critique qui place dans les Idées le sens ultime des concepts apparaît au terme de

---

1. Dans le § 63 de la *Critique de la faculté de juger*, Kant avance la thèse suivante : c'est la guerre qui a contribué à disperser les hommes sur la surface du globe. Dans un deuxième temps (puisque la terre est ronde – idée à laquelle Kant s'attache à deux reprises dans la *Doctrine du droit*) ils formeront par le commerce une communauté.

2. *Doctrine du droit*, § E, p. 107.

l'ouvrage[1]. Non seulement dans la *Doctrine du droit* le vain savoir cède la place à l'espérance, mais encore se reproduit le devenir critique radical. C'est peut-être un pléonasme pour un platonicien, mais le kantisme est une *théorie des Idées.* Et par là même il fait place au champ fertile de l'histoire comme il avait su exalter l'horizon de l'expérience.

L'histoire apparaît donc comme l'ultime synthèse. Nous sommes conscients de n'avoir pas scruté tous les détails de la *Doctrine du droit.* Mais dans le fond tel n'était pas notre dessein. Nous ne désirions qu'en donner un aperçu suffisant pour éclairer la grandiose synthèse qui la couronne. Il convient néanmoins d'ajouter un mot. Pas plus que les développements de la science, l'avenir du droit ne dépend de l'Idée. C'est aux hommes de produire des efforts, non aux Idées. Aussi, ayant établi la synthèse significative, la Révolution copernicienne, qui se refuse à faire de la liberté celle que possède en apparence un tournebroche, est à son terme. Sans doute est-ce pour cela que Kant a écrit : « Peut-être aussi que si le cours des choses humaines nous paraît insensé, cela tient au mauvais choix du point de vue sous lequel nous les considérons. Les planètes vues de la terre vont tantôt en arrière, tantôt s'arrêtent, et tantôt vont en avant. Mais si le point de vue est pris du soleil, ce que la raison seule peut faire, elles suivent, selon l'hypothèse de Copernic, régulièrement leur cours… Mais – et c'est précisément ce qu'il y a de malheureux – nous ne pouvons nous placer à ce point de vue quand il s'agit de la prévision d'actions libres. Car ce serait le point de vue de la Providence, qui se situe au-

---

1. Plus précisément dans la conclusion de l'*Appendice*, p. 255, 1-1-6.

delà de toute sagesse humaine. »[1] La raison avancée n'est pas bonne si l'on ne noue pas étroitement dans la philosophie de Kant la liberté et l'histoire; mais si liberté il y a, il n'y a plus prévision, et si prévision il y a, il n'y a plus de Dieu en un sens théocratico-juridique. Même Dieu, comme l'affirme la *Doctrine du droit*, ne peut créer la liberté et demeurer lui-même sans conférer à la liberté son essence imprévisible, son essence qui consiste précisément à être non-essence. Le malheur est que jugeant non sans raison que pour Kant toute liberté était liberté pour le mal, le jeune Fichte qui croyait à l'histoire comme à son progrès, jugeait de l'homme tout autrement et construisit contre Kant, et cela d'une manière absolument cohérente, une philosophie de la révolution[2]. On peut leur rendre cette justice : ils n'ont jamais célébré, comme Hegel, la guerre (même s'ils ont pu l'approuver parfois) : ils plaçaient dans le dévouement pour l'Idée du droit l'esprit d'une nation, sans jamais croire que la guerre fût nécessaire pour en ranimer les braises défaillantes[3]. Qu'on se console : Rousseau partageait l'avis de Hegel – car, croyait-il, la vertu suppose le combat.

---

1. Nous ne donnons pas tout à fait le même sens à ce texte que dans *Théorie et praxis*, p. 77 *sq.*

2. Jusque dans son travail, *Ueber Machiavelli als Schriftsteller* (*Nachgelassene* Werke, Bd. III), Fichte demeure révolutionnaire, alors même qu'il développe les principes de la *Real-Politik*, voir notre étude : « Le problème de la guerre et le machiavélisme chez Fichte », *Revue Guerres et Paix*, 1968.

3. A. Philonenko, « Éthique et guerre dans la pensée de Hegel », *Revue Guerres et Paix*, 1969.

MÉTAPHYSIQUE DES MŒURS

Les notes de Kant sont indiquées par des chiffres, les nôtres par des lettres

PREMIERS PRINCIPES MÉTAPHYSIQUES
DE LA DOCTRINE DU DROIT

PRÉFACE

Après la critique de la raison *pratique* devait suivre le système, la métaphysique des *mœurs*, qui se divise en premiers principes métaphysiques de la *doctrine du droit* et en premiers principes métaphysiques de la *doctrine de la vertu* (comme pendant aux premiers principes métaphysiques de la *science de la nature* déjà publiés) et l'introduction qui va suivre exposera la forme du système en toutes deux et la rendra, en partie, susceptible d'être intuitionnée.

La *doctrine du droit*, première partie de l'éthique <*Sittenlehre*>, est ce que l'on pourrait appeler la *métaphysique du droit*, en tant qu'elle est exigée comme un système issu de la raison. Néanmoins, comme le concept du droit est un concept pur, cependant appuyé sur la pratique (application aux cas qui se présentent dans l'expérience), il s'ensuit qu'un système *métaphysique* devrait prendre en considération dans sa division la multiplicité empirique de ces cas, si la division doit être complète (ce qui est une exigence essentielle dans l'élaboration d'un système de la raison). Or, l'achèvement de la division de l'*empirique* est impossible et, lorsqu'on la recherche (au moins approximativement) ce n'est pas des concepts de cette nature, qui ne peuvent être des parties intégrantes du système, mais seulement des exemples dans les remarques, se présentent. Aussi bien le seul titre convenant à la première partie de la métaphysique des mœurs ne peut être que : *Premiers principes métaphysiques de la doctrine du droit*; c'est que dans l'application aux différents cas on ne peut qu'approcher du système, non l'atteindre. Il en ira donc ici comme dans les (précédents) premiers principes métaphysiques de la science de la nature : le droit, qui relève du système esquissé *a priori*, constituera le texte, tandis que les droits, qui sont reliés à des cas particuliers de l'expérience, seront en partie la matière de remarques détaillées; autrement on ne pourrait pas bien distinguer ce qui est la métaphysique du droit de ce qui en est la pratique empirique.

Au si fréquent reproche d'obscurité, même de celle qui est délibérée, donnant l'apparence d'une profondeur affectée dans l'exposé philosophique, je ne saurais mieux répondre ou remédier qu'en me pliant au devoir que M. Garve, un philosophe au sens authentique du mot, impose à tout écrivain, mais plus particulièrement à celui qui philosophe, ne le limitant en ce qui me concerne qu'à la condition de ne le suivre qu'autant que le permet la nature de la science qui doit être corrigée et étendue.

Cet homme avisé voudrait (dans son œuvre intitulée *Mélanges*, p. 352 *sq.*) à bon droit, que toute doctrine philosophique, sous peine pour son auteur d'être soupçonné d'obscurité en ses idées – puisse atteindre la *popularité* (c'est-à-dire être assez sensible pour être universellement communiquée). Je l'admets volontiers, à moins qu'il ne s'agisse d'un système d'une critique de la raison elle-même et de tout ce qui ne peut être prouvé que par sa détermination : c'est qu'il s'agit alors de la distinction dans notre connaissance du sensible et du supra-sensible, laquelle relève cependant de la raison. Ce système ne peut jamais devenir populaire, de même en général qu'aucune métaphysique formelle, bien que ses résultats puissent être rendus parfaitement clairs pour la saine raison (d'un métaphysicien qui s'ignore). Il ne faut pas ici penser à quelque popularité (langage du peuple), mais l'on doit en revanche s'attacher à la *ponctualité* scolastique, même si elle est blâmée pour son caractère désagréable (c'est, en effet, la *langue de l'école*) : pour une raison si prompte c'est l'unique moyen d'être amenée à se comprendre d'abord elle-même face à ses assertions dogmatiques.

Mais si des *pédants* prétendent (dans des chaires ou dans des écrits populaires) parler avec des termes techniques, qui ne sont propres que pour l'école, on ne peut pas plus en faire reproche au philosophe critique qu'on ne peut faire grief au grammairien du manque d'intelligence du faiseur de mots (*logodaedalus*). Le ridicule doit en ceci concerner l'homme, non la science.

Il peut paraître arrogant, orgueilleux et, aux yeux de ceux qui n'ont pas encore abandonné leur vieux système, méprisant même, de soutenir qu'il n'y avait pas eu de philosophie avant l'apparition de la philosophie critique. – Afin de pouvoir se prononcer sur cette suffisance apparente, on doit poser la question : *se pourrait-il qu'il y eût plus d'une philosophie*? Non seulement il y a eu différentes manières de philosopher et de remonter aux premiers principes de la raison, afin de fonder avec plus ou moins de bonheur un système, mais encore il était nécessaire qu'un grand nombre de ces tentatives eût lieu, chacune d'entre elles ayant quelque mérite pour la philosophie actuelle ; néanmoins, puisque objectivement, il ne peut y avoir qu'*une* raison humaine, il ne peut se faire qu'il y ait plusieurs philosophies, c'est-à-dire qu'il n'y a qu'un vrai système rationnel possible d'après les principes, si diversement et si souvent contradictoirement que l'on ait pu philosopher sur une seule et même proposition. C'est ainsi que le *moraliste* dit avec raison : il n'y a qu'*une* vertu et qu'une seule doctrine de la vertu, c'est-à-dire un seul système qui lie tous les devoirs de vertu par un principe ; le *chimiste* : il n'y a qu'*une* seule chimie (celle de *Lavoisier*) ; le *professeur de médecine* : il n'y a qu'*un* principe de la division systématique des maladies (celui de *Brown*), – sans pour cette raison, je veux dire le fait que le *nouveau système* exclut tous les autres, minimiser le mérite des anciens (moralistes, chimistes et médecins) ; c'est que sans leurs découvertes, et même leurs recherches infructueuses, nous ne serions pas parvenus à l'unité du vrai principe de la philosophie tout entière en un système. – Si donc quelqu'un présente un système de philosophie comme étant sa propre fabrication, c'est comme s'il disait : « Il n'existait aucune philosophie avant celle-là. » En effet, s'il admettait qu'il y avait eu une autre (et vraie) philosophie auparavant, il y aurait eu sur les mêmes objets deux vraies philosophies, ce qui est contradictoire. – Aussi bien, si la philosophie critique se présente comme une philosophie telle qu'aucune autre n'a existé auparavant, elle ne fait pas autre chose que ce qu'on fait, feront et doivent faire tous ceux qui esquissent une philosophie d'après leur propre plan.

Un reproche d'une *moins* grande signification, mais qui ne manque pas tout à fait d'importance, consisterait à dire que le moment vraiment le plus original de cette philosophie n'est pas son propre fruit, mais est issu d'une autre philosophie (ou mathématique) ; telle est la découverte qu'un critique de Tubingen prétend avoir faite, touchant la définition de la philosophie en général que l'auteur de la Critique de la Raison pure présente comme sienne, et en y attachant une assez grande importance; elle aurait cependant été donnée depuis quelques années déjà par un autre auteur et presque dans les mêmes termes[1]. Je laisserai chacun juger si les mots : *intellectualis quœdam constructio* ont pu conduire à l'idée de *l'exposition <Darstellung> d'un concept donné dans une intuition « a priori »*, par quoi la philosophie est tout à fait nettement séparée des mathématiques. Je suis certain que Hausen lui-même n'aurait pas voulu accepter qu'on interprète ainsi ses propres expressions; en effet, la possibilité d'une intuition *a priori* et que l'espace soit une intuition *a priori* et non pas seulement la juxtaposition *<Nebeneinandersein>* d'un divers donné éparpillé *<aussereinander>* de l'intuition empirique (comme le définit Wolff) l'aurait effrayé dès le principe, puisqu'il se serait senti entraîné par une recherche philosophique allant beaucoup plus loin. Pour le mathématicien pénétrant l'exposition *pour ainsi dire faite par l'entendement* ne signifie rien de plus que l'*indication* sensible (empirique) d'une ligne correspondant au concept et grâce à laquelle on ne prête attention qu'à la règle, faisant abstraction des inévitables défauts de l'exécution ; c'est ce que l'on peut remarquer aussi en géométrie dans la construction des figures égales.

Mais au regard de l'esprit de cette philosophie, ce qui a bien la *moindre* signification, c'est assurément le désordre que suscitent certains de ses épigones par l'usage de termes propres à la Critique de la Raison pure et qui ne sauraient

---

1. « Porro de actuali constructione hic non quaeritur, cum ne possint quidem sensibiles figurae ad rigorem definitionum effingi; sed requiritur cognitio eorum, quibus absolvitur formatio, quae intellectualis quaedam constructio est ». C.A. Hausen, *Elem. Mathes.*, Pars. I, p. 86 (A) 1734.

être aisément remplacés par d'autres plus courants et qu'ils emploient en dehors de la Critique de la Raison pure dans le commerce ordinaire de la pensée, faute qui mérite d'être réprimée sans aucun doute, comme le fait M. Nicolai bien qu'il convienne qu'il ne saurait juger s'il faut proscrire entièrement cette terminologie dans le domaine qui lui est propre, comme si elle ne servait qu'à cacher une faiblesse de la pensée. – Néanmoins le *pédant impopulaire* donne bien plus à rire que l'*ignorant sans critique* (en effet le métaphysicien qui tient opiniâtrement à son système, sans se soucier d'aucune critique, peut être rangé dans cette dernière catégorie, bien qu'il *ignore* seulement arbitrairement ce qu'il ne saurait admettre, pour la raison que cela n'appartient pas à la vieille époque). Mais s'il est vrai comme le prétend Shaftesbury que ce n'est point une pierre de touche méprisable de la vérité d'une doctrine (en particulier d'une doctrine pratique) que de résister au rire il fallait bien *à la fin*, et même avec *plus de raison*, que le philosophe critique rît lui-même, en voyant les systèmes de papier de ceux qui pendant longtemps tenaient le maître-mot s'effondrer les uns après les autres et leurs disciples disparaître : destin qui leur est inévitablement réservé.

Vers la fin de l'ouvrage j'ai travaillé quelques sections avec moins de soin qu'on aurait pu s'y attendre en les comparant aux précédentes ; c'est en partie parce qu'elles m'ont paru pouvoir être facilement déduites de celles-là et en partie aussi parce que les dernières (qui concernent le droit public) sont à présent l'objet de tant de discussions, et qu'elles sont cependant si importantes, qu'elles peuvent bien justifier le renvoi du jugement décisif à une autre époque [a].

a. Dans la première édition Kant ajoutait : « J'espère pouvoir donner bientôt les premiers principes métaphysiques de la doctrine de la vertu. »

INTRODUCTION À LA MÉTAPHYSIQUE
DES MŒURS

I
DU RAPPORT DES FACULTÉS DE L'ÂME HUMAINE
AUX LOIS MORALES

La faculté de désirer est la faculté d'être par ses représentations cause des objets de ces représentations. La faculté d'un être d'agir selon ses représentations s'appelle la *vie*.

Avec le désir ou l'aversion est *premièrement* toujours lié, soit le *plaisir*, soit la *peine*, dont la réceptivité *<Empfänglichkeit>* se nomme *sentiment*; mais il n'en va pas toujours inversement. C'est qu'il peut y avoir un plaisir, qui n'est lié à aucun désir de l'objet, mais à la seule représentation que l'on s'en fait (abstraction faite de ce que l'objet existe ou non). Aussi *deuxièmement* le plaisir ou la peine pris à l'objet du désir ne précède pas toujours le désir et n'en doit pas être toujours être regardé comme la cause, mais peut aussi être considéré comme l'effet.

Or on appelle la capacité d'avoir du plaisir ou de la peine en raison d'une représentation *sentiment*, parce que ces deux états ne contiennent que ce qui est le subjectif simple *<das bloss Subjektive>* dans son rapport avec notre représentation et n'ont aucune relation à un objet en vue de sa connaissance possible[1] (ils ne contiennent pas même la connaissance de notre état) : en effet de simples sensations, outre la qualité qui leur est inhérente en raison de la nature du sujet (par exemple celle du rouge, du doux, etc.), sont en tant qu'éléments de connaissance rapportés à un objet, tandis que le plaisir ou la peine (au rouge et au doux) n'expriment absolument pas un rapport à l'objet, mais seulement au sujet. Le plaisir et la peine ne peuvent pas, précisément pour la raison indiquée, être expliqués en eux-mêmes, mais l'on peut tout au plus indiquer quelles conséquences ils ont dans certains rapports pour les faire connaître quant à l'usage.

On peut appeler *plaisir pratique* celui qui est nécessairement lié au désir (de l'objet dont la représentation affecte le sentiment), que ce plaisir soit la cause ou l'effet du désir. On pourrait en revanche appeler plaisir seulement contemplatif ou *satisfaction inactive* celui qui n'est pas

---

1. On peut en général définir la sensibilité par le subjectif *<das Subjektive>* de nos représentations ; en effet, l'entendement rapporte tout d'abord les représentations à un objet, c'est-à-dire qu'il ne *pense* une chose que par leur médiation. Mais le subjectif de nos représentations peut, ou bien être tel qu'il puisse aussi être rapporté à un objet en vue de sa connaissance (selon la forme ou selon la matière, et dans le premier cas il se nomme l'intuition pure, mais dans le second la sensation) ; et alors la sensibilité comme étant la capacité d'avoir des représentations pensées est le *sens*. Ou bien le subjectif de la représentation ne peut absolument pas devenir *un élément de connaissance*, parce qu'il ne contient simplement que son rapport au sujet et rien qui puisse servir à la connaissance de l'objet ; et en ce cas la capacité de la représentation est dite *sentiment*. Le sentiment contient l'effet de la représentation (que celle-ci soit sensible ou intellectuelle) sur le sujet et il appartient à la sensibilité, bien que la représentation elle-même puisse appartenir à l'entendement ou à la raison.

nécessairement lié au désir de l'objet, et qui n'est donc pas fondamentalement un plaisir pris à l'existence de l'objet de la représentation, mais qui s'attache à la seule représentation. Nous nommons le sentiment propre à cette dernière sorte de plaisir *goût*. Dans une philosophie pratique il ne sera donc pas question du goût comme d'un concept qui lui serait *intégré*, mais seulement de manière *épisodique*. Quant à l'intérêt pratique la détermination de la faculté de désirer, que ce plaisir doit nécessairement *précéder* comme cause, s'appellera au sens strict *désir <Begierde>*, tandis que les désirs habituels seront dit *penchants <Neigung>*. Et puisque la liaison du plaisir avec la faculté de désirer, dans la mesure où cette liaison peut être jugée comme valable par l'entendement suivant une règle universelle (mais en tous cas pour le sujet seulement), s'appelle *intérêt*, le plaisir pratique est en ce cas un intérêt du penchant. En revanche lorsque le plaisir ne peut que suivre une détermination antérieure de la faculté de désirer, il s'agit d'un plaisir intellectuel et l'intérêt pris à l'objet doit être dit un intérêt de la raison. Car si l'intérêt était sensible au lieu d'être fondé seulement sur de purs principes de la raison, alors la sensation devrait être liée au plaisir et ainsi pouvoir déterminer la faculté de désirer. Bien qu'on ne puisse substituer aucun intérêt du penchant là où il faut admettre simplement un pur intérêt de la raison, nous pouvons cependant pour nous conformer à l'usage de la langue, accorder à un penchant, même à ce qui ne peut être que l'objet d'un plaisir intellectuel, un désir habituel fondé sur un pur intérêt de la raison. Toutefois ce penchant ne serait pas alors la cause, mais l'effet de ce dernier intérêt, et nous pourrions le nommer un penchant indépendant des sens *<sinnenfreie Neigung>* (*propensio intellectualis*).

Il faut encore distinguer la *concupiscence* (la convoitise) du désir lui-même, la concupiscence étant comme le stimulant de sa détermination. Elle est toujours une détermination sensible de l'esprit, mais qui n'a pas encore abouti à un acte de la faculté de désirer.

La faculté de désirer suivant des concepts, dans la mesure où son principe de détermination à l'action se trouve en elle-même et non dans l'objet, est dite *la faculté de faire ou de ne pas faire suivant son gré* <*nach Belieben zu tun oder zu lassen*>. Dans la mesure où cette faculté est liée à la conscience de la faculté d'agir pour produire l'objet, elle s'appelle *arbitre* <*Willkür*>, mais si elle ne lui est pas liée son acte sera dit un *vœu*. La faculté de désirer, qui possède son principe de détermination intérieur en la raison, en sorte que l'assentiment <*das Belieben*> se trouve lui-même dans la raison du sujet, s'appelle la *volonté* <*Wille*>. La volonté est donc la faculté de désirer considérée non point tant par rapport à l'action (comme l'arbitre) que par rapport au principe de détermination de l'arbitre à l'action. Elle n'a donc point, en ce qui la regarde strictement, de principe de détermination, mais, dans la mesure où elle peut déterminer l'arbitre, elle est la raison pratique elle-même.

C'est dans la mesure où la raison peut en général déterminer la faculté de désirer que *l'arbitre*, et même le simple *vœu*, peuvent être compris sous la volonté. L'arbitre qui peut être déterminé par *raison pure* s'appelle le *libre-arbitre* <*freie Willkür*>. L'arbitre qui n'est déterminable que par le *penchant* (mobile sensible, *stimulus*) serait un arbitre animal (*arbitrium brutum*). L'arbitre humain au contraire est tel qu'il peut être sans doute *affecté* par les mobiles sensibles, mais qu'il ne peut être *déterminé* par eux; pris en lui-même (sans habitude acquise de la raison) il n'est donc pas pur; il peut néanmoins être déterminé à l'action par une volonté pure. La *liberté* de l'arbitre est son indépendance, quant à sa *détermination*, de tous les mobiles sensibles ; tel est le concept négatif de la liberté. Le concept positif de la liberté est la faculté de la raison pure d'être par elle-même pratique. Mais cela n'est pas autrement possible que par la soumission des maximes de toute action à la condition de pouvoir servir de loi universelle. En effet comme pure raison appliquée à l'arbitre, sans tenir compte de l'objet de cet arbitre, la raison pratique, comme faculté des principes (et ici des principes pratiques, donc comme faculté législative), puisque la matière de la loi lui fait défaut, ne peut établir en loi suprême et en principe de détermination de l'arbitre que la forme suivant laquelle les maximes de l'arbitre même peuvent devenir des lois universelles – et puisque les maximes de l'homme procédant de causes subjectives ne s'accordent pas d'elles-mêmes avec des <lois> objectives, elle ne peut que prescrire cette loi absolument comme impératif qui défend ou commande <*als Imperativ des Verbots oder Gebots*>.

Ces lois de la liberté sont appelées *morales* à la différence des lois de la nature. Lorsqu'elles ne portent que sur des actions extérieures et leur légalité, elles sont dites *juridiques* ; mais si elles exigent de plus d'être en tant que telles (comme lois) les principes de détermination des actions, elles sont alors *éthiques*, et on dit donc que l'accord avec les lois juridiques est la *légalité* des actions, tandis que l'accord avec les lois morales en est la *moralité*. La liberté à laquelle se rapportent les lois juridiques ne peut être que la liberté dans son usage extérieur, mais celle à laquelle se rapportent les lois morales est la liberté dans l'usage tant externe qu'interne de l'arbitre, pour autant qu'il est déterminé par des lois rationnelles. C'est ainsi qu'on dit dans la philosophie théorique : il n'y a dans l'espace que les objets du sens externe, mais tous les objets sont dans le temps, aussi bien ceux du sens externe que ceux du sens interne ; c'est que les représentations des deux sortes d'objets sont toujours des représentations et en ce sens elles appartiennent en totalité au sens interne. De même que l'on peut considérer la liberté dans l'usage soit externe, soit interne de l'arbitre, de même ses lois, comme pures lois pratiques rationnelles pour le libre-arbitre en général doivent en être en même temps les principes internes de détermination, bien qu'elles ne soient pas toujours considérées sous ce rapport.

II
DE L'IDÉE ET DE LA NÉCESSITÉ
D'UNE MÉTAPHYSIQUE DES MŒURS

Que l'on doive avoir pour la physique, qui s'occupe des objets du sens externe, des principes *a priori*, et qu'il soit possible et même nécessaire de commencer par établir un système de ces principes sous le nom d'une science méta-physique de la nature, précédant celle qui s'applique à des expériences particulières, c'est-à-dire la physique, c'est ce qui a été prouvé ailleurs. Mais la physique peut (du moins quand il s'agit de préserver ses propositions de l'erreur) admettre plus d'un principe comme universel sur le témoignage de l'expé-rience, bien que ce dernier, s'il doit avoir une valeur uni-verselle au sens strict, doive être dérivé de principes *a priori*. C'est ainsi que Newton accepta comme fondé sur l'expérience le principe de l'égalité de l'action et de la réaction dans l'influence réciproque des corps et l'étendit néanmoins à toute la nature matérielle. Les chimistes vont encore plus loin et fondent leurs lois les plus universelles concernant l'union et la séparation des matières par des forces qui leur sont propres sur la seule expérience et ils ont si confiance dans leur universalité et leur nécessité, qu'ils ne redoutent pas de découvrir quelque erreur dans les recherches qu'ils ont entreprises en les suivant.

Mais il en va autrement avec les lois morales. Elles ne valent comme lois que dans la mesure où elles peuvent être *regardées* comme fondées *a priori* et comme nécessaires ; bien plus : les concepts et les jugements qui intéressent notre être, nos actions et nos omissions *<unser Tun und Lassen>* ne signifient rien de moral, lorsqu'ils ne contiennent que ce qu'il est possible de savoir par l'expérience et si l'on se laissait conduire à établir comme principe moral quelque chose dérivant de cette source on s'exposerait aux erreurs les plus grossières et les plus pernicieuses.

Si la doctrine morale n'était qu'une doctrine de bonheur, il serait absurde de rechercher pour son profit des principes *a priori*. En effet si évident que puisse paraître le pouvoir de la raison d'apercevoir avant l'expérience par quels moyens on peut arriver à une jouissance durable des plaisirs de la vie, néanmoins tout ce que l'on enseigne *a priori* à ce sujet doit être considéré comme tautologique ou dénué de tout fondement. Seule l'expérience peut enseigner ce qui procure la joie *<Freude>*. La tendance *<Trieb>* naturelle à la nourriture, à la satisfaction sexuelle, au repos, au mouvement et (selon le développement de nos dispositions naturelles) la tendance à l'honneur, ou celle qui regarde l'élargissement de notre connaissance, etc., peuvent uniquement et encore d'une manière propre à chacun lui faire connaître en quoi selon sa propre manière d'être *<nur auf seine besondere Art>* il doit *trouver* cette joie et c'est celle-ci qui peut aussi lui enseigner les moyens suivant lesquels il doit la *chercher*. Toute apparence de raisonnement *a priori* n'est ici dans le fond rien d'autre que l'expérience élevée par l'induction jusqu'à l'universalité, et la généralité (*secundum principia generalia*, *non universalia*) est si fragile en cette matière qu'on ne peut se dispenser d'accorder à chacun une infinité d'exceptions, afin de respecter son choix d'un genre de vie conforme à ses penchants particuliers et à sa réceptivité au plaisir, et pour qu'à la fin chacun apprenne néanmoins à être prudent à ses dépens ou à ceux d'autrui.

Mais il en va tout autrement des préceptes de la moralité. Ils commandent à chacun, sans avoir d'égard à ses penchants : simplement parce que, et dans la mesure où, chacun est libre et est doué d'une raison pratique. La connaissance de ces lois n'est pas puisée dans l'observation de soi-même et de l'animalité en l'homme, ni dans la perception du cours du monde, de ce qui arrive et de la manière dont cela arrive (bien que le mot allemand *Sitten*, comme le mot latin, *mores*, ne signifie que la manière et la façon de vivre), mais au contraire la raison commande comment l'on doit agir, quand bien même on n'en trouverait pas d'exemple. Ainsi elle ne se soucie pas de l'avantage qui peut être le nôtre ce faisant et qu'au demeurant l'expérience seule pourrait nous faire connaître. Bien qu'elle permette que nous recherchions notre intérêt de toutes les façons possibles et que s'appuyant sur les témoignages de l'expérience, elle puisse promettre, surtout si la prudence intervient, avec vraisemblance de plus grands avantages à celui qui respecte ses préceptes qu'à celui qui les transgresse, il demeure que ce n'est pas là-dessus que repose l'autorité de ses préceptes en tant que *commandements*. Elle en use (à titre de conseils) uniquement comme contre-poids aux séductions contraires, afin de corriger à l'avance dans le jugement pratique le vice d'une balance partiale et pour assurer enfin à ce jugement un résultat conforme à l'importance <*Gewicht*> des principes *a priori* d'une raison pratique pure.

Si donc un système *a priori* de la connaissance par simples concepts s'appelle *métaphysique*, alors une philosophie pratique, qui a pour objet non pas la nature mais au contraire la liberté de l'arbitre, présupposera et exigera une métaphysique des mœurs : *posséder* une telle métaphysique est déjà un *devoir* et tout homme la possède en lui-même, bien que confusément la plupart du temps. Comment, en effet, pourrait-il croire avoir en lui-même une législation universelle sans principes *a priori*? Mais tout de même qu'il y a dans une métaphysique de la nature des principes <*Prinzipien*> de l'application des principes <*Grundsatz*> suprêmes et universels de la nature en général, tout de même doit-il en être dans une métaphysique des mœurs et nous devrons souvent prendre comme objet la *nature* particulière de l'homme, qui n'est connue que par l'expérience, afin d'y *indiquer* les conséquences de ces principes moraux universels, sans que par là la pureté de ces principes soit diminuée, ni leur origine *a priori* rendue douteuse. – Ce qui signifie exactement qu'une métaphysique des mœurs ne peut être fondée sur l'anthropologie, bien qu'elle puisse y être appliquée.

Le pendant d'une métaphysique des mœurs, comme autre membre de la division de la philosophie pratique en général, serait l'anthropologie morale, qui contiendrait les conditions subjectives, favorables comme contraires, de la *réalisation* dans la nature humaine des lois de la première partie de la philosophie pratique, c'est-à-dire : la production, la diffusion et l'affermissement des principes moraux (dans l'éducation, dans l'instruction et l'enseignement populaire) ainsi que d'autres règles et prescriptions qui se fondent sur l'expérience. Cette anthropologie morale ne saurait être écartée, mais elle ne peut aucunement précéder la métaphysique des mœurs, ni être mêlée avec elle, car on s'exposerait au danger d'établir des lois morales fausses ou du moins trop indulgentes, qui présenteraient de manière erronée comme inaccessible ce qui ne serait pas atteint, parce que la loi n'aurait été considérée, ni exposée en sa pureté (alors que c'est en cela que consiste sa force), ou bien encore parce l'on ferait usage à propos de ce qui est en soi le devoir et le bien de motifs sans authenticité ou impurs, qui ne laissent subsister aucun principe moral sûr, ni comme fil conducteur du jugement, ni comme <règle> de la discipline de l'âme dans l'accomplissement du devoir, dont la prescription ne doit nécessairement être donnée *a priori* que par la raison pure.

Je pense m'être expliqué (dans la *Critique de la faculté de juger*) sur la division supérieure de la philosophie, à laquelle la précédente est subordonnée, en philosophie théorique et pratique, et sur le fait que la philosophie pratique ne peut pas être différente de la philosophie morale. Tout ce qui est pratique et qui doit être possible suivant les lois de la nature (ce qui est l'affaire propre de l'art) dépend entièrement quant à sa règle de la théorie de la nature ; il n'y a que ce qui est pratique suivant les lois de la liberté qui puisse avoir des principes qui ne dépendent d'aucune théorie ; aucune théorie ne dépassant les déterminations de la nature. C'est pourquoi la philosophie ne peut comprendre dans sa partie pratique (à côté de sa partie théorique) aucune doctrine *techniquement pratique*, mais simplement une doctrine *morale-pratique*. Et si l'habileté de l'arbitre qui suit les lois de la liberté, par opposition à la nature, devrait encore être appelée *art*, il conviendrait de comprendre cet art comme celui qui rend possible un système de la liberté semblable au système de la nature ; art véritablement divin, si nous étions capables d'exécuter grâce à lui de manière complète par le moyen de la raison ce qu'elle nous prescrit et d'en réaliser l'Idée.

III
DE LA DIVISION DE LA MÉTAPHYSIQUE DES MŒURS[1]

Toute législation comprend deux parties (qu'elle prescrive des actes internes ou externes et en ce qui touche ces derniers qu'elle prescrive soit *a priori* par la simple raison ou par l'arbitre d'autrui) : *premièrement* : une loi, qui représente comme *objectivement* nécessaire l'action qui doit être accomplie, c'est-à-dire qui fait de l'action un devoir; et *deuxièmement* un mobile qui rattache *subjectivement* à la représentation de la loi le principe de détermination de l'arbitre à cette action; la seconde partie revient donc à ce que la loi fasse du devoir un mobile. Par la première par conséquent l'action est représentée comme devoir et c'est là une simple connaissance théorique de la détermination possible de l'arbitre, c'est-à-dire de la règle pratique. Par la seconde l'obligation d'agir d'une certaine manière est liée dans le sujet avec un principe de détermination de l'arbitre en général.

Chaque législation par conséquent (même si au point de vue de l'action, qu'elle transforme en devoir, elle s'accorde avec une autre, par exemple, les actions peuvent dans tous les

---

1. La *déduction* de la division d'un système, c'est-à-dire la preuve de son intégralité comme de sa *continuité*, c'est-à-dire de la transition depuis les concepts divisés jusqu'aux membres de la division sans solution de continuité (*divisio per saltum*) dans toute la série des sous-divisions, est une des conditions les plus difficiles à satisfaire par le constructeur d'un système. Même dans la question de savoir quel est *le concept suprême divisé* dans la distinction du *juste* et de l'*injuste* (*aut fas aut nefas*), il se trouve quelque difficulté. C'est l'*acte* du *libre-arbitre* en général. C'est la même chose que pour les maîtres de l'ontologie qui commencent par le *quelque chose* (*Etwas*) et le *rien* sans être conscients que ce sont là déjà des membres d'une division et que le concept divisé manque, concept qui ne peut être autre que celui de l'*objet* en général.

cas être extérieures) peut donc être différente en ce qui concerne le mobile. La législation qui fait d'une action un devoir et en même temps de ce devoir un mobile, est une législation *éthique*. En revanche la législation qui n'intègre pas le mobile à la loi et qui par conséquent admet un autre mobile que l'Idée du devoir elle-même est *juridique*. Au sujet de cette dernière législation on voit facilement que ses mobiles différents de l'Idée du devoir doivent être tirés des principes pathologiques de détermination de l'arbitre, les penchants et les aversions, et plutôt parmi ces dernières, car ce doit être une législation qui contraigne et non un appât qui attire.

On appelle la simple conformité ou non-conformité d'une action avec la loi, abstraction faite des mobiles de celle-ci, *légalité* <*Gesetzmässigkeit*> et, en revanche, *moralité* (éthique) la conformité en laquelle l'Idée du devoir selon la loi est en même temps le mobile de l'action.

Les devoirs qui découlent de la législation juridique ne peuvent être que des devoirs extérieurs, car cette législation n'exige pas que l'Idée de ce devoir qui est intérieure, soit par elle-même principe de détermination de l'arbitre du sujet agissant et, comme elle a besoin de mobiles appropriés aux lois, elle ne peut lui rattacher que des mobiles extérieurs. La législation morale, au contraire, fait aussi des actions intérieures des devoirs sans exclure les actions extérieures et s'applique à tout ce qui est devoir en général. Mais précisément parce que la législation éthique intègre le mobile interne de l'action (l'Idée du devoir) à la loi, détermination qui ne saurait exercer quelque influence sur la législation extérieure, il s'ensuit que la législation éthique ne peut être extérieure (fût-elle celle d'une volonté divine), bien qu'elle admette les devoirs en tant que *devoirs* qui relèvent d'une autre législation, c'est-à-dire d'une législation extérieure, comme mobiles en sa législation.

Par cela seul on peut voir que tous les devoirs, uniquement parce qu'ils sont des devoirs, appartiennent à l'éthique ; mais leur *législation* n'est pas toujours contenue pour cette raison dans l'éthique, mais au contraire pour beaucoup d'entre eux lui est étrangère. C'est ainsi que l'éthique commande qu'en un contrat je tienne la promesse que j'ai faite, quand bien même l'autre partie ne m'y saurait contraindre ; néanmoins elle admet la loi (*pacta sunt servanda*) et le devoir qui lui correspond comme issus de la doctrine du droit. La législation d'après laquelle les promesses doivent être tenues n'est donc pas comprise dans l'éthique, mais dans le *Ius*. L'éthique n'enseigne à ce propos que ceci : si le mobile que la législation juridique lie à ce devoir, c'est-à-dire la contrainte extérieure, se trouve en défaut, la seule Idée du devoir doit être un mobile suffisant. S'il n'en était pas ainsi et si la législation n'était pas juridique, et que le devoir qui en découle n'était pas par conséquent un devoir de droit (par opposition au devoir de vertu), on rangerait la fidélité à sa promesse (conformément à la parole donnée dans un contrat) parmi les actions de bienfaisance et parmi les devoirs qui y correspondent ; ce qui est absolument impossible. Tenir sa promesse n'est pas un devoir de vertu, mais un devoir de droit que l'on peut être contraint de remplir. Néanmoins c'est une action vertueuse (preuve de vertu) que de le faire, alors même qu'il n'y a aucune contrainte à *redouter*. La doctrine du droit et celle de la vertu se distinguent donc moins par des devoirs différents, que par la différence de leur législation, qui lient l'un ou l'autre mobile à la loi.

La législation éthique (quand bien même les devoirs pourraient être extérieurs) est celle *qui ne saurait être* extérieure ; la législation juridique est celle qui peut aussi être extérieure. Ainsi c'est un devoir extérieur de tenir la promesse donnée dans un contrat ; mais le commandement d'agir ainsi uniquement parce que c'est un devoir sans tenir compte d'un autre mobile n'appartient qu'à la législation *intérieure*. Cette obligation n'est donc pas liée à l'éthique parce qu'il s'agirait d'une espèce particulière de devoirs (une espèce particulière d'actions auxquelles on est obligé) – en effet il s'agit aussi bien en éthique qu'en droit d'un devoir extérieur –, mais parce que la législation dans le cas donné est intérieure et qu'elle ne peut avoir aucun législateur extérieur. Pour la même raison les devoirs de bienveillance, bien qu'ils soient des devoirs extérieurs (obligations à des actions extérieures) sont toutefois liés à l'éthique, parce que leur législation ne peut être qu'intérieure. – Certes l'éthique a aussi ses devoirs particuliers (par exemple ceux envers soi) et elle a également des devoirs qui sont aussi des devoirs de droit, mais elle n'a pas en commun avec le droit un mode d'*obligation*. Car ce qui est le propre de la législation éthique, c'est d'accomplir des actions uniquement parce que ce sont des devoirs et de faire du principe du devoir même, partout où se manifeste le devoir, le mobile suffisant de l'arbitre. Il y a donc, à la vérité, beaucoup de devoirs *directement éthiques*, mais la législation intérieure fait de tous les autres devoirs des devoirs indirectement éthiques.

IV

CONCEPTS PRÉLIMINAIRES DE LA MÉTAPHYSIQUE DES MŒURS
(*Philosophia practica universalis*)

Le concept de la *liberté* est un pur concept de la raison, qui, précisément d'après cette raison est pour la philosophie théorique transcendant. C'est donc un concept tel qu'on ne peut en donner aucun exemple adéquat dans une expérience possible quelconque, qui ainsi ne peut constituer un objet d'une connaissance théorique possible pour nous, et qui ne saurait valoir qu'à titre de principe non pas constitutif, mais seulement régulateur et, à la vérité, simplement négatif de la raison spéculative. Mais dans l'usage pratique de la raison sa réalité est prouvée par des principes pratiques, lesquels comme lois de la causalité de la raison pure déterminent l'arbitre indépendamment de toutes conditions empiriques (du sensible en général) et attestent en nous une volonté pure, en laquelle les concepts et les lois éthiques ont leur origine.

C'est sur ce concept positif de la liberté (au point de vue pratique) que se fondent les lois pratiques inconditionnées, qui sont dites *morales*, et qui, relativement à nous dont l'arbitre est affecté de manière sensible et qui ne se trouve pas de soi conforme à la volonté pure, la contredisant au contraire souvent, sont des *impératifs* (commandement ou interdiction) et même des impératifs catégoriques (inconditionnés), en quoi ils se distinguent des impératifs techniques (les règles de l'art) qui n'ordonnent toujours que conditionnellement. Selon ces lois donc certaines actions sont *permises* ou *défendues*, c'est-à-dire moralement possibles ou impossibles; quelques-unes ou leur contraire sont moralement nécessaires, c'est-à-dire obligatoires; et il en résulte pour celles-là le concept d'un devoir dont l'accomplissement ou la transgression est sans aucun doute lié à un plaisir ou à une peine d'un genre particulier (je veux dire un *sentiment* moral). Mais comme ce plaisir n'est point le *principe* des lois pratiques, comme il n'est que *l'effet* subjectif dans l'âme de la détermination de notre arbitre par ces lois, et que (sans rien ajouter ou ôter à leur valeur ou à leur influence objectivement, c'est-à-dire au jugement de la raison) il peut être différent suivant la différence des sujets, nous n'y avons point égard dans la considération des lois pratiques de la raison.

Les concepts qui suivent sont communs aux deux parties de la métaphysique des mœurs.

L'obligation est la nécessité d'une action libre sous un impératif catégorique de la raison.

Remarque

L'impératif est une règle pratique, par laquelle une action en elle-même contingente est *rendue* nécessaire. Il se distingue en ceci de la loi pratique, qui certes représente la nécessité d'une action, mais sans que soit posée la question de savoir si celle-ci est déjà intérieurement présente nécessairement (comme dans le cas d'un être saint) ou si (comme dans le cas de l'homme) elle est contingente, car dans le premier cas il n'y aurait aucun impératif. L'impératif est donc une règle, dont la représentation *rend* nécessaire l'action subjective-contingente et qui représente le sujet, en tant que tel, comme devant être *obligé* (nécessité) à s'accorder avec cette règle. – L'impératif catégorique (inconditionné) est celui qui pense et rend nécessaire l'action, non pas de manière médiate par la représentation d'une *fin*, qui pourrait être atteinte par l'action, mais par la simple représentation de cette action elle-même (par sa forme), donc immédiatement comme objective et nécessaire. Il n'y a entre les doctrines pratiques qu'une seule, celle qui prescrit l'obligation (celle des mœurs), qui puisse présenter des exemples de tels impératifs. Tous les autres impératifs sont *techniques* et dans l'ensemble conditionnés. Le fondement de la possibilité d'impératifs catégoriques est toutefois le suivant : ils ne se rapportent à aucune autre détermination de l'arbitre (par laquelle une fin peut lui être proposée) si ce n'est uniquement à sa *liberté*.

Licite est une action (*licitum*) qui n'est pas opposée à l'obligation; et cette liberté, qui n'est limitée par aucun impératif opposé, s'appelle autorisation *<Befugnis>* (*facultas moralis*). Par là se comprend de soi-même, ce qui est *inautorisé* (*illicitum*).

Le devoir est l'action à laquelle chacun est obligé. C'est donc la matière de l'obligation, et il peut se faire qu'il s'agisse (quant à l'action) du même devoir, bien que nous puissions y être obligés de différentes manières.

Remarque

L'impératif catégorique, tandis qu'il énonce relativement à certaines actions une obligation, est une *loi* morale pratique. Mais comme l'obligation ne contient pas seulement une nécessité pratique (qu'énonce une loi en général), mais aussi une *contrainte <Nötigung>*, dès lors l'impératif, en tant qu'il est pensé, est soit une loi qui commande soit qui interdit, selon laquelle ce qu'il s'agit de faire ou de ne pas faire est représenté comme devoir. Une action qui n'est ni commandée, ni interdite est simplement *permise*, car en ce qui la concerne il n'y a aucune loi qui restreigne la liberté (en l'occurrence de ce qui est autorisé), et par conséquent il n'y a pas non plus de devoir. Une telle action est éthiquement indifférente (*indifferens, adiaphoron, res merae facultatis*). On peut demander s'il existe de telles actions et à supposer que quelqu'un soit libre d'agir selon son bon plaisir, si outre la loi impérative (*lex praeceptiva, lex mandati*) et la loi prohibitive (*lex prohibitiva, lex vetiti*), une loi permissive (*lex permissiva*) ne serait pas souhaitable. S'il en était ainsi l'autorisation <ou la *facultas moralis*> n'aurait pas toujours une action indifférente (*adiaphoron*) pour objet; et, en effet, touchant une semblable action aucune loi particulière ne serait requise si on la considère du point de vue des lois éthiques.

Un *fait* (*Tat*) est une action, pour autant qu'elle est considérée sous les lois de l'obligation, par conséquent pour autant que le sujet en celle-ci est considéré au point de vue de la liberté de son arbitre. L'agent est par un tel acte considéré comme l'*auteur <Urheber>* de l'effet *<Wirkung>* et celui-là, ainsi que l'action même peut lui être *imputé*, au cas où on aura eu préalablement connaissance de la loi en vertu de laquelle une obligation pèse sur chacune de ces choses[a].

Une *personne* est ce sujet, dont les actions sont susceptibles d'*imputation*. La personnalité *morale* n'est rien d'autre que la liberté d'un être raisonnable sous des lois morales. En revanche la personnalité psychologique n'est que la faculté d'être conscient de son existence comme identique à travers différents états. Il s'ensuit qu'une personne ne peut être soumise à d'autres lois qu'à celles qu'elle se donne elle-même (ou toute seule, ou du moins à soi-même en même temps qu'avec d'autres).

La *chose* est ce qui n'est susceptible d'aucune imputation. Tout objet du libre-arbitre, qui manque lui-même de liberté, s'appelle donc chose (*res corporalis*).

Le *juste* ou l'*injuste* (*rectum aut minis rectum*) est en général un fait conforme ou non-conforme au devoir (*factum licitum aut illicitum*) : ce peut être le devoir même quant à son contenu ou quant à son origine quelle qu'en soit l'espèce. Un fait contraire au devoir est appelé transgression (*reatus*).

a. Cette phrase est délicate.

La *transgression sans préméditation*, mais néanmoins imputable, se nomme une simple *faute* (*culpa*). Une transgression *délibérée* (celle qui est liée à la conscience qu'il s'agit d'une transgression) s'appelle *crime* (*dolus*). Ce qui est conforme aux lois extérieures s'appelle *juste <gerecht>* (*iustum*), et ce qui ne l'est pas, injuste (*iniustum*).

Un *conflit de devoirs* (*collisio officiorum s. obligationum*) serait le rapport de ceux-ci, tel que l'un d'eux supprimerait l'autre (tout entier ou en partie). – Mais comme le devoir et l'obligation en général sont des concepts, qui expriment la *nécessité* objective pratique de certaines actions et comme deux règles opposées ne peuvent être en même temps nécessaires, et que si c'est un devoir d'agir suivant une règle, non seulement ce ne peut être un devoir d'agir suivant l'autre règle, mais cela serait même contraire au devoir : il s'ensuit qu'une *collision des devoirs* et des obligations n'est pas pensable (*obligationes non colliduntur*). En revanche il peut bien y avoir deux *raisons* de l'obligation (*rationes obligandi*) dans un sujet et dans une règle qu'il se prescrit et dont l'une ou l'autre n'est pas suffisante pour obliger (*rationes obligandi non obligantes*), de telle sorte que dans le cas d'une de ces raisons il n'y a pas de devoir. – Lorsque deux principes de ce genre s'opposent la philosophie pratique ne dit pas que la plus forte obligation doit l'emporter (*fortior obligatio vincit*), mais la plus forte *raison d'obligation* doit conserver sa place (*fortior obligandi ratio vincit*).

En général, les lois qui obligent, et pour lesquelles une législation extérieure est possible, s'appellent des lois externes (*leges externae*). De ce nombre sont celles dont l'obligation peut être reconnue *a priori* par la raison, même sans législation extérieure, et qui bien qu'extérieures sont des lois *naturelles*. Celles, au contraire, qui sans une législation extérieure réelle n'obligeraient pas, et ne seraient pas des lois, s'appellent des lois *positives*[a]. On peut donc concevoir une législation extérieure qui ne contiendrait rien que des lois positives ; encore faudrait-il qu'une loi naturelle précédât pour fonder l'autorité du législateur (c'est-à-dire la faculté <*Befugnis*> d'obliger les autres par son simple arbitre).

Le principe qui fait de certaines actions un devoir, est une loi pratique. La règle que l'agent se donne pour principe d'après des raisons subjectives s'appelle sa *maxime* et c'est pourquoi en ce qui touche une seule et même loi les maximes des agents peuvent être très différentes.

L'impératif catégorique, qui énonce seulement de manière générale ce qui est obligation, est : Agis d'après une maxime, qui puisse valoir en même temps comme une loi universelle ! Tu peux donc ainsi commencer par examiner tes maximes d'après leurs principes subjectifs ; quant à l'objectivité de ce principe tu ne peux la connaître que parce que ta raison le soumet à un examen, qui te permettant en même temps de te penser comme légiférant universellement, par celui-ci <fait> qu'il se qualifie pour une telle législation universelle.

La simplicité de cette loi comparée aux grandes et nombreuses conséquences qui en peuvent être déduites, ainsi qu'une autorité qui commande sans pourtant se présenter apparemment avec un mobile, doit sans doute paraître étrange au premier abord. Mais si dans cet étonnement touchant la faculté de notre raison, de pouvoir déterminer l'arbitre par la simple Idée de la qualification d'une maxime comme loi pratique *universelle*, on apprend que ces mêmes lois pratiques (morales) commencent seules à donner connaissance d'une

---

a. Nous suivons ici la correction de Natorp.

propriété de l'arbitre que la raison spéculative n'aurait pu découvrir ni par des raisons *a priori* ni par quelque expérience et que quand bien même elle y fût parvenue, la possibilité n'aurait pu être exposée théoriquement par rien, tandis que les lois pratiques exposent incontestablement cette propriété, je veux dire la liberté, il apparaîtra alors moins étonnant de trouver ces lois, comme les postulats mathématiques, *indémontrables* et cependant *apodictiques*, et de voir en même temps s'ouvrir devant soi tout un champ de connaissances pratiques, où la raison doit trouver en même temps avec cette Idée de la liberté toute Idée sienne du supra-sensible alors que cela lui est dans le champ théorique absolument caché[a]. L'accord d'une action avec la loi du devoir est la *légalité* (*legalitas*) – l'accord de la maxime de l'action avec la loi du devoir en est la *moralité* (*moralitas*). Or la *maxime* est le principe *subjectif* de l'action que le sujet se donne lui-même comme règle (comment il veut agir). En revanche le principe du devoir est ce que la raison lui commande absolument, par conséquent objectivement (comment il *doit* agir).

Le principe suprême de la doctrine des mœurs <*Sittenlehre*> est donc : Agis suivant une maxime, qui puisse en même temps servir de loi universelle. – Toute maxime qui ne peut se qualifier ainsi, est contraire à la morale.

a. Nous choisissons ici le sens plutôt que le mot à mot. Depuis « s'ouvrir » jusqu'à « caché. » Barni traduit : « un champ de connaissances, absolument fermé à la raison théorétique à l'endroit de cette même idée de la liberté et de toutes ses autres idées de choses supra-sensibles. »

Remarque

C'est de la volonté que procèdent les lois et de l'arbitre les maximes. Chez l'homme l'arbitre est un libre-arbitre ; la volonté qui ne s'applique à rien d'autre qu'à la loi ne peut être dite ni libre, ni non libre parce qu'elle ne porte pas immédiatement sur les actions, mais sur la législation pour les maximes des actions (par conséquent la raison pratique elle-même). C'est pourquoi elle est absolument nécessaire, sans même être *susceptible* d'aucune contrainte. Seul l'*arbitre* peut être appelé *libre*.

La liberté de l'arbitre toutefois ne peut être définie par la faculté de choisir pour ou contre la loi (*libertas indifferentiae*) (comme certains ont tenté de le faire) bien que l'arbitre comme *phénomène* en fournisse de nombreux exemples dans l'expérience. En effet nous ne connaissons la liberté (telle qu'elle nous est révélée pour la première fois par la loi morale) que comme une qualité *négative* en nous, en ce sens que nous ne sommes *contraints* à l'action par aucun principe de détermination sensible. Mais comme *noumène*, c'est-à-dire considérée suivant la faculté de l'homme simplement comme intelligence, nous ne pouvons exposer en aucune façon théoriquement comment la liberté est *nécessitante* en ce qui touche l'arbitre sensible c'est-à-dire suivant son aspect positif. Tout ce que nous pouvons fort bien voir, c'est que, bien que l'homme en tant qu'*être sensible* suivant l'expérience montre une faculté de choisir non seulement *conforme* à la loi, mais encore *contraire* à celle-là, ce n'est point par là que sa liberté comme *être intelligible* peut être *définie* ; c'est que des phénomènes ne peuvent rendre compréhensible aucun objet suprasensible (comme il en va du libre-arbitre) et que la liberté ne peut jamais consister en ce que le sujet puisse accomplir un choix contraire à sa raison (législative), même si l'expérience prouve trop souvent qu'il en est ainsi (ce dont nous ne pouvons toutefois comprendre la possibilité). – En effet autre chose reconnaître un principe (de l'expérience), autre chose l'ériger en *principe de définition* (du concept du libre-arbitre) et en qualité générale spécifique (le distinguant de l'*arbitrio bruto.s.servo*); en effet dans le premier cas on n'affirme pas que cette qualité spécifique appartient *nécessairement* au concept, tandis que cela est indispensable dans le second cas. – En relation à la législation interne de la raison la liberté n'est proprement qu'une faculté; la possibilité de s'en écarter n'est qu'impuissance. Comment pourrait-on expliquer la seconde de ces choses par la première? Une définition, qui au concept pratique ajoute celle de son *exercice*, comme l'enseigne l'expérience, est une *définition bâtarde* (*definitio hybrida*), qui montre le concept sous un faux jour.

Une *loi* (moralement pratique) est une proposition qui contient un impératif catégorique (commandement). Celui qui commande (*imperans*) par une loi est le *législateur* (*legislator*). Il est l'auteur (*auctor*) de l'obligation par la loi; il n'est pas toujours l'auteur de la loi. Dans le cas où il le serait, la loi serait positive (contingente) et arbitraire. La loi qui nous oblige *a priori* et inconditionnellement par notre propre raison peut aussi être exprimée comme procédant de la volonté d'un législateur suprême, c'est-à-dire qui n'a aucun devoir, mais seulement des droits (par conséquent de la volonté divine). Mais c'est simplement chose qui signifie l'Idée d'un être moral, dont la volonté fait loi pour tous, sans qu'on pense que cette volonté est cause de la loi.

L'imputation (*imputatio*) au sens moral est le *jugement*, par lequel on considère quelqu'un comme auteur (*causa libera*) d'une action, qui s'appelle dès lors *fait* (*factum*) et est soumise aux lois ; si ce jugement implique en même temps des conséquences juridiques relevant de ce fait, l'imputation est alors juridique (*imputatio iudiciaria s.valida*) ; dans le cas contraire il ne s'agit que d'une imputation critique (*imputatio diiudicatoria*). La personne (physique ou morale) qui est autorisée à imputer judiciairement s'appelle le *juge* ou le tribunal (*iudex s.forum*).

Lorsque quelqu'un fait, conformément au devoir, *plus* que ce à quoi il est contraint par la loi, la chose est *méritoire* (*meritum*) ; s'il ne fait que ce qui est conforme à la loi, il n'a fait que *remplir une dette* (*debitum*) ; enfin s'il fait moins que ce que la loi exige, c'est là un *délit* moral (*demeritum*). L'effet *juridique* du délit est la *peine* (*poena*), celui d'une action méritoire est la *récompense* (*praemium*) – supposé que celle-ci, promise dans la loi, ait été la cause de l'action – la conformité de la conduite à ce qui est dû n'a aucun effet juridique. – La *rétribution* bienveillante (*remuneratio s. repensio benefica*) n'a aucun *rapport juridique* à l'action comme fait.

Remarque

Les bonnes ou mauvaises conséquences d'une action obligatoire, ainsi que les conséquences de l'omission d'une action méritoire, ne peuvent être imputées au sujet (*modus imputationis tollens*).

Les bonnes conséquences d'une action méritoire, ainsi que les conséquences fâcheuses d'une action injuste peuvent être imputées au sujet (*modus imputationis ponens*).

Le degré de l'imputabilité (*imputabilitas*) doit être évalué *subjectivement* en fonction de la grandeur des obstacles qui ont dû être surmontés. Plus grand est l'obstacle naturel (de la sensibilité), plus faible aussi est l'obstacle moral (du devoir), d'autant plus la bonne action est méritoire. Par exemple si au prix d'un grand sacrifice pour moi je sauve d'un grand péril un homme qui m'est totalement étranger.

En revanche : plus petit est l'obstacle naturel, et plus grand l'obstacle fondé sur des raisons du devoir, d'autant plus la transgression (comme démérite) est-elle imputable. C'est pourquoi l'état d'âme, c'est-à-dire : le sujet a-t-il commis l'action sous l'emprise de l'affection <*im Affekt*> ou dans une réflexion calme ? – entraîne une différence dans l'imputabilité, qui a des conséquences.

INTRODUCTION À LA DOCTRINE DU DROIT

§ A
QU'EST-CE QUE LA DOCTRINE DU DROIT ?

L'ensemble des lois, pour lesquelles une législation extérieure est possible s'appelle la *doctrine du droit* (*Ius*). Si une telle législation est réelle, elle est alors la doctrine du *droit positif*, et celui qui connaît le droit ou qui est un savant en droit (*Iurisconsultus*) est un expert (*Iurisperitus*) s'il connaît les lois extérieures d'une manière extérieure, c'est-à-dire en leur application aux cas qui se présentent dans l'expérience, laquelle application peut devenir *jurisprudence* (*Iurisprudentia*). Sans ces deux conditions il n'y a qu'une simple science du droit (*Iurisscientia*). Cette dernière appellation revient à la connaissance *systématique* de la doctrine du droit naturel (*Ius naturae*), bien que le jurisconsulte doive emprunter à cette dernière les principes immuables de toute législation positive.

§ B
QU'EST-CE QUE LE DROIT ?

Cette question pourrait embarrasser le *jurisconsulte* autant
que le logicien est embarrassé par la question : *Qu'est-ce que
la vérité ?* – au cas où le premier ne veut pas tomber dans la
tautologie et, au lieu de présenter une solution générale,
renvoyer aux lois d'un certain pays à une certaine époque. Ce
qui est de droit (*quid sit iuris*), c'est-à-dire ce que disent et ont
dit des lois en un certain lieu et à une certaine époque, il peut
assurément le dire. Mais la question de savoir si ce qu'elles
prescrivaient était juste et celle de savoir quel est le critère
universel auquel on peut reconnaître le juste et l'injuste
(*iustus et iniustus*) lui resteront obscures, s'il n'abandonne pas
quelque temps ces principes empiriques et ne cherche pas la
source de ces jugements dans la simple raison (quoique ces lois
puissent de manière excellente lui servir en ceci de fil conducteur), afin d'établir la fondation pour une législation empirique
possible. Une science simplement empirique du droit (comme
la tête de bois de la fable de Phèdre) est une tête, qui peut être
belle ; mais il n'y a qu'un mal : elle n'a point de cervelle.

Le concept du droit, dans la mesure où il se rapporte à une
obligation qui lui correspond (c'est-à-dire le concept moral de
celle-ci), *premièrement* ne concerne que le rapport extérieur,
et à la vérité, pratique, d'une personne à une autre, pour autant
que leurs actions peuvent en tant que faits posséder (immédiatement ou médiatement) une influence les unes sur les autres.
Mais *deuxièmement* il ne signifie pas le rapport de l'arbitre au
souhait (par conséquent au simple besoin) d'autrui, comme
dans les actions bienfaisantes ou cruelles, mais uniquement à
l'*arbitre* d'autrui. *Troisièmement* : dans ce rapport réciproque
de l'arbitre on ne considère pas la *matière* de l'arbitre, c'est-à-

dire la fin que peut se proposer tout un chacun touchant l'objet qu'il veut – par exemple on ne demande pas si dans la marchandise qu'il m'achète pour son propre commerce quelqu'un trouvera aussi son bénéfice ou au contraire, mais on s'interroge seulement sur la *forme* du rapport des deux arbitres respectifs, dans la mesure où ils sont considérés comme libres et si, ce faisant, l'action de l'*un* des deux peut s'accorder avec la liberté de l'*autre* d'après une loi universelle.

Le droit est donc l'ensemble des conditions sous lesquelles l'arbitre de l'un peut être uni à l'arbitre de l'autre selon une loi universelle de la liberté.

§ C
PRINCIPE UNIVERSEL DU DROIT

« Est *juste* toute action qui permet ou dont la maxime permet à la liberté de l'arbitre de tout un chacun de coexister avec la liberté de tout autre suivant une loi universelle. »

Si donc mon action ou en général mon état peut coexister avec la liberté de tout un chacun suivant une loi universelle, celui qui m'en empêche est à mon égard injuste ; en effet cette opposition (cette résistance) ne peut coexister avec la liberté d'après les lois universelles.

Il s'ensuit aussi qu'on ne peut exiger que ce principe de toutes les maximes soit à son tour ma maxime, c'est-à-dire que je l'érige en *maxime* de mon action ; car chacun peut être libre, quand bien même sa liberté me serait totalement indifférente, ou que je souhaiterais y porter atteinte jusqu'en son cœur, pourvu que je ne lui porte pas préjudice par mon *action extérieure*. C'est à mon égard une exigence de la morale que d'ériger en maxime la conduite qui convient au droit.

La loi universelle du droit : Agis extérieurement de telle sorte, que le libre usage de ton arbitre puisse coexister avec la liberté de tout un chacun suivant une loi universelle, est donc une loi qui, à la vérité, m'impose une obligation, mais qui n'attend d'aucune manière et encore moins exige que je *doive* même borner ma liberté à ces conditions uniquement en raison de cette obligation ; mais la raison dit seulement que telle est la limitation apportée en ceci par son Idée à ma liberté et qu'elle peut être aussi en fait limitée par d'autres ; elle dit ceci comme un postulat, qui n'est pas susceptible d'être prouvé ultérieurement. – Si l'on se propose non pas d'exposer la vertu, mais seulement ce qu'est le *droit* on ne peut, on ne doit pas même présenter cette loi de droit comme mobile de l'action.

§D
LE DROIT EST LIÉ À LA FACULTÉ DE CONTRAINDRE

La résistance opposée à l'obstacle d'un effet est une protection de celui-ci et s'accorde avec lui[a]. Or, tout ce qui est injuste est un obstacle à la liberté suivant des lois universelles ; mais la contrainte est un obstacle ou une résistance exercée sur la liberté. Il s'ensuit que si un certain usage de la liberté même est un obstacle à la liberté suivant des règles universelles (c'est-à-dire est injuste), alors la contrainte, qui lui est opposée, en tant *qu'obstacle à ce qui fait obstacle à la liberté*, s'accorde avec cette dernière suivant des lois universelles, c'est-à-dire qu'elle est juste ; par conséquent une

---

a. *Beförderung* devrait être traduit par *accroissement*. Mais Kant ne veut rien dire si ce n'est que l'effet, puisque rien ne lui fait obstacle, est ce qu'il doit naturellement être.

faculté de contraindre ce qui lui est nuisible est, suivant le principe de contradiction, liée en même temps au droit.

§ E

LE DROIT *STRICT* PEUT AUSSI ÊTRE REPRÉSENTÉ COMME LA POSSIBILITÉ D'UNE CONTRAINTE RÉCIPROQUE COMPLÈTE S'ACCORDANT AVEC LA LIBERTÉ DE CHACUN SUIVANT DES LOIS UNIVERSELLES

Cette proposition revient à dire que le droit ne peut pas être pensé comme constitué de deux moments : à savoir de l'obligation suivant une loi – et de la faculté de celui qui oblige les autres par son arbitre de les contraindre à accomplir cette obligation, mais qu'au contraire on peut faire consister immédiatement le concept de droit dans la possibilité de la liaison d'une contrainte réciproque universelle avec la liberté de chacun[a]. De même que le droit en général n'a comme objet que ce qui est extérieur dans les actions, de même le droit strict, je veux dire celui qui est pur de tout ce qui est moral, est le droit qui n'exige que des principes de détermination extérieurs de l'arbitre ; c'est alors qu'il est pur et aucunement mélangé avec quelque prescription relative à la vertu. Il n'y a donc qu'un droit parfaitement extérieur qui puisse être appelé un droit *strict* (étroit). Certes ce droit se fonde sur la conscience de l'obligation de tout un chacun suivant la loi ; mais pour déterminer par là l'arbitre, il ne peut ni ne doit, s'il doit être pur, s'appuyer sur cette conscience en tant que mobile, mais il doit au contraire s'établir sur le principe de la possibilité d'une contrainte externe, qui puisse se concilier avec la liberté de

---

a. Souvent nous traduisons « les autres » par « autrui ».

chacun suivant des lois universelles. – Lorsqu'on dit par conséquent qu'un créancier a le droit d'exiger du débiteur l'acquittement de sa dette, cela ne signifie pas qu'il le puisse persuader que sa raison même l'oblige à cette prestation, mais au contraire que la contrainte qui fait nécessité pour chacun d'agir ainsi, peut fort bien coexister avec la liberté de chacun, et même la sienne, suivant une loi extérieure universelle : ainsi le droit et la faculté de contraindre sont une seule et même chose.

Remarque

La loi d'une contrainte s'accordant réciproquement et nécessairement avec la liberté de chacun sous le principe de la liberté générale est, pour ainsi dire, la *construction* de ce concept, c'est-à-dire sa présentation dans une intuition pure *a priori*, suivant l'analogie de la possibilité des mouvements libres des corps sous la loi de *l'égalité de l'action et de la réaction*. Or, de même que dans la mathématique pure nous ne pouvons pas dériver immédiatement du concept les propriétés de son objet, mais qu'au contraire nous ne les pouvons découvrir que par la construction du concept, de même ce n'est pas tant le *concept* du droit qu'une contrainte totalement réciproque et égale, sous des lois universelles, qui rend possible la présentation de ce concept. Mais comme ce concept dynamique dans la mathématique pure (par exemple dans la géométrie) a encore à son fondement un concept simplement formel, de même la raison a-t-elle pris soin de procurer autant que possible des intuitions *a priori* à l'entendement en vue de la construction du concept de droit. – Le droit (*rectum*) est opposé comme ce qui est *droit <Gerade>* d'une part à ce qui est courbe et d'autre part à l'oblique. Dans le premier cas il s'agit de la *qualité interne* d'une ligne telle qu'il ne peut y en avoir qu'une *seule* entre *deux points* donnés, mais dans le second cas, le droit résulte de la *position* de deux *lignes* qui se touchent ou se coupent en un point, et dont une *seule* peut être verticale, ne penchant pas plus d'un côté que de l'autre et divisant l'espace en deux parties égales; suivant cette analogie, le droit veut déterminer à chacun le *sien* (avec une précision mathématique), ce qui ne saurait être espéré dans la *doctrine de la vertu* qui ne peut écarter un certain espace propice aux exceptions (*latitudinem*). – Mais sans entrer dans le domaine de la morale, il est deux cas qui exigent une décision juridique, mais dans lesquels il ne se trouve cependant personne qui puisse juger et qui appartiennent pour ainsi dire aux *intermundia* d'Épicure. – Ces deux cas doivent être d'abord distingués de la doctrine du droit proprement dite, dont nous allons traiter bientôt, afin que leurs principes flottants n'aient aucune influence sur les principes certains de la doctrine du droit.

APPENDICE À L'INTRODUCTION
À LA DOCTRINE DU DROIT

DU DROIT ÉQUIVOQUE (*Ius aequivocum*)

La faculté de contraindre est liée avec tout droit au *sens strict* (*ius strictum*). Mais on peut encore concevoir un droit *au sens large* (*ius latum*), en lequel la faculté de contraindre ne peut être déterminée par aucune loi. – Or ce droit, véritable ou prétendu, est de deux sortes : l'*équité* et le *droit de nécessité*. L'équité admet un droit sans contrainte, et la nécessité une contrainte sans droit. On s'aperçoit aisément que cette ambiguïté n'a d'autre fondement que le fait qu'il y a des cas de droit douteux, dont aucun juge ne peut décider.

I
L'ÉQUITÉ (*Aequitas*)

L'*équité* (objectivement considérée) n'est aucunement un principe qui permet d'exiger d'autrui d'accomplir simplement son devoir moral (d'être bienveillant et bienfaisant), mais celui qui exige quelque chose au nom de ce principe s'appuie sur son *droit* ; seulement il lui manque les conditions indispensables dont a besoin le juge pour déterminer combien il est dû ou de quelle manière satisfaction peut être donnée au <solliciteur>. Celui qui, dans une société de commerce à mises et parts égales, a cependant *fait* plus que les autres, mais a davantage perdu à l'occasion de certains revers, peut selon *l'équité* exiger plus de la société que ce qui revient aux autres parties. Toutefois suivant le droit proprement dit (strict) supposant un juge en son cas, puisqu'il n'a pas de données précises (*data*) pour décider ce qui lui revient d'après le contrat, sa demande serait repoussée. Un employé domestique auquel son salaire est versé au terme de l'année avec une monnaie qui s'est dévaluée pendant ce même temps et qui ne peut dès lors se procurer ce qu'il se proposait d'acquérir lors de la conclusion du contrat, ne peut en présence d'une même somme monétaire mais d'une inégale valeur financière en appeler à son droit pour être dédommagé, mais il n'a d'autre recours que l'équité (divinité muette, qui ne peut être entendue) : c'est que rien à ce sujet n'était déterminé dans le contrat et qu'un juge ne peut prononcer selon des conditions indéterminées.

Il s'ensuit donc qu'un *tribunal de l'équité* (dans un conflit avec les autres quant à leurs droits) enveloppe une contradiction. Ce n'est que s'il s'agit des droits propres du juge et que s'il peut disposer pour sa personne qu'il peut et doit écouter l'équité. C'est le cas par exemple si la Couronne prend sur son compte les dommages que d'autres ont subis en la servant, bien qu'elle puisse suivant le droit strict repousser cette demande, alléguant que les quémandeurs avaient accepté la charge de semblables services à leurs risques et périls.

La *devise* (*dictum*) de l'équité est donc bien : « le droit le plus strict est la plus grande injustice » (*summum ius summa injuria*), mais on ne saurait remédier à ce défaut par la voie du droit, bien qu'il concerne une question de droit, car celle-là relève du seul tribunal de la conscience (*forum poli*), tandis que toute question de droit doit être présentée devant le tribunal civil (*forum soli*)[a].

II
LE DROIT DE NÉCESSITÉ (*Ius necessitatis*)

Ce prétendu droit consiste en la faculté, au cas où je courrais le danger de perdre ma vie, de l'ôter à un autre, qui ne m'a fait aucun tort. Il est évident qu'en ce cas la doctrine du droit serait en contradiction avec elle-même – car il n'est pas question d'un agresseur *injuste* qui en veut à ma vie, et que je préviens en lui ôtant la sienne (*ius inculpatae tutelae*), cas auquel la recommandation d'être *modéré* (*moderamen*) ne relève pas même du droit, mais seulement de l'éthique, car il s'agit d'une violence licite contre une personne qui n'en a exercée aucune envers moi.

Il est clair que cette assertion ne doit pas être comprise objectivement suivant ce que la loi prescrit, mais simplement subjectivement, c'est-à-dire en pensant à la sentence qui serait prononcée devant le tribunal. Il ne peut, en effet, y avoir aucune *loi pénale* qui condamnerait à mort celui qui dans un naufrage, courant avec un autre le même danger de perdre la vie, le repousserait de la planche où il s'est réfugié, afin de se sauver lui-même. En effet la peine infligée par la loi ne saurait être plus grande que la perte de la vie subie par le premier. Ainsi une telle loi pénale n'aurait pas l'effet visé ; c'est que la menace d'un mal qui est encore *incertain* (perdre la vie par une

---

a. *Polus* = le ciel ; *solum* = la terre. La première édition répète deux fois *poli*.

décision de justice) ne peut surpasser la peur devant un mal *certain* (à savoir la noyade). Aussi l'acte de conservation de soi par violence ne doit pas être considéré comme *innocent* (*inculpabile*), mais comme *impunissable* (*impunibile*) et par une étrange confusion cette impunité *subjective* est tenue pour *objective* (conforme à la légalité).

La devise du droit de nécessité est : « Nécessité n'a point de loi » (*necessitas non habet legem*) et tout de même il ne saurait y avoir de nécessité qui rende légal ce qui est injuste.

On voit que dans ces deux jugements de droit (suivant le droit de l'équité et celui de nécessité) l'*équivoque* (*aequivocatio*) surgit de la confusion des principes objectifs avec les principes subjectifs de l'exercice du droit (en présence de la *raison* et de la *justice*), puisque ce qu'un chacun avec bonne raison reconnaît comme étant juste à son point de vue, ne peut trouver de confirmation devant un tribunal et que ce qu'il doit lui-même considérer en soi comme injuste peut obtenir l'indulgence devant la même instance ; c'est qu'en ces deux cas le concept du droit n'est pas pris dans le même sens.

DIVISION DE LA DOCTRINE
DU DROIT

A
DIVISION GÉNÉRALE DES DEVOIRS DE DROIT

Cette division peut très bien se faire suivant celle d'Ulpien, si l'on donne à ses formules un sens, qu'il ne saurait avoir conçu clairement, mais dont elles autorisent le développement ou que l'on peut y introduire. Ces formules sont les suivantes :

1. *Sois un honnête homme* (*honeste vive*). *L'honnêteté juridique* (*honestas juridica*) consiste en ceci : affirmer sa valeur comme celle d'un homme dans le rapport avec les autres ; c'est là un devoir qui s'exprime par la proposition : « Ne fais pas de toi-même pour les autres un simple moyen, mais sois toujours pour eux en même temps une fin. » Ce devoir sera ultérieurement défini comme une obligation procédant du *droit* de l'humanité dans notre personne (*lex iusti*).

2. *Ne fais de tort à personne* (*neminem laede*) quand bien même tu devrais pour cette raison te détacher de toute liaison avec les autres et fuir toutes les sociétés humaines (*lex iuridica*).

3. *Entre* (si tu ne peux éviter cette dernière chose) dans une société avec d'autres, en laquelle chacun puisse conserver ce qui lui appartient (*suum cuique tribue*). – Si cette dernière formule était traduite : « Donne à chacun le *sien* », elle serait l'expression d'une absurdité ; c'est qu'on ne peut jamais, en effet, donner à quelqu'un ce qu'il a déjà. Si donc, elle doit avoir un sens, elle doit s'énoncer ainsi : « *Entre* dans un état en lequel chacun quant à ce qui est sien puisse être assuré contre tout autre » (*lex justitiae*).

Ainsi les trois formules classiques ci-dessus sont aussi les principes de division du système des devoirs de droit en *internes*, *externes*, et en ceux qui contiennent la dérivation des derniers à partir du principe des premiers par subsomption.

B

DIVISION GÉNÉRALE DU DROIT

1. *Le droit* comme *science* systématique se divise en *droit naturel* qui ne repose que sur des principes *a priori* et droit *positif* (statutaire) qui procède de la volonté du législateur.

2. Le droit comme faculté (morale) de contraindre autrui à un devoir, c'est-à-dire comme un principe légal concernant autrui (*titulum*), d'où procède la division suprême, en droit *inné* et en droit *acquis*. Le premier est le droit, qui indépendamment de tout acte juridique, revient à chacun de par la nature ; le second est celui qui suppose un tel acte.

Le mien-et-le-tien inné peut aussi être appelé interne (*meum vel tuum internum*) ; car le mien et le tien externes doivent toujours être acquis.

Il n'y a qu'un unique droit inné

La *liberté* (l'indépendance de l'arbitre nécessitant d'autrui), dans la mesure où elle peut subsister avec la liberté de tout autre suivant une loi universelle, est cet unique droit originaire revenant à l'homme de par son humanité. – L'*égalité* innée, c'est-à-dire l'indépendance, consistant à ne pas être obligé par plusieurs à autre chose que ce à quoi on les peut réciproquement obliger et il s'agit par conséquent de la qualité d'homme d'être son *propre maître* (*sui iuris*), ainsi que de celle propre à un homme *irréprochable* (*iusti*), parce que, avant tout acte juridique, il n'a rien fait d'injuste ; enfin aussi la faculté de faire envers d'autres ce qui en soi ne porte pas préjudice à ce qui est leur, supposé toutefois qu'ils ne veulent point l'entreprendre – ainsi leur communiquer simplement ses pensées, leur dire ou leur promettre quelque chose, que ce soit vrai et correct ou faux et mensonger (*veriloquium aut falsiloquium*), car c'est d'eux qu'il dépend entièrement de vouloir croire ou non[1] – toutes ces facultés sont déjà comprises dans le principe de la liberté innée et ne sont pas effectivement distinctes d'elle (comme membres d'une division sous un concept supérieur du droit).

L'intention qui a présidé à l'introduction d'une telle division dans le système du droit naturel (pour autant qu'il concerne le droit inné), c'est que si un conflit au sujet d'un droit acquis se présente et que la question se pose de savoir à qui incombe de fournir la preuve (*onus probandi*), ou bien un fait sur lequel pèsent des doutes, ou bien, supposé ce point réglé, un droit mis en doute, celui qui ne reconnaît pas quant à lui cette obligation, puisse méthodiquement invoquer son droit inné de liberté (droit spécifié suivant ses rapports différents) et y faire appel comme à des titres de droit différents.

Or, comme il n'y a pas relativement à l'inné, par conséquent au mien et au tien internes *des droits*, mais au contraire seulement *un droit*, cette division suprême peut, en tant qu'elle se compose de deux membres extrêmement différents quant au contenu, être renvoyée aux prolégomènes, et la

---

1. Toute contre-vérité dite à dessein est coutumièrement appelée *mensonge* (*mendacium*), même dite par légèreté d'esprit, parce qu'elle peut nuire pour le moins en ce que celui qui la rapporte fidèlement peut, de par sa crédulité, être le jouet des autres. Mais en un sens juridique on ne dira mensonge que la contre-vérité qui est immédiatement nuisible au droit d'autrui, par exemple la fausse prétention à avoir conclu un contrat avec quelqu'un, et qui vise à le priver de son bien (*falsiloquium dolosum*); et cette distinction entre des concepts très voisins n'est pas sans raison puisqu'il est toujours loisible à autrui en ce qui concerne le sens de la pensée énoncée de prendre ce qui est dit pour ce qu'il veut –quoique la réputation fondée d'être un homme à la parole duquel on ne saurait croire est si voisine du reproche d'être un menteur, que la ligne qui délimite (*Grenzlinie*) en ceci ce qui relève du *Ius* et ce qui appartient à l'éthique, ne saurait être autrement distinguée.

division de la doctrine du droit peut se rapporter simplement au mien et au tien extérieurs.

DIVISION DE LA MÉTAPHYSIQUE DES MŒURS EN GÉNÉRAL

I

Tous les devoirs sont ou bien des *devoirs de droit* (*officia iuris*), c'est-à-dire tels qu'en ce qui les concerne une législation extérieure est possible, ou bien des *devoirs de vertu* (*officia virtutis s. ethica*) pour lesquels une telle législation n'est pas possible; ces derniers ne peuvent pas être soumis à une quelconque législation extérieure, parce qu'ils ont une *fin* (ou doivent avoir une fin) qui est en même temps un devoir; mais aucune législation extérieure ne peut faire que l'on se propose une fin (c'est qu'il s'agit d'un acte intérieur de l'esprit) bien que des actions extérieures menant à cette fin puissent être commandées, sans que le sujet se les propose pour fins.

Remarque

Pourquoi la doctrine des mœurs <*Sittenlehre*> (Morale) est-elle qualifiée ordinairement (nommément par Cicéron) de doctrine des *devoirs* et non pas aussi de doctrine des *droits*, alors que les uns et les autres sont corrélatifs? – La raison en est que nous ne connaissons notre liberté propre (de laquelle procèdent toutes les lois morales, par conséquent aussi tous les droits aussi bien que les devoirs) que par l'impératif moral, qui est une proposition commandant le devoir, et à partir duquel ensuite on peut développer la faculté d'obliger les autres, c'est-à-dire le concept du droit.

II

Puisque dans la doctrine des devoirs l'homme peut et doit être représenté d'après la propriété de sa faculté d'être libre, laquelle est entièrement supra-sensible, donc selon son *humanité*, en tant que personnalité indépendante des déterminations physiques (*homo noumenon*), à la différence de ce même *homme* (*homo phaenomenon*), en tant que sujet affecté par ces déterminations, le droit et la fin, de nouveau rapportés au devoir sous cette double qualité, donneront la division suivante.

Division suivant le rapport objectif de la loi au devoir

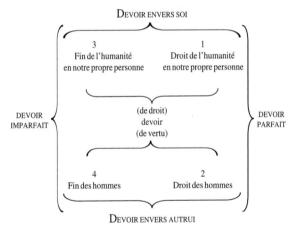

III

Comme les sujets, à l'égard desquels un rapport du droit au devoir (qu'il soit ou non plausible) est pensé, sont susceptibles de relations différentes, une division pourra aussi être entreprise à ce point de vue.

*Division suivant le rapport subjectif des obligeants
et des obligés*

1

Le rapport juridique de l'homme à des êtres, qui n'ont ni droit ni devoir.

Vacat

Ce sont, en effet, des êtres privés de raison, qui ne nous obligent point, ni envers lesquels nous pouvons être obligés.

2

Le rapport juridique de l'homme à des êtres, qui comme lui ont des droits et des devoirs.

Adest

C'est, en effet, un rapport d'un homme à un autre.

3

Le rapport juridique de l'homme à des êtres, qui n'ont que de purs devoirs et qui n'ont pas de droits.

Vacat

Ce serait, en effet, des hommes sans personnalité (les serfs, les esclaves).

4

Le rapport juridique de l'homme à un être qui n'a que des droits et aucun devoir (Dieu).

Vacat

A savoir dans la simple philosophie, parce que ce n'est point là un objet de l'expérience possible.

Il n'y a donc de rapport *réel* entre le droit et le devoir que dans le n° 2. La raison pour laquelle il n'en est pas ainsi dans le n° 4 est qu'il s'agirait d'un devoir *transcendant*, c'est-à-dire tel qu'aucun sujet extérieur qui obligerait ne peut *être donné* comme correspondant, et que d'un point de vue théorique le rapport est en ceci seulement *idéal*, c'est-à-dire tel qu'il a pour terme un être simplement pensé <*Gedankendinge*> que nous nous *proposons*, certes non de par un concept tout à fait *vide*, mais à l'aide d'un concept qui se rapporte à nous-mêmes et aux maximes de la moralité interne, et qui est par conséquent fécond dans une perspective pratique interne, et c'est en cela que consiste, selon ce rapport qui n'est que pensé, tout notre devoir *immanent* (praticable).

DIVISION DE LA MORALE COMME SYSTÈME
DES DEVOIRS EN GÉNÉRAL

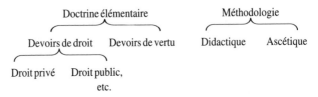

tout ce qui ne comprend pas seulement les matériaux, mais aussi la forme architectonique de la morale scientifique, pourvu que les premiers fondements métaphysiques en aient parfaitement mis à jour les principes universels.

La division suprême du droit naturel ne peut être (comme il arrive parfois) celle du *droit naturel* et du *droit social*, mais celle du droit *naturel* et du droit *civil*; le premier de ces droits est dit le *droit privé* et le second le *droit public*. En effet l'*état de nature* <*Naturzustande*> n'est pas opposé à l'état social, mais à l'état civil, car il peut y avoir une société à l'état de nature, mais non pas une société *civile* (garantissant le mien et le tien par des lois publiques), ce pourquoi le droit dans le premier état s'appelle le droit privé.

PREMIÈRE PARTIE

LE DROIT PRIVÉ

LE DROIT PRIVÉ
DU MIEN ET DU TIEN EN GÉNÉRAL

PREMIÈRE SECTION

DE LA MANIÈRE D'AVOIR QUELQUE CHOSE D'EXTÉRIEUR COMME SIEN

§ 1

Le mien selon le droit (*meum iuris*) est ce à quoi je suis tellement lié, que l'usage qu'un autre en ferait sans mon agrément me léserait. La *possession* <*Besitz*> est la condition subjective de la possibilité de l'usage en général.

Mais quelque chose d'*extérieur* ne peut être le mien que si je puis supposer qu'il est possible que je sois tout aussi bien lésé par l'usage qu'autrui fait d'une chose *dont je ne suis pas pourtant en possession*. Il est donc contradictoire d'avoir quelque chose d'extérieur comme sien, sauf si le concept de la possession n'est pas susceptible de significations différentes, c'est-à-dire s'il n'y a pas une possession *sensible* et une possession *intelligible*, et si au premier sens on ne pouvait entendre que la possession *physique*, tandis qu'au second il serait question de la simple possession *juridique* du même objet.

L'expression : un objet est en *dehors de moi* peut signifier ou bien seulement : c'est un objet *différent* de moi (le sujet) – ou bien c'est un objet *situé* (*positus*) à une *autre place* dans l'espace ou dans le temps. Ce n'est qu'au premier sens que la possession peut être conçue comme possession rationnelle ; mais dans le second sens elle devrait s'appeler une possession empirique. – Une possession *intelligible* (si elle est possible) est une possession *sans détention* (*detentio*).

§ 2
Postulat juridique de la raison pratique

Il est possible que j'aie comme mien tout objet extérieur de mon arbitre ; c'est dire qu'une maxime d'après laquelle, si elle devenait une loi, un objet de l'arbitre devrait être *en soi* (objectivement) sans *possesseur* <*herrenlos*> (*res nullius*), est contraire au droit.

En effet un objet de mon arbitre est quelque chose dont j'ai *physiquement* la force d'user. Or, cependant, si *juridiquement* quelque chose ne pouvait absolument pas être en mon pouvoir, c'est-à-dire que si en faire usage ne pouvait être compatible avec la liberté de chacun suivant une loi universelle (si cet usage était injuste), alors la liberté se priverait elle-même de l'usage de son arbitre par rapport à un objet de celui-ci, par le fait même qu'elle mettrait des objets *utilisables* hors de la possibilité de tout *usage*, c'est-à-dire qu'elle les anéantirait à un point de vue pratique et les définirait comme *res nullius* ; et cela bien que l'arbitre dans l'usage des choses s'accorde *formaliter* avec la liberté extérieure de tout un chacun d'après des lois universelles. – Mais comme la raison pure pratique ne met pas au fondement de l'usage de l'arbitre d'autres lois que celles qui sont formelles et fait ainsi abstraction de la matière de l'arbitre, c'est-à-dire des autres qualités de l'objet, *pourvu qu'il soit seulement un objet de l'arbitre*, elle ne saurait en ce qui concerne cet objet comprendre une interdiction absolue relative à son usage, car ce serait là une contradiction de la liberté extérieure avec elle-même. – Or un objet de mon *arbitre* est ce dont j'ai la faculté physique de faire tel ou tel usage, ce dont l'usage est en mon pouvoir (*potentia*) *<Macht>* ; mais il faut encore en distinguer le même objet en tant qu'il se trouve en ma puissance (*in potestatem meam redactum*) *<Gewalt>*, car cela suppose non plus simplement une *faculté*, mais aussi un acte de l'arbitre. Mais pour ne faire que *penser* quelque chose en tant qu'objet de mon arbitre, il suffit que j'aie conscience qu'il est en mon pouvoir *<potentia – Macht>*. – C'est donc une présupposition *a priori* de la raison pratique que de considérer et de traiter tout objet de mon arbitre comme étant objectivement un mien et un tien possibles.

On peut appeler ce postulat une loi permissive (*lex permissiva*) de la raison pratique, qui nous donne une faculté *<Befugnis>*, que nous ne pourrions extraire des simples concepts du droit en général, je veux dire la faculté d'imposer à tous les autres une obligation, qu'ils n'auraient pas autrement : celle de s'abstenir d'user de certains objets de notre arbitre, parce que nous les avons d'abord pris en notre possession. La raison veut que ceci ait une valeur de principe et à la vérité elle le veut comme raison *pratique*, qui s'étend de par son propre postulat *a priori*.

§ 3

Celui qui veut affirmer d'une chose qu'elle est sienne doit être en possession de l'objet ; car s'il ne l'était point, il ne pourrait être lésé par l'usage que l'autre en ferait sans son consentement; c'est que si quelque chose qui est en dehors de lui, et avec lequel il n'est aucunement lié juridiquement, affecte cet objet, il ne saurait l'affecter lui-même (le sujet) ni être injuste envers lui.

§ 4
Exposition du concept du mien et du tien extérieurs

Les objets extérieurs de mon arbitre ne peuvent être que de *trois* sortes : 1. une *chose* (corporelle) en dehors de moi; 2. L'arbitre d'un autre relativement à une action *<Tat>* déterminée (*praestatio*); 3. l'*état* d'un autre par rapport à moi – d'après les catégories de la *substance*, de la *causalité* et de la *communauté <Gemeinschaft>* entre moi et des objets extérieurs suivant des lois de la liberté.

Remarque

a) Je ne puis dire qu'un objet dans l'espace (une chose corporelle) est mienne, sauf si, *bien que je n'en aie pas la possession physique*, je puis cependant prétendre en avoir une autre possession effective *<wirklich>* (et qui n'est point donc une possession physique). – Je ne dirai donc pas qu'une pomme est mienne pour la raison que je la tiens en ma main (que je la possède physiquement), mais au contraire seulement si je puis dire : je la possède, bien que de ma main j'aie pu la mettre en tel ou tel endroit. De même je ne puis dire du sol sur lequel je me suis étendu qu'il soit mien pour cette raison; mais seulement si je puis prétendre qu'il est toujours en ma possession, bien que j'aie quitté cette place. En effet dans le premier cas (la possession empirique) celui qui voudrait m'arracher la pomme des mains, ou me chasser de mon lieu de repos, me léserait certes au point de vue du mien *intérieur* (de la liberté), mais non à celui du mien *extérieur*, si je ne pouvais affirmer, même sans détention, que je suis en possession de l'objet ; je ne pourrais donc pas dire de ces objets (la pomme et l'emplacement) qu'ils sont miens.

b) Je ne puis dire mienne la *prestation* de quelque chose par l'arbitre d'autrui, si je puis simplement dire que celle-ci est devenue ma possession *en même temps* que sa promesse[a] (*pactum re initum*), mais seulement si je puis prétendre être en possession de l'arbitre de l'autre (de le déterminer à cette prestation), bien que le temps de la prestation soit encore à venir ; la promesse de l'autre relève donc de l'avoir et des biens (*obligatio activa*), et je puis compter la prestation comme mienne et non pas simplement comme si j'avais déjà (comme dans le premier cas) la chose *promise* en ma possession, mais aussi quand bien même je ne la posséderais pas encore. Je dois donc pouvoir me penser comme indépendant de la possession limitée à la condition du temps, donc empirique, et cependant en possession de cet objet.

c) Je puis dire qu'une *femme*, un *enfant*, un *serviteur* est mien et en général toute autre personne non point parce que je les commande actuellement comme des gens qui appartiennent à ma maison, ou que je les tiens sous ma puissance et en possession, mais si, même s'ils se sont soustraits à la contrainte, et qu'ainsi je ne les possède pas (empiriquement), je puis toutefois dire : je les possède par ma simple volonté aussi loin et aussi longtemps qu'ils puissent exister, par conséquent d'une manière *simplement juridique* ; ils ne font

---

a. Harstenstein et Vorländer, « seinem Versprechen », à la place de « meinem Versprechen ».

partie de mon avoir donc que si je puis affirmer cela et dans la mesure où je puis l'affirmer.

§ 5
Définition du concept du mien et du tien extérieurs

La *définition nominale*, c'est-à-dire celle qui suffit *à distinguer* <*zur Unterscheidung*> un objet de tous les autres et qui procède d'une *exposition* complète et déterminée du concept, serait celle-ci : le mien extérieur est ce qui m'est extérieur et dont on ne saurait m'empêcher de faire un usage qui me convient sans me léser (porter préjudice à ma liberté, qui peut s'accorder avec la liberté de chacun d'après une loi universelle). – Mais la *définition réelle* de ce concept, c'est-à-dire celle qui suffit aussi à sa *déduction* (à la connaissance de la possibilité de l'objet) se formule ainsi : le mien extérieur est ce dont on ne saurait m'interdire l'usage sans me léser, même si je ne l'ai pas en ma possession <physique>[a] (si je n'en suis pas détenteur). – Je dois posséder l'objet extérieur d'une certaine manière, si celui-là doit être dit *mien*; car autrement celui qui contre ma volonté affecterait l'objet ne m'affecterait pas en même temps et ne me léserait pas. Ainsi donc, conformément au § 4, on doit présupposer une *possession intelligible* (*possessio noumenon*) comme possible s'il doit y avoir un mien ou un tien extérieur; la possession empirique (détention) n'est dès lors que possession dans le *phénomène* (*possessio phaenomenon*), bien que l'*objet* que je possède ne soit pas considéré ici, comme on le voit dans l'Analytique transcendantale, comme phénomène, mais comme chose en soi; en effet dans l'Analytique transcendantale il s'agissait, pour la

a. Correction de Mellin.

raison, de la connaissance théorique de la nature des choses et de savoir jusqu'où elle pouvait s'étendre, tandis qu'ici il ne s'agit pour elle que de la détermination pratique de l'arbitre d'après des lois de la *liberté*, que par ailleurs l'objet soit connaissable par les sens ou même simplement par l'entendement pur, et le *droit* est un pur *concept* pratique *rationnel* de l'arbitre sous des lois de la liberté.

C'est la raison pour laquelle aussi on ne devrait pas dire raisonnablement : posséder un droit sur tel ou tel objet, – mais bien plutôt : le posséder d'une manière *simplement juridique* ; en effet le droit est déjà une possession intellectuelle d'un objet et posséder une possession, ce serait une expression dépourvue de sens.

§ 6
Déduction du concept de la possession simplement juridique d'un objet extérieur (possessio noumenon)

La question : comment un *mien et un tien extérieurs* sont-ils possibles ? se résout à présent dans la question suivante : Comment une possession *simplement juridique* (intelligible) est-elle possible ? et celle-ci à son tour en une troisième : Comment une proposition juridique *synthétique a priori* est-elle possible ?

Toutes les propositions juridiques sont des propositions *a priori*, car elles sont des lois rationnelles (*dictamina rationis*). La proposition juridique *a priori* est, relativement à la *possession empirique, analytique* ; car elle ne dit rien de plus que ce qui suit de cette dernière d'après le principe de contradiction : à savoir que si je suis le détenteur d'une chose (lié ainsi physiquement à elle), celui qui en dispose contre mon gré (par exemple celui qui m'arrache la pomme de la main), affecte et porte atteinte au mien intérieur (ma liberté) et se trouve par conséquent de par sa maxime directement en contradiction avec l'axiome du droit. La proposition affirmant une possession empirique conforme au droit ne dépasse donc pas le droit d'une personne par rapport à elle-même.

En revanche la proposition affirmant la possibilité de la possession d'une chose *en dehors* de moi, après la mise entre parenthèses *<Absonderung>*[a] de toutes les conditions de la possession empirique dans l'espace et le temps (par conséquent là présupposition de la possibilité d'une *possessio noumenon*) dépasse ces conditions restrictives et puisqu'elle établit une possession sans détention comme nécessaire pour le concept du mien et du tien extérieurs, elle est *synthétique* et dès lors peut servir de problème à la raison : il faut montrer comment une telle proposition *a priori*, dépassant ainsi le concept d'une possession empirique, est possible.

Il en va ainsi par exemple de la possession d'un fonds particulier qui sans être un mode *<eine Art>* d'*usurpation* privé est un mode de l'arbitre privé *<Privatwillkür>*. Le possesseur se fonde sur la *propriété* innée *commune* du sol, et sur la volonté universelle *a priori* accordée avec celle-là qui permet une *possession particulière* sur elle (car autrement les choses vacantes seraient érigées en soi et d'après une loi en choses sans possesseur *<herrenlos>*[b]) et il acquiert originairement par la première possession un sol déterminé, tandis qu'il résiste avec bon droit (*iure*) à tout autre, qui voudrait lui en interdire l'usage privé, bien qu'à la vérité dans l'état de nature

a. Il est difficile de traduire *Absonderung* par abstraction (Kant use du terme « das Abstrahieren ») (Logik, A. 62), cf. p. 78 et ici par exemple p. 144, 151.

b. Ici Kant se réfère au concept de *res nullius*.

ce ne puisse être en raison du droit (*de iure*), car en cet état il n'existe encore aucune loi publique.

Aussi quand bien même un sol serait considéré comme *libre* ou défini comme tel, c'est-à-dire ouvert à l'usage de chacun, on ne peut cependant point dire qu'il est libre par nature et *originairement*, antérieurement à tout acte juridique ; car ce serait là un rapport aux choses, je veux dire au sol, qui serait la négation de la possession de chacun ; mais puisque cette liberté du sol serait pour chacun une interdiction de s'en servir, cela exige une possession commune du sol, qui ne peut avoir lieu sans contrat. Un sol qui ne peut être libre que par l'effet d'un contrat doit donc réellement appartenir à tous les individus (réunis entre eux) qui s'en interdisent réciproquement ou en suspendent l'usage.

Remarque

Cette communauté *originaire* du sol et avec elle celle des choses qui s'y trouvent (*communio fundi originaria*) est une Idée qui possède une réalité objective (juridiquement pratique), et il la faut clairement distinguer d'une communauté *primitive* (*communio primaeva*), qui n'est qu'une fiction ; c'est que cette dernière aurait dû être une communauté *instituée* et aurait dû naître d'un contrat par lequel tous auraient renoncé à la possession privée, et où chacun unissant sa possession à celle des autres l'eût transformée en une possession commune et l'histoire nous en devrait donner une preuve. Mais considérer un tel procédé comme une prise de possession *originaire* et <juger> que chaque homme a pu et dû fonder là-dessus une possession particulière, c'est là une contradiction.

De la possession (*possessio*) il faut encore distinguer l'*habitation* (*sedes*), comme il faut distinguer aussi de la prise de possession du sol dans l'intention de l'acquérir ultérieurement l'*établissement d'un domicile* ou son occupation (*incolatus*), qui est la possession durable et privée d'un lieu, mais qui ne dépend que de la présence du sujet sur celui-là. D'un établissement de domicile, comme d'un second acte juridique qui pourrait suivre la prise de possession ou ne pas du tout se produire, il ne saurait être ici question : car ce ne serait pas une possession originaire, mais une possession dérivée du consentement d'autrui.

La simple possession physique (la détention) du sol est déjà un droit sur une chose, bien qu'à la vérité elle ne suffise pas encore, pour qu'il soit regardé comme mien. Par rapport aux autres elle est (autant qu'on le puisse savoir) en tant que première possession en accord avec la loi de la liberté extérieure et en même temps contenue dans la possession commune originaire, qui comprend *a priori* le fondement de la possibilité d'une propriété privée ; par conséquent troubler le premier détenteur d'un sol dans l'usage qu'il en fait, c'est le léser. La première prise de possession a donc ainsi en ce qui la regarde un fondement juridique (*titulus possessionis*) qui est la possession commune originaire et la proposition : « Tant mieux pour celui qui possède (*beati possidentes*) ! », est un principe du droit naturel suivant lequel personne n'est obligé de justifier sa possession et ce principe fait de la première prise possession un fondement juridique de l'acquisition, sur lequel peut s'appuyer chaque premier possesseur.

Dans un principe *théorique a priori* il faudrait certes (conformément à la *Critique de la raison pure*) qu'une intuition *a priori* soit soumise au concept donné et qu'ainsi quelque chose soit *ajouté* au concept de la possession de l'objet ; néanmoins s'agissant de ce principe *pratique* on procède inversement, et toutes les conditions de l'intuition, qui fondent la possession empirique, doivent être écartées (il les faut négliger) afin *d'étendre* le concept de la possession au-delà de celui de la possession empirique et de pouvoir dire : tout objet extérieur de l'arbitre que j'ai en ma puissance <*Gewalt*> (et dans la mesure seulement où je l'ai en ma puissance), sans en être en possession peut être compté comme juridiquement mien.

La possibilité d'une telle possession, par conséquent la déduction du concept d'une possession non-empirique, se fonde sur le postulat juridique de la raison pratique : « c'est un devoir de droit d'agir envers autrui, de telle sorte que ce qui est extérieur (utile) puisse aussi être regardé par tout un chacun comme sien » ; et la déduction est en même temps liée à l'exposition de ce concept qui fonde seulement le sien extérieur sur une possession *non physique*. La possibilité de ce concept ne peut aucunement être prouvée ou comprise en elle-même (précisément parce qu'il s'agit d'un concept rationnel auquel aucune intuition qui lui corresponde ne peut être donnée), mais c'est une conséquence immédiate du postulat indiqué <*aus dem gedachten Postulat*>. En effet s'il est néces-saire d'agir selon ce *principe juridique*, il faut aussi que la condition intelligible (d'une possession simplement juridique) soit possible. – Personne ne doit au demeurant s'étonner que les principes *théoriques* du tien et du mien extérieurs ne se perdent dans l'intelligible et ne représentent aucune connais-sance qui soit susceptible d'être considérée comme un élargis-sement du savoir[a] : c'est que le concept de la liberté, sur lequel ils reposent, n'est aucunement susceptible d'une déduction théorique de sa possibilité et ne peut être conclu qu'à partir de

---

a. « *Und keine erweiterte Erkenntnis vorstellen* » – la phrase allemande ne peut ici être suivie rigoureusement.

la loi pratique de la raison (de l'impératif catégorique), comme d'un fait de cette raison.

§ 7
Application du principe de la possibilité du mien et du tien extérieurs à des objets de l'expérience

Le concept d'une simple possession juridique n'est pas empirique (il ne dépend pas des conditions de l'espace et du temps) et cependant il a une réalité pratique – c'est-à-dire qu'il doit être applicable à des objets de l'expérience, dont la connaissance dépend de ces conditions[a]. En ce qui touche ces objets comme des miens et des tiens possibles extérieurs le procédé relatif au concept du droit est le suivant : le concept de droit qui ne réside qu'en la raison ne saurait être *immédiatement* appliqué aux objets de l'expérience et au concept d'une *possession* empirique, mais il faut d'abord l'appliquer au pur concept de l'entendement d'une *possession* en général, de telle sorte que l'on conçoive au lieu du concept de *détention* (*detentio*), comme représentation empirique de la possession, celui de l'*avoir* qui fait abstraction de toutes les conditions spatio-temporelles, et ne suppose rien, si ce n'est que l'objet soit en *ma puissance* (*in potestate mea positum esse*); dès lors l'expression *d'extérieur* ne signifie pas l'existence en un *lieu autre* que celui où je suis, ni une décision de ma volonté, ni une acceptation en un *temps* autre que celui où l'offre a été faite, mais seulement un objet *différent* de moi. Or la raison pratique veut par sa loi juridique que dans l'application aux objets je ne pense pas le mien et le tien suivant des conditions sensibles ni par conséquent leur possession, mais en négligeant celles-là,

a. Nous suivons ici la 1ʳᵉ éd.

parce qu'il s'agit d'une détermination de l'arbitre suivant des lois de la liberté, puisque seul un *concept de l'entendement* peut être subsumé sous le concept du droit. Je dirai donc : je possède un champ, bien qu'il soit en un tout autre lieu que celui où je me trouve réellement <*wirklich*>. C'est qu'il n'est question en ceci que d'un rapport intellectuel à l'objet, dans la mesure où je l'ai en *ma puissance* (d'un concept de l'entendement de la possession indépendant des déterminations spatiales <*Raumesbestimmungen*>) et il est *mien* parce que ma volonté en se déterminant à en faire l'usage qui lui convient, ne contredit point à la loi de la liberté extérieure. C'est précisément parce que la raison pratique veut que, *négligeant* la possession dans le phénomène (de la détention) de l'objet de mon arbitre, on pense la possession d'après des concepts de l'entendement qui puissent en contenir *a priori* les conditions, et non d'après des concepts empiriques. C'est en cela même que réside le fondement de la validité d'un tel concept de la possession (*possessio noumenon*) comme *législation* possédant une valeur universelle ; et cette législation est renfermée dans l'expression : « cet objet extérieur est mien » ; c'est que, ce faisant, il en résulte pour tous les autres une obligation, qu'ils n'auraient point connue sans cela, celle de s'abstenir d'en faire usage.

Le mode donc, suivant lequel j'ai quelque chose d'extérieur à moi comme mien, est la simple liaison juridique de la volonté du sujet avec cet objet, d'après le concept d'une possession intelligible, indépendamment du rapport à l'objet dans l'espace et le temps. – Un lieu sur la terre n'est pas un mien extérieur par cela seul que je l'occupe avec mon corps (car il ne s'agit ici que de ma *liberté* extérieure, par conséquent de la possession de moi-même, non d'une chose qui m'est extérieure, et il ne s'agit donc que d'un droit interne) ; mais si je le possède encore, bien que je m'en sois éloigné et que je me trouve en un autre lieu, alors seulement le problème est celui de mon droit extérieur, et celui qui, pour que je puisse l'avoir comme mien, voudrait ériger en condition la prise de possession permanente de ce lieu par la présence de ma personne, doit ou bien prétendre qu'il n'est aucunement possible d'avoir quelque chose d'extérieur comme sien (ce qui contredit le postulat avancé au § 2) ou bien exiger, pour que je le puisse, que je sois en même temps présent en deux lieux, et cela reviendrait à dire que je dois être et n'être pas en un même lieu, ce qui est contradictoire.

Cela peut aussi s'appliquer dans le cas où j'ai accepté une promesse ; car mon avoir et ma possession concernant la chose promise ne seront pas supprimés par le fait que le prometteur dit en un temps : « Cette chose doit être tienne » et après cela en un autre temps dit au sujet de la même chose : « Je veux à présent que la chose ne soit pas tienne ». En effet il en est avec de tels rapports intellectuels comme si cette personne avait dit sans le moindre intervalle de temps entre ses deux déclarations de sa volonté : « la chose doit être tienne » ainsi que « la chose ne doit pas être tienne », ce qui se contredit soi-même.

La même chose s'applique encore au concept de la possession juridique d'une personne, en tant qu'elle appartient à l'avoir du sujet (sa femme, son enfant, son serviteur) ; c'est que cette communauté domestique, et la possession réciproque de l'état de tous ses membres, ne sauraient être supprimées par la faculté de se séparer dans l'*espace* les uns des autres ; car il s'agit d'un rapport *juridique*, qui les lie, et qu'ici, comme dans les cas précédents, le mien et le tien extérieurs reposent entièrement sur la présupposition de la possibilité d'un pur concept rationnel de la possession, sans détention.

Remarque

La raison juridiquement pratique est proprement nécessitée à sa critique en ce qui touche le concept du tien et du mien extérieurs par une antinomie des propositions concernant la possibilité d'une telle possession ; en d'autres termes c'est uniquement de par une inévitable dialectique, en laquelle la thèse et l'antithèse élèvent la même prétention quant à la validité de deux conditions qui se contredisent l'une l'autre, que la raison se voit forcée aussi en son usage pratique (relatif au droit) de distinguer la possession en tant que phénomène et celle qui est uniquement pensable par l'entendement.

La *thèse* est : *Il est possible* d'avoir quelque chose d'extérieur comme mien, bien que je n'en sois pas en possession.

Antithèse : *Il n'est pas possible* que j'aie quelque chose d'extérieur comme mien, si je n'en suis pas en possession.

Solution : Les deux propositions sont vraies : la première si j'entends la possession comme possession empirique (*possessio phaenomenon*) ; la seconde si j'entends sous ce mot la pure possession intelligible (*possessio noumenon*). – Mais la possibilité d'une possession intelligible, par conséquent aussi du mien et du tien extérieurs, ne saurait être comprise <*lässt sich nicht einsehen*>, mais doit être déduite du postulat de la raison pratique, en quoi apparaît une chose particulièrement remarquable : c'est que la raison pratique sans avoir besoin d'intuition, et même d'une intuition qui serait *a priori*, *s'élargisse* par la seule *élimination* des conditions empiriques qu'autorise la loi de la liberté, et puisse établir des propositions juridiques *a priori*, et ainsi *synthétiques* dont la preuve (comme on le montrera bientôt) peut être donnée ensuite analytiquement au point de vue pratique.

§ 8

Avoir quelque chose d'extérieur comme sien n'est possible
que dans un état juridique, sous un pouvoir législatif public,
c'est-à-dire dans l'état civil

Quand je déclare (verbalement ou par le fait) : « Je veux que quelque chose d'extérieur soit mien », je déclare ainsi chacun obligé de s'abstenir de l'objet de mon arbitre ; et c'est là une obligation que personne n'aurait sans cet acte juridique mien. Mais en cette prétention on reconnaît en même temps que l'on peut par rapport au sien extérieur être obligé en même façon envers chacun ; en effet l'obligation procède ici d'une règle universelle du rapport juridique extérieur. Je ne suis ainsi pas obligé de respecter le sien extérieur de chacun, si chacun en retour ne m'assure pas que relativement au mien il se conduira suivant le même principe. Cette garantie n'exige aucun acte juridique particulier : elle est déjà contenue dans le concept d'une obligation <*Verpflichtung*> juridique externe par suite de l'universalité, et par conséquent aussi de la réciprocité de l'obligation qui dérive d'une règle universelle. – Or la volonté d'un individu relativement à une possession extérieure et de ce fait contingente ne saurait servir de loi de contrainte pour chacun, car cela mettrait fin à la liberté d'après des lois universelles. Il n'y a donc qu'une volonté obligeant tout un chacun, ainsi collective et universelle <*kollektiv-allgemeine*> (commune) et toute puissante, qui puisse donner à chacun cette garantie. – Or, l'état soumis à une législation universelle externe (c'est-à-dire publique), accompagnée de la force, est l'état civil. Ainsi ce n'est que dans l'état civil qu'il peut y avoir un mien et un tien extérieurs.

Corollaire : S'il est juridiquement possible d'avoir un objet extérieur comme sien, alors il doit aussi être permis au sujet de contraindre tous ceux avec lesquels il peut entrer en conflit à propos d'un tel objet sous le rapport du mien et du tien, à entrer avec lui dans une constitution civile.

§ 9
Il peut cependant y avoir dans l'état de nature un mien et un tien extérieurs réels, mais seulement provisoires

Le *droit naturel* dans l'état d'une constitution civile (c'est-à-dire tout ce qui, en ce qui touche cette dernière, peut être dérivé de principes *a priori*) ne peut recevoir aucune atteinte des lois statutaires de cette constitution et par conséquent le principe juridique conserve toute sa force qui affirme que : « Celui qui agit d'après une maxime, selon laquelle il m'est impossible d'avoir comme mien un objet de mon arbitre, me lèse. » En effet la constitution civile n'est autre chose que l'état juridique qui assure seulement à chacun le sien, sans à proprement parler le constituer et le déterminer. – Toute garantie suppose donc le sien de chacun (auquel elle l'assure). On doit donc admettre antérieurement à la constitution civile (ou *sans la prendre en considération*) un mien et un tien extérieurs comme possibles, et en même temps un droit de contraindre chaque personne, avec laquelle nous pourrions d'une certaine manière être en relation, d'entrer avec nous dans une constitution qui les puisse garantir. – Dans l'attente et la préparation d'un tel état, qui ne peut être fondé que sur une loi de la volonté commune, et qui, ainsi, s'accorde avec la *possibilité* de cette dernière, une possession est une possession *provisoire et juridique* <*provisorisch-rechtlicher Besitz*>, tandis que celle qui a lieu dans un tel état *réel* serait une possession *péremptoire*. – Avant d'entrer dans cet état, comme il y est prêt, le sujet résiste avec droit à ceux qui pour leur part n'y consentent point et le veulent troubler dans sa possession provisoire ; car si la volonté de tous les autres, hormis la sienne, pensait lui imposer l'obligation de s'abstenir d'une certaine possession, ce ne serait toujours que la volonté d'une *seule partie* et par conséquent elle aurait pour refuser aussi peu de force légale (qui ne se rencontre que dans la volonté générale) que l'autre pour affirmer, et d'ailleurs cette dernière a l'avantage en ce qu'elle consent à la réalisation et à l'établissement d'un état civil. – En un mot : la manière d'avoir quelque chose d'extérieur comme sien dans l'*état de nature* est une possession physique, qui a pour elle la *présomption juridique*, de faire de cet état en s'accordant avec la volonté de tous dans une législation publique un état juridique, et qui dans l'attente a *comparativement* la valeur d'une possession juridique[a].

Remarque

Cette prérogative du droit qui résulte du fait de l'état de possession empirique suivant la formule : « *Tant mieux pour celui qui possède !* (*beati possidentes*) » ne consiste pas en ce que la possession ayant pour elle la présomption d'être celle d'un homme *droit*, il ne lui est pas nécessaire de fournir la preuve qu'il possède quelque chose légalement (ce qui n'est nécessaire que dans le droit traitant des cas litigieux), mais en ce qu'il revient à chacun d'après le postulat de la raison pratique la faculté d'avoir un objet extérieur de son arbitre comme sien – que, par conséquent, toute détention est un état

a. On peut aussi traduire : « La manière d'avoir quelque chose d'extérieur comme sien dans l'état de nature est une possession physique qui a pour elle la *présomption juridique*, de faire de cette possession en s'accordant avec la volonté de tous dans une législation publique une possession juridique, et qui dans l'attente a *comparativement* la valeur d'une possession juridique. »

dont la légitimité se fonde sur ce postulat par un acte antérieur de la volonté. Cet acte, si une possession plus ancienne du même objet par un autre ne s'y oppose, m'autorise, provisoirement, selon la loi de la liberté extérieure, à interdire à quiconque ne veut pas avec moi entrer dans un état de liberté légale et publique toute prétention à user de cet objet, afin de soumettre, conformément au postulat de la raison, à mon usage une chose, qui autrement serait pratiquement anéantie.

DE LA MANIÈRE D'ACQUÉRIR QUELQUE CHOSE D'EXTÉRIEUR

§ 10
Principe universel de l'acquisition extérieure

J'acquiers quelque chose quand je fais (*efficio*) que quelque chose devienne *mien*. – Une chose extérieure est originairement mienne, quand elle est mienne, même sans aucun acte juridique. Mais une acquisition originaire est celle qui n'est pas dérivée du sien d'autrui.

Originairement rien d'extérieur n'est mien; néanmoins quelque chose d'extérieur peut être acquis originairement sans dériver du sien d'un autre. – L'état de communauté du mien et du tien (*communio*) ne peut jamais être pensé comme originaire, mais doit (par un acte juridique externe) être acquis, bien que la possession originaire d'un objet extérieur ne puisse être que commune. Aussi quand on pense problématiquement à une communauté *originaire* (*communio mei et tui originaria*), on doit cependant la bien distinguer d'une communauté *primitive* (*communio primaeva*), que l'on suppose avoir été instituée parmi les hommes dans les premiers temps de leurs rapports juridiques, et qui à la différence de la précédente ne peut être fondée sur des principes, mais seulement sur l'histoire. Cette dernière devrait toujours néanmoins être regardée comme acquise et dérivée (*communio derivativa*).

Le principe de l'acquisition extérieure est le suivant : ce que je soumets à ma *puissance* (suivant la loi de la *liberté* externe) et dont j'ai la faculté d'user comme d'un objet de mon arbitre (d'après le postulat de la raison pratique), enfin, ce dont je *veux* (conformément à l'idée d'une *volonté* unifiée possible) qu'il soit mien : cela est mien.

Les moments (*attendenda*) de l'acquisition *originaire* sont donc : 1. L'*appréhension* d'un objet, qui n'appartient à personne ; sinon elle s'opposerait à la liberté d'autrui d'après des lois universelles. Cette *appréhension* est la prise de possession de l'objet de l'arbitre dans l'espace et le temps ; et ainsi la possession en laquelle je me place est *possessio phaenomenon*[a]. 2. La *déclaration* (*declaratio*) de la possession de cet objet et de l'acte de mon arbitre, par lequel j'en interdis l'usage à tout autre. 3. L'*appropriation* (*appropriatio*) comme étant (en Idée) l'acte d'une volonté légiférant universellement et extérieurement, par laquelle chacun est obligé de s'accorder avec mon arbitre. – La validité du dernier moment de l'acquisition, sur lequel repose la conclusion : « l'objet extérieur est *mien* », c'est-à-dire que la possession vaut de manière *purement juridique* (*possessio noumenon*), se fonde sur ce que tous ces actes sont *juridiques*, qu'ils procèdent donc de la raison pratique, et qu'ainsi dans la question touchant ce qui est de droit, par cela même qu'on peut faire abstraction des conditions empiriques de la possession, la conclusion :

---

a. Ed. or. L'expression latine est entre parenthèses, suivant l'expression allemande : « *Besitz in der Erscheinung* ».

«l'objet extérieur est mien», est correctement menée de la possession sensible à la possession intelligible.

L'acquisition originaire d'un objet extérieur de l'arbitre est dite *occupation* (*occupatio*) et ne peut porter que sur des choses corporelles (substances). Or pour qu'elle puisse avoir lieu, elle a besoin, comme condition de la possession empirique, de la priorité temporelle sur quiconque voudrait par occupation prendre possession de la chose (*qui prior tempore, potior iure*). Elle n'est comme acquisition originaire que la conséquence d'un arbitre *individuel*; car si elle supposait deux arbitres, elle serait dérivée d'un contrat entre deux (ou plusieurs) personnes, et par suite du sien d'un autre. – Comment un acte de l'arbitre, tel celui-là, peut fonder pour chacun le sien, c'est ce qui ne se laisse pas aisément comprendre. – Cependant la *première* acquisition n'est pas pour autant l'acquisition *originaire*. En effet l'acquisition d'un état de droit public de par l'union de la volonté de tous visant une législation universelle, serait telle qu'elle ne devrait être précédée d'aucune autre, et néanmoins elle dériverait de la volonté particulière de chacun, supposant *l'accord de tous*, tandis qu'une acquisition originaire ne peut procéder que d'une volonté unique.

Division de l'acquisition du mien et du tien extérieurs

1. Au point de vue de la *matière* (de l'objet) j'acquiers ou une *chose* corporelle (substance) ou la *prestation* d'une autre personne, ou cette autre *personne* elle-même, c'est-à-dire son état, dans la mesure où j'obtiens un droit d'en disposer (ainsi de commercer avec elle).

2. Au point de vue de la *forme* (mode d'acquisition) il s'agit ou bien d'un *droit réel* (*ius reale*), ou d'un *droit personnel* (*ius personale*), ou enfin d'un droit *réel-personnel*

(*ius realiter personale*) concernant la possession (mais non l'usage) d'une autre personne considérée comme une chose.

3. Au point de vue du *titre* <*Rechtsgrunde*> (*titulus*) de l'acquisition, qui proprement dit n'est point un membre particulier de la division des droits, bien qu'il s'agisse d'un moment du mode de leur exercice, quelque chose d'extérieur peut être acquis ou bien par l'acte *individuel* d'un arbitre, ou par l'acte de *deux* ou de *tous* (*facto, pacto, lege*).

CHAPITRE PREMIER

DU DROIT RÉEL

§ 11
Qu'est-ce qu'un droit réel?

La définition ordinaire du *droit sur une chose* (*ius reale, ius in re*): «C'est le droit envers tout possesseur de cette chose» – est une définition nominale correcte. – Mais qu'est-ce donc qui fait, à propos d'un objet extérieur, que je puisse le revendiquer à tout détenteur de celui-là et le contraindre (*per vindicationem*) de m'en remettre à nouveau la possession? Ce rapport extérieur juridique serait-il un rapport *immédiat* de mon arbitre à une chose corporelle? Il faudrait donc alors que celui qui pense son droit comme ne se rapportant pas immédiatement à des personnes, mais à des choses, se représente bien (certes d'une manière même obscure), comme à tout droit d'un côté un devoir correspond de l'autre, que la chose extérieure, bien que sortie des mains de son premier possesseur, lui demeure cependant toujours *obligée* parce qu'elle est déjà obligée envers le premier, c'est-à-dire se refuserait à tout autre prétendu possesseur et ainsi mon droit semblable à un *génie* accompagnant la chose et la préservant de toute attaque étrangère, m'indiquerait toujours le possesseur étranger. Il est donc absurde de concevoir l'obligation d'une personne envers des choses et réciproquement, bien qu'il soit tout à fait permis de rendre sensible le rapport juridique par une telle image et de s'exprimer ainsi.

La définition réelle se formulerait donc ainsi : *le droit sur une chose* est le droit de faire un usage privé d'une chose que je possède (originairement ou de par un accord contractuel)[a] en commun avec tous les autres. En effet cette possession commune est l'unique condition sous laquelle il est seulement possible, que j'exclue tout autre possesseur de l'usage privé de la chose (*ius contra quemlibet huius rei possessorem*), car sans présupposer cette possession commune, on ne peut concevoir, comment moi, qui ne suis pas en possession de la chose, je puis être lésé par d'autres qui la possèdent et en font usage. Par mon arbitre seul <*einseitige Willkür*> je ne puis obliger personne à s'abstenir de faire usage d'une chose, à propos de laquelle il n'aurait autrement aucune obligation ; je ne le puis donc que par l'union des arbitres de tous dans cette possession commune. Autrement il faudrait concevoir le droit sur une chose comme si la chose avait envers moi une obligation et il faudrait en dériver enfin le droit s'opposant à tout autre possesseur de celle-là ; ce qui est une manière de se représenter la question tout à fait absurde.

Sous le terme : droit des choses (*ius reale*) on n'entend pas d'ailleurs simplement le droit sur une chose (*ius in re*), mais aussi l'*ensemble* de toutes les lois, qui touchent le mien et le tien réels (*dinglich*). – Il est clair cependant qu'un homme, qui serait seul sur la terre, ne pourrait à proprement parler avoir comme sien ou acquérir aucune chose extérieure, puisqu'entre

---

a. Le terme « *gestiftetem* » ne doit ici être rendu que par une périphrase ; opposé à originaire, il signifie dans le contexte un contrat.

lui comme personne et tous les autres objets extérieurs en tant que choses[a] il n'y a aucun rapport d'obligation. Il n'y a donc en s'exprimant avec rigueur et à la lettre, aucun droit (direct) sur une chose, mais on appelle ainsi uniquement le droit de quelqu'un envers une personne, qui avec tous les autres (dans l'état civil) est en communauté de possession.

§ 12
La première acquisition d'une chose ne peut être que celle du sol

Le sol (et par là on doit entendre toute partie de terre habitable) doit être considéré par rapport à tout ce qui se meut sur lui comme *substance* et l'existence de ce qui se meut sur lui comme *inhérence*; et tout de même qu'au sens théorique les accidents ne peuvent exister en dehors de la substance, de même en un sens pratique ce qui se meut sur le sol ne peut être considéré par quelqu'un comme sien, si ce sol ne se trouve pas préalablement en sa possession juridique (s'il n'est pas sien).

Supposez, en effet, que le sol n'appartienne à personne. Je pourrais alors chasser chaque chose mobile qui s'y trouve de sa place pour la prendre moi-même, et cela jusqu'à ce qu'elle disparaisse entièrement, sans pour autant porter préjudice, ce faisant, à la liberté d'un autre qui derechef n'est plus détenteur <du sol>; or tout ce qui peut être détruit, un arbre, une maison, etc., est (du moins selon la matière) chose mobile et si l'on dit *immeuble* la chose qui ne peut être mue sans que l'on en détruise la forme, dès lors le tien et le mien, relatifs à cette chose, ne devront point être entendus comme touchant la substance, mais ce qui en dépend et n'est point la chose même.

a. Je traduis « *Dingen* » par objets et « *Sachen* » par choses.

§ 13

Tout sol peut originairement être acquis et le fondement de la possibilité de cette acquisition est la communauté originaire du sol en général

La première de ces propositions se fonde sur le postulat de la raison pratique (§ 2); la seconde sur la preuve qui suit.

Originairement (c'est-à-dire avant tout acte juridique de l'arbitre) tous les hommes sont en une possession du sol conforme au droit, c'est-à-dire qu'ils ont le droit d'être là où la nature ou le hasard (sans leur volonté) les a placés. Cette possession (*possessio*) distincte de l'habitation (*sedes*)[a], en tant que possession arbitraire, par conséquent acquise et *durable*, est une possession *commune*, à cause de l'unité de tous les lieux à la surface sphérique de la terre; c'est que si la terre était une plaine indéfinie les hommes pourraient tellement s'y disperser, qu'ils n'en viendraient jamais à former entre eux une communauté, et ainsi la communauté ne serait pas une nécessaire conséquence de leur existence sur la terre. – La possession de tous les hommes sur la terre, qui précède tout acte juridique de leur part (possession qui est donc constituée par la nature elle-même), est une *possession commune originaire (communio possessionis originaria)* dont le concept n'est pas empirique et ne dépend point de conditions temporelles, comme celui d'une *possession commune primitive (communio primaeva)*[b], concept imaginaire et indémontrable,

---

a. On ne peut traduire exactement l'opposition entre « *Besitz* » (*possessio*) et « *Sitz* » (*sedes*). Nous reprenons la traduction donnée dans le § 6, p. 125.

b. Kant utilise les termes « *communio primaeva* » dans le § 6 pour préciser l'idée de communauté (*Gemeinschaft*); il les utilise ici pour mieux définir l'idée de possession (*Gesamtbesitz*).

mais est au contraire un concept pratique rationnel, qui contient *a priori* le principe seul d'après lequel les hommes peuvent faire usage, selon des lois de droit, de leur lieu <*Platz*> sur la terre.

§ 14
L'acte juridique de cette acquisition est l'occupation (occupatio)

La prise de possession (*apprehensio*)ᵃ, comme le commencement de la détention d'une chose corporelle dans l'espace (*possessionis physicae*) ne s'accorde avec la loi de la liberté extérieure de chacun (par conséquent *a priori*) que sous la condition de la *priorité* dans le temps, c'est-à-dire d'être la première prise de possession (*prior apprehensio*), laquelle est un acte de l'arbitre. Or la volonté de faire sienne la chose (et par conséquent aussi un lieu déterminé et circonscrit sur la terre), c'est-à-dire l'*appropriation* (*appropriatio*), ne peut être dans l'acquisition originaire qu'un acte *unilatéral* (*voluntas unilateralis s.propria*). L'acquisition d'un objet extérieur de l'arbitre par un acte de volonté unilatéral est l'*occupation*. Ainsi l'acquisition originaire de l'objet, et par suite d'un fonds déterminé ne peut avoir lieu que par occupation (*occupatio*).

La possibilité de ce mode d'acquisition ne peut être comprise en aucune façon ni démontrée par des principes, mais est au contraire la conséquence immédiate du postulat de la raison pratique. Mais cette même volonté ne peut autoriser

---

a. Le terme allemand que Kant précise par «*apprehensio*» est «*Besitznehmung*.» On ne peut cependant traduire : « appréhension ». En effet, dans le § 10, Kant exprime le premier moment de l'acquisition par le terme «*Apprehension*».

une acquisition extérieure que dans la mesure où elle est contenue dans une volonté *a priori* unifiée (c'est-à-dire résultant de l'association de l'arbitre de tous ceux qui peuvent avoir entre eux un rapport pratique) qui commande absolument ; car la volonté dans son unilatéralité (par où il faut entendre aussi l'acte de volonté bilatéral, mais encore *particulier*) ne peut jamais imposer à quiconque une obligation, qui en soi est contingente ; mais il faut pour cela une volonté *omnilatérale* <*ein allseitiger Wille*>, qui n'est point contingente, mais *a priori*, une volonté par conséquent nécessairement unifiée et pour cette raison seule légiférante. Ce n'est que d'après ce principe que l'accord du libre-arbitre de chacun avec la liberté de tout autre, donc un droit en général, ainsi qu'un tien et un mien extérieurs, sont possibles.

§ 15
Il n'y a d'acquisition PÉREMPTOIRE *que dans une constitution civile. En revanche dans l'état de nature rien ne peut être acquis que* PROVISOIREMENT

La constitution civile, bien que sa réalité soit contingente à un point de vue subjectif, est néanmoins d'un point de vue objectif, c'est-à-dire comme devoir, nécessaire. Il y a donc à son égard, comme en ce qui touche son institution, une loi de droit naturel effective, à laquelle toute acquisition extérieure est soumise.

Le *titre empirique de l'acquisition* était la prise de possession physique (*apprehensio physica*) fondée sur la communauté originaire du sol, et comme il n'y a qu'une possession *phénoménale* <*in der Erscheinung*> qui puisse être soumise à la possession selon les concepts rationnels du droit, à ce titre empirique doit correspondre celui d'une prise de possession intellectuelle (toutes les conditions empiriques relevant de l'espace et du temps ayant été écartées) qui fonde la proposition : « Ce que je soumets à ma puissance et dont je veux qu'il soit mien d'après les lois de la liberté extérieure, est mien. »

Mais le titre rationnel de l'acquisition ne peut résider que dans l'Idée d'une volonté *a priori* unifiée de tous (c'est-à-dire de leur union nécessaire), et cette Idée est ici tacitement présupposée comme une condition indispensable (*conditio sine qua non*) ; car une volonté particulière <*einseitig*> ne peut imposer aux autres une obligation qu'ils n'auraient pas autrement. – Or l'état d'une volonté effectivement unifiée de manière universelle en vue d'une législation est l'état civil. Ce n'est donc que conformément à l'Idée d'un état civil, c'est-à-dire à son point de vue et à celui de son établissement, mais avant qu'il ne soit réalisé (car autrement l'acquisition serait dérivée), que l'on peut acquérir *originairement* quelque chose d'extérieur, bien que ce ne soit que *provisoirement*. – L'acquisition *péremptoire* n'a lieu que dans l'état civil.

Cependant cette acquisition provisoire est une véritable acquisition ; c'est que, selon le postulat de la raison juridiquement pratique, la possibilité de cette acquisition, quel que puisse être l'état des hommes entre eux (même ainsi dans l'état de nature), est un principe du droit privé, qui autorise chacun à exercer la contrainte par laquelle seule il lui est possible de sortir de cet état de nature et d'entrer dans l'état civil qui est seul capable de rendre toute acquisition péremptoire.

Remarque

On pose la question de savoir : jusqu'où s'étend la faculté de prendre possession d'un sol ? – Aussi loin que la faculté de l'avoir en sa puissance, c'est-à-dire aussi loin que celui qui veut se l'approprier le peut défendre. C'est comme si le sol disait : si vous ne pouvez me protéger, vous ne pouvez pas non plus me commander. Il faut résoudre en même façon le conflit portant sur la mer *libre* ou *fermée* : par exemple personne ne peut pêcher, extraire du fond de la mer de l'ambre jaune[a], etc., sur la côte d'un État en-deçà de la distance que peuvent atteindre les canons. – En outre : le travail du sol (construire, cultiver, assécher, etc.) est-il nécessaire à son acquisition ? Non ! car comme ces formes (de la spécification) ne sont que des accidents, elles ne constituent pas l'objet d'une possession immédiate et ne peuvent appartenir au sujet que dans la mesure où la substance est déjà reconnue comme sienne. Le travail, s'il est question de la première acquisition, n'est qu'un signe extérieur de la prise de possession, que l'on peut remplacer par beaucoup d'autres qui coûtent bien moins de peine. – Et encore : Peut-on s'opposer à quelqu'un dans l'*acte* de prise de possession, de telle sorte qu'aucun des deux ne jouisse du droit de priorité et qu'ainsi le sol, n'appartenant à personne, demeure libre ? Cette opposition ne saurait avoir lieu *absolument*, car autrui pour faire opposition doit se trouver sur un sol voisin quelconque, où il peut lui-même rencontrer une opposition à être et par conséquent une opposition *absolue* est une contradiction ; mais une opposition *respective* au sujet d'un certain terrain (intermédiaire), qu'on voudrait laisser inculte, comme terrain *neutre* séparant deux voisins, pourrait s'accorder avec le droit d'occupation ; mais alors ce terrain appartient en commun effectivement aux deux voisins et il n'est pas *sans possesseur* (*res nullius*), précisément parce qu'ils en font tous deux *usage* pour se séparer l'un de l'autre.

---

a. On ne s'étonnera pas de cet exemple (qu'on retrouvera). La Baltique fournissait l'ambre de l'Europe.

– De même encore : peut-on avoir quelque chose comme sien sur un sol dont aucune partie n'est à quelqu'un *<davon kein Teil das Seine von jemandem ist>*. Oui – comme en Mongolie où chacun peut laisser le bagage qu'il a ou prendre possession du cheval qui lui est échappé comme étant le sien, parce que toute la terre appartenant au peuple, son usage revient à chaque individu. Mais que quelqu'un puisse avoir comme sien une chose mobile sur le sol d'un autre, c'est là ce qui est certes possible, mais seulement par *contrat*. – On pose enfin la question de savoir si deux peuples voisins (ou familles) peuvent résister à adopter un certain mode d'user du sol que l'un voudrait imposer à l'autre, par exemple un peuple chasseur à un peuple pasteur ou à des agriculteurs ou ceux-ci à des planteurs, etc. ? Certes ; en effet la manière dont ils veulent *s'établir* sur la terre en général, pourvu qu'ils demeurent dans les limites (de leur terre), est une chose qui ne dépend que de ce qui leur agrée (*res merae facultatis*).

On peut en dernier lieu demander si, lorsque ni la nature ni le hasard, mais simplement notre propre volonté nous a placés au voisinage d'un peuple qui ne nous donne aucune espérance d'une liaison civile avec lui, nous ne devrions pas être en droit, dans le dessein de l'instituer et de faire accéder ces hommes (sauvages) à un état juridique (ainsi les sauvages de l'Amérique, les Hottentots, les habitants de la Nouvelle Hollande) d'établir des colonies par la force ou (ce qui ne vaut guère mieux) par un achat frauduleux, et de devenir ainsi les propriétaires de leur sol et de faire usage de notre supériorité sans avoir égard à leur première possession. La nature même (qui a horreur du vide) semble l'exiger et <n'est-il pas vrai> que de vastes contrées, en d'autres parties du monde à présent remarquablement peuplées, seraient autrement demeurées ou même devraient à jamais rester vides d'habitants policés, et qu'ainsi la fin de la création aurait été manquée ? Mais l'on voit aisément à travers ce voile de l'injustice (jésuitisme) l'approbation de tous les moyens pour parvenir à une bonne fin ; aussi ce mode de l'acquisition du sol doit-il être rejeté.

L'indétermination de l'objet extérieur susceptible d'être acquis, aussi bien sous le rapport de la quantité que sous celui de la qualité, fait de ce problème (touchant l'acquisition extérieure originaire et unique) l'un de ceux qu'il est le plus difficile de résoudre. Il faut pourtant bien qu'il y ait une acquisition originaire de ce qui est extérieur ; car toute acquisition ne peut être dérivée. On ne peut donc pas abandonner ce problème comme s'il était insoluble et impossible en soi. Mais quand bien même il serait résolu par le contrat originaire, l'acquisition, à moins que ce contrat ne s'étende à toute l'espèce humaine, ne serait jamais que provisoire.

§ 16
Exposition du concept d'une acquisition originaire du sol

Tous les hommes sont originairement en *possession totale* du sol de la terre tout entière (*communio fundi originaria*), avec la *volonté* (ceci vaut pour tout un chacun) qui leur est naturelle d'en faire usage (*lex iusti*). Mais de par l'opposition naturellement inévitable de l'arbitre de l'un et de celui de l'autre, tout usage de ce sol serait supprimé, si la volonté ne comprenait pas en même temps une loi qui règle cet usage pour l'arbitre et d'après laquelle chacun pût avoir sur le sol commun une *possession particulière* (*lex iuridica*). Mais la loi distributive du mien et du tien sur le sol ne peut, suivant l'axiome de la liberté extérieure, procéder que d'une volonté *originaire* et *a priori* unifiée (laquelle n'a besoin pour cette unification d'aucun acte juridique), et par conséquent n'est possible que dans l'état civil (*lex iustitiae distributivae*), qui seul détermine ce qui est *juste*, *juridique* et ce qui est *de droit*. – Mais dans cet état, c'est-à-dire avant la fondation de l'état civil et en vue de celui-ci, c'est-à-dire *provisoirement*, c'est un *devoir* que d'agir suivant la loi de l'acquisition extérieure, et il s'ensuit que c'est une *faculté* juridique de la volonté, que d'obliger chacun à reconnaître l'acte de prise de possession et d'appropriation comme possédant validité, bien qu'il ne soit encore qu'unilatéral ; en conséquence une acquisition provisoire du sol avec toutes ses conséquences juridiques est possible.

Une telle acquisition toutefois suppose et obtient d'ailleurs une *faveur* de la loi (*lex permissiva*), en ce qui concerne la détermination des limites de la possession juridiquement possible ; c'est qu'elle précède l'état juridique et, ne faisant qu'y introduire, elle n'est pas encore péremptoire. Mais cette faveur ne s'étend pas plus loin qu'au consentement des *autres* (participants) à l'établissement de cet état civil ; en revanche tant qu'ils refusent d'y entrer (dans l'état civil) elle a tout l'effet d'une acquisition légale, car cette sortie de l'état de nature est fondée sur le devoir.

§ 17
Déduction du concept de l'acquisition originaire

Nous avons trouvé le *titre* de l'acquisition dans une communauté originaire du sol, et par suite sous les conditions spatiales d'une possession extérieure, et le *mode d'acquisition* dans les conditions empiriques de la prise de possession (*apprehensio*), liée à la volonté d'avoir l'objet extérieur comme sien. Maintenant il est encore nécessaire de développer à partir des principes de la pure raison juridiquement pratique l'*acquisition* même, c'est-à-dire le mien et le tien extérieurs, qui résultent des deux moments donnés, donc la possession intelligible de l'objet (*possessio noumenon*) selon ce que contient son concept.

Le *concept juridique* du mien et du tien extérieurs, en tant qu'il s'agit d'une *substance*, ne peut, en ce qui concerne l'expression « en dehors de moi », signifier un autre *lieu* que celui où je suis, car c'est un concept rationnel ; mais comme on ne saurait subsumer sous celui-ci qu'un pur concept de l'entendement, il ne peut que signifier quelque chose de *différent* de moi et le concept d'une possession qui n'est pas empirique (d'une appréhension pour ainsi dire permanente), c'est-à-dire seulement celui d'avoir en *ma puissance* l'objet extérieur (la liaison de ce dernier avec moi comme condition subjective de son usage) et c'est là un pur concept de l'entendement[a]. Or l'élimination ou bien la mise à l'écart (abstraction) de ces conditions sensibles de la possession, comme rapport d'une personne aux *objets*, qui ne sont susceptibles d'aucune obligation, n'est rien d'autre que le rapport d'une personne à des *personnes*, qui est une obligation, relativement à l'usage des choses, imposée à toutes ces dernières de par la volonté de la première, pour autant que cette volonté est conforme à l'axiome de la liberté extérieure, au *postulat* de cette faculté et à la *législation* universelle de la volonté conçue comme unifiée *a priori*, ce qui est donc la possession *intelligible* des choses, c'est-à-dire de par le simple droit, encore que l'objet (la chose que je possède) soit un objet sensible.

Remarque

Il est tellement clair que le premier travail, le premier abornement, ou en général la première *transformation*

a. Ce texte a pu paraître peu cohérent. *Cf.* Vorländer, p. 80.

<Formgebung> d'un sol ne peut livrer le titre de son acquisition, c'est-à-dire que la possession de l'accident ne saurait servir de fondement à la possession juridique de la substance, que tout au contraire le mien et le tien d'après la règle (*accessorium sequitur suum principale*) doivent être conclus de la propriété de la substance et qu'ainsi celui qui a donné tous ses soins à un sol qui n'était pas auparavant sien, a perdu et sa peine et son travail vis-à-vis du premier possesseur. C'est vraiment une chose tellement claire qu'il est difficile de présenter une autre cause de cette opinion si ancienne et encore si largement répandue, que cette illusion secrète et si puissante qui consiste à personnifier les choses et à concevoir *immédiatement* un droit à leur égard, comme si quelqu'un de par le travail qu'il leur consacre pouvait les obliger à n'être qu'à son service. Autrement il est vraisemblable qu'on n'aurait pas passé si légèrement sur la question naturelle (dont il a été déjà fait mention plus haut) : « Comment un droit sur une chose est-il possible ? » C'est que le droit par rapport à tout possesseur d'une chose ne signifie que la faculté de l'arbitre particulier de faire usage d'un objet, dans la mesure où l'on peut concevoir cette faculté comme comprise dans la volonté synthétique universelle et comme s'accordant avec sa loi.

Quant aux corps qui se trouvent sur un sol qui est déjà mien, s'ils n'appartiennent pas à un autre déjà, ils me reviennent, sans qu'à cette fin j'aie besoin d'un acte juridique particulier (non *facto*, mais *lege*). En effet ils peuvent être considérés comme des accidents inhérents à la substance (*iure rei meae*), à laquelle appartient aussi tout ce qui est tellement lié à ma chose, qu'un autre ne saurait le séparer de ce qui est mien sans le transformer (par exemple la dorure, le mélange d'une étoffe qui m'appartient avec d'autres matières, les alluvions ou encore le changement du lit du fleuve contigu, d'où suit un élargissement de mon sol, etc.). C'est d'après les mêmes principes qu'il faut juger si le sol que je puis acquérir peut s'étendre au-delà de la terre, je veux dire sur une partie de la mer (avec le droit de pêcher sur ma côte, d'extraire de l'ambre, etc.). Ma *possession* va jusqu'où s'étend mon pouvoir mécanique, à partir de mon *habitation*, de protéger mon sol contre les attaques étrangères (par exemple aussi loin que portent les canons à partir de la rive) et la mer est fermée jusque là (*mare clausum*). Mais comme en pleine mer même aucune *habitation* n'est possible, la *possession* ne peut s'étendre jusque-là, et la haute mer est libre (*mare liberum*). Mais en ce qui touche l'*échouage*, qu'il s'agisse des hommes ou des choses qui leur appartiennent, puisqu'il est involontaire, il ne donne lieu à aucun droit d'acquisition pour le propriétaire du rivage; en effet il n'y a pas de lésion (ni même de fait en général) et la chose qui est venue s'échouer sur un sol, qui à la vérité appartient à quelqu'un, ne saurait être traitée comme *res nullius*. En revanche un fleuve peut être originairement acquis, sous les conditions plus haut mentionnées, comme toute portion de terre, par celui qui en possède les deux rives, aussi loin que s'en étend la possession.

L'objet extérieur qui selon la substance est le sien de quelqu'un, est la *propriété* (*dominium*) de celui auquel tous les droits sur cette chose sont inhérents (comme les accidents à la substance), et dont par conséquent le propriétaire (*dominus*) peut disposer à son gré (*ius disponendi de re sua*). Mais en conséquence il va de soi qu'un tel objet ne saurait être qu'une chose corporelle (envers laquelle on n'a point d'obligation) et qu'ainsi un homme peut bien être son propre maître (*sui iuris*) mais non *propriétaire de soi-même* (*sui dominus*, pouvoir disposer de soi selon son gré), et encore moins des autres hommes, parce qu'il est responsable de l'humanité en sa propre personne. Quoi qu'il en soit ce point, qui appartient au droit de l'humanité, et non à celui de l'homme, ne trouve pas ici sa place spécifique, et ne peut être avancé qu'en passant pour faciliter une meilleure compréhension de ce qui a été dit à peine plus haut. – Précisons enfin qu'il peut y avoir deux propriétaires à part entière d'une seule et même chose, sans qu'il y ait pour cela un mien et un tien commun, mais seulement comme des possesseurs communs de ce qui n'appartient qu'à un *seul* comme étant le *sien*; c'est ce qui arrive lorsque la possession sans l'usage n'appartient qu'à un seul de ces copropriétaires, comme on dit (*condomini*), et à l'autre tout l'usage de la chose avec la possession, celui-là (*dominus directus*) imposant donc à celui-ci (*dominus utilis*) la condition restrictive d'une prestation constante, sans limiter pour cela son usage de la chose.

CHAPITRE SECOND

DU DROIT PERSONNEL

§ 18

La possession de l'arbitre d'un autre comme faculté de le déterminer par mon arbitre à une certaine action suivant les lois de la liberté (le mien et le tien extérieurs en rapport à la causalité d'autrui) est *un* droit (et je puis en avoir plusieurs semblables envers la même personne ou envers d'autres), mais l'ensemble (le système) des lois suivant lesquelles je puis être en cette possession, est *le* droit personnel, qui ne peut être qu'unique.

L'acquisition d'un droit personnel ne peut jamais être originaire ni le fait d'un acte d'autorité privé <*eigenmächtig*>[a] (car une telle possession ne serait pas conforme au principe de l'accord de la liberté de mon arbitre avec celui de chacun et serait par conséquent injuste). De même je ne saurais faire une acquisition par le fait d'une action d'autrui *injuste* (*facto iniusto alterius*), car quand bien même j'eusse été lésé et que je puisse avec droit exiger satisfaction, tout ce que, par là je pourrais faire serait de maintenir intact ce qui m'appartient, sans acquérir rien de plus que ce qui était mien.

a. Nous ne traduisons pas « *eigenmächtig* » comme p. 124 (§ 6).

L'acquisition qui a lieu par l'acte d'autrui auquel je le détermine d'après des lois juridiques, est donc toujours dérivée de ce qui est le sien d'un autre; et cette dérivation, comme acte juridique, ne peut avoir lieu par lui comme un *acte négatif*, tel que l'*abandon* ou une *renonciation* à ce qui est sien (*per derelictionem aut renunciationem*) car ainsi ce qui est le sien de tel ou tel est par là même supprimé, sans être l'objet d'une acquisition; – la chose ne se peut faire que par *translation* (*translatio*), laquelle n'est possible que par une volonté commune, dont la médiation fait que l'objet est toujours en la puissance de l'un ou de l'autre, puisque l'un renonçant à sa part de communauté, l'objet devient le sien de l'autre par acceptation de celui-ci (donc en vertu d'un acte positif de l'arbitre). – La *translation* de sa propriété à un autre est l'*aliénation* <*Veräusserung*>. L'acte de la volonté unifiée de deux personnes, par lequel en général le sien de l'un devient celui de l'autre, est le *contrat*.

§ 19

En tout contrat on rencontre deux actes juridiques *préliminaires* de l'arbitre et deux actes juridiques *constitutifs*. Les deux premiers (qui composent la *tractation*) sont l'*offre* (*oblatio*) et le *consentement* (*approbatio*) le concernant; les deux autres (je veux dire ceux qui regardent la *conclusion*) sont la *promesse* (*promissum*) et l'*acceptation* (*acceptatio*). – C'est qu'une offre ne saurait être dite une promesse, avant d'avoir jugé que ce qui *est offert* (*oblatum*) soit chose agréable à celui qui l'accepte; ceci ne se connaît que par les deux déclarations, et par celles-ci seules rien n'est encore acquis.

Mais ni la volonté *particulière* du promettant, ni celle de l'acceptant (comme tel) ne suffisent pour que le sien du premier devienne celui du dernier, mais il y faut une *volonté unifiée* des deux et par conséquent la déclaration simultanée des deux volontés. Or c'est là chose impossible par les actes empiriques de la déclaration, qui doivent se *succéder* nécessairement dans le temps et qui ne sont jamais simultanés. En effet si j'ai promis et que l'autre veuille accepter, je puis dans l'intervalle de temps (aussi court qu'il puisse être) me repentir de ma promesse, puisqu'avant l'acceptation je suis encore libre; tout de même que par ailleurs pour la même raison l'acceptant ne doit pas se tenir obligé à sa déclaration qui suit la promesse. – Les formalités extérieures (*solemnia*) lors de la conclusion du contrat (se serrer la main ou rompre une paille tenue par les deux personnes – *stipula* –) et toutes les assurances données de part et d'autre au sujet des précédentes déclarations prouvent bien plutôt l'embarras des contractants <*Paziszenten*> sur la manière de se représenter comme existant *simultanément* dans le même instant des déclarations qui toujours se suivent nécessairement; et c'est ce qu'ils ne parviennent pas à faire, car il s'agit d'actes qui toujours se suivent dans le temps, en lequel si un acte est, l'autre n'est pas *encore*, ou n'est déjà *plus*.

Il n'y a que la déduction transcendantale du concept de l'acquisition par contrat qui puisse lever toutes ces difficultés. En un rapport juridique *extérieur* ma prise de possession de l'arbitre d'autrui (et réciproquement), en tant que principe de détermination de celui-ci à une action, est conçue il est vrai d'abord empiriquement comme condition sensible de l'appréhension et cela au moyen des déclarations des deux arbitres dans le temps, ces actes juridiques étant toujours nécessairement successifs. Mais puisque ce rapport (en tant que juridique) est purement intellectuel, et que cette possession comme intelligible (*possessio noumenon*) est représentée par la volonté en tant que faculté législative de la raison, abstraction faite de toute condition empirique, comme le mien et le tien, il s'ensuit que les deux actes, celui de la promesse et celui de l'acceptation ne sont point représentés comme se suivant l'un l'autre, mais tout au contraire (pour ainsi dire en tant que *pactum re initum*) comme procédant d'une unique volonté *commune*, ce qui est exprimé par l'expression «en même temps» <*zugleich*> et l'objet (*promissum*) est lui-même représenté comme acquis suivant la loi de la raison pure pratique, par l'élimination des conditions empiriques.

Remarque

Que cela soit la vraie et seule possible déduction du concept de l'acquisition par contrat, c'est ce que confirment bien assez les efforts pénibles, mais toujours vains des jurisconsultes (par exemple de *Moise Mendelssohn* en sa *Jerusalem*) pour apporter la preuve de cette possibilité. – La question était de savoir : *pourquoi dois-je* tenir ma promesse ? Car que je le doive, c'est ce que chacun comprend par lui-même. Or il est absolument impossible de donner encore une preuve de cet impératif catégorique ; de même qu'il est impossible à un géomètre de prouver par des raisonnements de raison que, pour construire un triangle, il me faut prendre trois lignes (proposition analytique) dont deux prises ensemble doivent être plus grandes que la troisième (proposition synthétique, mais les deux sont *a priori*). C'est un postulat de la raison pure (qui en ce qui concerne le concept de droit fait abstraction de toutes les conditions sensibles de l'espace et du temps), et la doctrine qui montre comment l'on peut faire abstraction de ces conditions, sans pour autant que la possession <de celui-ci> disparaisse, est elle-même la déduction du concept de l'acquisition par le contrat, de même que dans le titre précédent c'était la doctrine de l'acquisition des choses extérieures par l'occupation.

§ 20

Mais quelle est cette chose extérieure que j'acquiers par le contrat? Comme il ne s'agit que de la causalité de l'arbitre d'un autre, en ce qui touche une prestation qui m'a été promise, je n'acquiers point par là immédiatement une chose extérieure, mais un acte d'autrui, grâce auquel la chose passe en ma puissance, afin que je la fasse mienne. – Par le contrat j'acquiers la promesse d'un autre (non la chose promise) et cependant mon avoir extérieur se trouve augmenté de quelque chose; je suis devenu *plus riche* (*locupletior*) par l'acquisition d'une obligation active sur la liberté et la faculté d'autrui. – Mais ce droit qui est mien n'est qu'un *droit personnel*, je veux dire le droit, à l'égard d'une personne physique *déterminée*, d'agir sur sa causalité (son arbitre) afin qu'une prestation ait lieu à mon égard, et non un *droit réel* sur cette *personne morale* qui n'est autre que l'Idée de l'*arbitre de tous unifié a priori*, et par laquelle seule je puis acquérir un *droit envers tout possesseur de la chose*, ce qui est, en effet, le propre de tout *droit sur une chose*.

Remarque

La translation du mien par contrat s'effectue suivant la loi de la continuité (*lex continui*), c'est-à-dire que la possession de l'objet n'est à aucun moment interrompue pendant cet acte; s'il en allait autrement j'acquerrais en cet état un objet comme s'il n'avait point de possesseur (*res vacua*); l'acquisition par suite serait originaire, ce qui contredit le concept de contrat. – Mais cette continuité implique que ce ne soit pas la volonté de l'un des deux (*promittentis et acceptantis*) en particulier, mais leur volonté unifiée qui transfère le mien à l'autre, de telle sorte que l'on n'imagine pas que le promettant abandonne d'abord sa possession au profit de l'autre (*derelinquit*) ou renonce à son droit (*renunciat*) et que l'autre s'en saisisse aussitôt, ou inversement. La translation est donc un acte, en lequel l'objet appartient un instant à deux personnes et il en est ici comme du trajet parabolique d'une pierre qui a été lancée : au sommet de la courbe elle peut être considérée en même temps comme s'élevant et tombant, et elle passe derechef du mouvement ascendant à la chute.

§ 21

Une chose n'est pas acquise en un contrat par l'*acceptation* (*acceptatio*) de la promesse, mais seulement par la *tradition* (*traditio*) de la chose promise. En effet toute promesse a pour objet une *prestation* et si ce qui est promis est une chose, cette prestation ne peut être effectuée que par un acte grâce auquel l'acceptant en est mis en possession par le promettant, autrement dit par la tradition. Avant celle-ci et la réception, la prestation n'a pas encore eu lieu ; la chose n'est pas encore transférée de l'un à l'autre, et n'est par conséquent point acquise par celui-ci ; il s'ensuit que le droit découlant d'un contrat n'est qu'un droit personnel et qu'il ne devient *réel* que par la tradition.

Remarque

Le contrat qui est suivi immédiatement par la tradition (*pactum re initum*) exclut tout intervalle de temps entre la conclusion et l'exécution et il n'est besoin d'aucun acte particulier ultérieur, grâce auquel ce qui est le sien de l'un serait transféré à l'autre. Mais si entre la conclusion et l'exécution on accorde un délai (déterminé ou indéterminé) pour la tradition, la question se pose de savoir si avant celui-ci la chose est déjà le sien de l'acceptant et si le droit de ce dernier est un droit sur la chose, ou si au contraire un contrat particulier, qui ne concerne que la tradition, doit être conclu à ce sujet, par conséquent si le droit par la simple acceptation n'est qu'un droit personnel et s'il ne devient derechef un droit sur la chose que par la tradition ? – Qu'il en aille effectivement ainsi, comme il est dit dans le dernier cas, se manifeste par ce qui suit.

Si je conclus un contrat sur une chose, par exemple sur un cheval que je désire acquérir et que je le mène en même temps en mon écurie ou que je le mette de quelque autre manière en ma possession physique, il est dès lors mien (*vi pacti re initi*), et mon droit est droit sur la chose ; mais si je le laisse entre les mains du vendeur, sans rien décider de particulier quant à la question de savoir qui en aura la possession physique (détention) avant ma prise de possession (*apprehensio*), donc avant le changement de possession, alors ce cheval n'est pas encore mien et le droit que j'acquiers n'est qu'un droit envers une personne déterminée, je veux dire le vendeur, droit d'être *mis par lui en possession* de l'objet (*poscendi traditionem*), comme condition subjective de la possibilité de tout usage de celui-ci qui m'agrée, c'est-à-dire que mon droit n'est qu'un droit personnel, celui d'exiger de lui l'exécution (*praestatio*) de la promesse de me mettre en possession de la chose. Si donc le contrat ne comprend pas *en même temps* la tradition (comme *pactum re initum*) et qu'il s'écoule un certain temps entre la conclusion du contrat et la prise de possession de la chose acquise, je ne puis durant ce temps arriver à la possession qu'au moyen d'un acte juridique particulier, c'est-à-dire d'un *acte possessoire* (*actum possessorium*), qui constitue un contrat particulier et celui-ci consiste en ce que je dis : « je ferai prendre la chose (le cheval) » et en ce que le vendeur y consent. Car que celui-ci doive garder une chose à ses risques et périls, c'est là ce qui ne va pas de soi, mais qui au contraire suppose un contrat particulier, d'après lequel celui qui aliène sa chose en demeure toujours le propriétaire encore un *certain temps déterminé* (et doit courir tous les risques qui peuvent concerner la chose), l'acquéreur ne pouvant être considéré par le vendeur comme ayant pris livraison de la chose que quand il a laissé passer ce temps. Avant cet acte possessoire tout ce qui est acquis par le contrat n'est qu'un droit personnel, et l'acceptant ne peut acquérir une chose extérieure que par tradition.

CHAPITRE TROISIÈME

DU DROIT PERSONNEL
SELON UNE MODALITÉ RÉELLE

§ 22

Ce droit est celui de la possession d'un objet extérieur *comme étant une chose* et d'en faire usage *comme d'une personne*. Selon ce droit le mien et le tien sont ce qui est *domestique* et en cet état le rapport est un rapport de communauté entre des êtres libres, qui par l'influence réciproque (d'une personne sur une autre) d'après le principe de la liberté externe (*causalité*) forment une société des membres d'un tout (des personnes vivant en *communauté*) qu'on nomme *famille*. – Le mode d'acquisition de cet état et en cet état n'a lieu ni par un fait arbitraire (*facto*), ni par un simple contrat (*pacto*), mais grâce à une loi (*lege*), qui n'étant point un simple droit envers une personne, mais aussi en même temps une possession de celle-ci, doit être un droit dépassant tout droit réel et personnel, je veux dire le droit de l'humanité en notre propre personne, lequel a comme conséquence une loi permissive à la faveur de laquelle une telle acquisition nous est possible.

§ 23

Suivant l'objet l'acquisition d'après cette loi est de trois sortes : l'*homme* acquiert une *femme*, le *couple* acquiert des *enfants*, et la *famille* des *domestiques*. – Tout ce qui est acquis ici est en même temps inaliénable et le droit du possesseur de l'objet est le *plus personnel des droits*.

DU DROIT DOMESTIQUE

TITRE PREMIER
LE DROIT CONJUGAL

§ 24

La *communauté sexuelle* (*commercium sexuale*) est l'usage réciproque qu'un homme peut faire des organes et des facultés sexuels d'une autre personne (*usus membrorum et facultatum sexualium alterius*) et cet usage ou bien est *naturel* (c'est celui par lequel on peut procréer son semblable) ou bien est *contraire à la nature*, et ce dernier peut avoir lieu, soit avec une personne du même sexe soit avec un animal d'une autre espèce ; ces transgressions des lois, ces vices contraires à la nature (*crimina carnis contra naturam*), que l'on dit aussi innommables, sont des injures <*Läsion*> envers l'humanité en notre personne qu'aucune restriction ou exception ne saurait sauver d'une réprobation totale.

Quant au commerce naturel des sexes il a lieu ou bien suivant la simple *nature* animale (*vaga libido, venus vulgi-vaga, fornicatio*), ou bien suivant la *loi*. – Dans le dernier cas il s'agit du mariage (*matrimonium*), c'est-à-dire de la liaison de deux personnes de sexe différent, qui veulent, pour toute leur vie, la possession réciproque de leurs facultés sexuelles. – Que la fin, mettre au monde des enfants et les élever, soit une fin de la nature, en vue de laquelle elle a implanté en chaque sexe un penchant pour l'autre, cela se peut ; mais l'homme qui se marie n'est pas obligé pour que son union soit légitime de se proposer cette fin ; sinon, dès lors que cesserait la procréation, le mariage se dissoudrait en même temps lui-même.

Dans la supposition même où le plaisir par l'usage réciproque des facultés sexuelles en serait l'unique fin, le contrat de mariage ne serait pas chose arbitraire, mais tout au contraire un contrat nécessaire selon la loi de l'humanité ; c'est-à-dire que si l'homme et la femme veulent jouir l'un de l'autre réciproquement en fonction de leurs facultés sexuelles, ils *doivent* nécessairement se marier et ceci est nécessaire d'après les lois juridiques de la raison pure.

§ 25

En effet l'usage naturel qu'un sexe fait des organes sexuels de l'autre est une *jouissance*, pour laquelle chaque partie se livre à l'autre. En cet acte l'homme fait de lui-même une chose, ce qui contredit au droit de l'humanité en sa propre personne. Cela n'est donc possible qu'à *une* condition : à savoir que tandis qu'une personne est acquise par l'autre *comme une chose*, la première acquière aussi l'autre à son tour réciproquement ; en effet elle se reconquiert ainsi elle-même et rétablit sa personnalité. Mais l'acquisition d'un membre en l'homme est en même temps acquisition de la personne tout entière, car celle-ci est une unité absolue ; il s'ensuit que l'offre et l'acceptation d'un sexe pour la jouissance d'un autre ne sont pas seulement admissibles sous la condition du mariage, mais qu'elles ne sont possibles que sous cette *unique* condition. Que ce droit personnel se présente cependant en même temps *selon un mode réel*, c'est là ce qui se fonde sur ce que, si l'un des époux s'est échappé ou s'est mis en la possession d'une autre personne, l'autre époux a toujours et incontestablement la faculté de le ramener en sa puissance comme si c'était une chose.

§ 26

Pour les mêmes raisons le rapport des époux est un rapport d'*égalité* de possession, tant des personnes qui se possèdent réciproquement (ce qui ne peut avoir de sens qu'en la *monogamie*, car dans la polygamie la personne qui se donne ne conquiert qu'une partie de celle à laquelle elle se livre tout entière, faisant ainsi d'elle-même une simple chose) que des biens, quoiqu'ils aient le droit de renoncer à l'usage d'une partie de ces biens, encore que cela ne se puisse faire que par un contrat particulier.

Remarque

Il suit du principe précédent que le concubinage n'est susceptible d'aucun contrat valable en droit, pas plus que l'engagement <*Verdingung*> d'une personne pour une jouissance passagère (*pactum fornicationis*). Car en ce qui touche ce dernier contrat, on conviendra que la personne qui l'a conclu, ne peut juridiquement être tenue de remplir sa promesse si elle s'en repent, et ainsi disparaît aussi le premier cas, je veux dire celui du concubinage (en tant que *pactum turpe*), car il s'agirait d'un contrat d'engagement (*locatio-conductio*) et même d'un contrat par lequel une personne userait d'une partie d'une autre et qui par suite de l'unité absolue des membres en une personne, serait tel que cette dernière se livrerait tout entière comme une chose à l'arbitre d'autrui ; c'est pourquoi chaque partie peut rompre le contrat passé avec l'autre, dès qu'il lui plaît, sans que cette dernière personne soit fondée à se plaindre d'être lésée en son droit. – Il en va de même des mariages de la main gauche dont le but est d'user de l'inégalité de condition des deux parties au profit d'une plus grande domination de l'une sur l'autre ; car dans le fait ceci n'est point, selon le droit naturel, distinct du concubinage et il ne s'agit pas d'un vrai mariage. – On posera sans doute la question de savoir si contradiction il y a en ce qui concerne l'égalité des époux, lorsque la loi dit à propos du rapport de l'homme et de la femme : il sera ton maître (il commandera, tandis que tu seras la partie obéissante) ? Cette loi ne saurait être considérée comme contredisant l'égalité du couple, dès lors que cette domination a pour unique but de faire valoir dans la réalisation de l'intérêt commun de la famille la naturelle supériorité de l'homme sur la femme, et le droit à commander qui y trouve son fondement, droit qui d'ailleurs peut être dérivé du devoir de l'unité et de l'égalité au point de vue de la *fin*.

§ 27

Le contrat de mariage n'est *accompli* que par la *cohabitation conjugale* (*copula carnalis*). Un contrat entre deux personnes de sexe différent, convenant secrètement de s'abstenir de toute communauté corporelle, ou avec la conscience que l'une d'elles ou les deux parties sont en ceci impuissantes, est un *contrat simulé* et ne crée aucun mariage ; il peut donc aussi être dissous au gré de l'une des deux personnes. Mais si l'impuissance ne se révèle qu'après le contrat, le droit du mariage ne peut souffrir de cet accident dû à un hasard innocent.

L'acquisition d'une épouse ou d'un époux n'a donc pas lieu *facto* (par la cohabitation) sans contrat préalable, ni *pacto* (par un simple contrat de mariage sans la cohabitation qui doit suivre), mais seulement *lege*, c'est-à-dire comme conséquence juridique de l'obligation où nous sommes de ne point nous engager dans une liaison sexuelle autrement que par la *possession* réciproque des personnes, laquelle ne peut devenir effective que par l'usage également réciproque de leurs facultés sexuelles déterminées.

DU DROIT DOMESTIQUE

TITRE DEUXIÈME
LE DROIT DES PARENTS

§ 28

Tout de même que du devoir de l'homme envers lui-même, c'est-à-dire envers l'humanité en sa propre personne naissait un droit (*ius personale*) des deux sexes de s'acquérir réciproquement en tant que personnes de par le mariage d'*une manière réelle <auf dingliche Art>*, de même naît de la procréation en cette communauté un devoir et de conserver et de prendre soin de ses *fruits <Erzeugnis>*; c'est-à-dire que les enfants comme personnes ont un droit ici en même temps originaire et inné (non hérité) à leur protection par les parents, jusqu'à ce qu'ils soient en mesure de se conserver eux-mêmes; et ce droit leur revient immédiatement par la loi (*lege*), c'est-à-dire sans qu'un acte juridique particulier soit nécessaire.

En effet comme le produit est une *personne* et qu'il est impossible de comprendre la production d'un être doué de liberté par une opération physique[1] : c'est au *point de vue pratique* une Idée tout à fait juste et même nécessaire que de regarder l'acte de la procréation comme un acte par lequel nous avons mis au monde une personne sans son consentement, l'y poussant d'une manière tout arbitraire ; en conséquence de ce fait <*Tat*> une obligation s'attache aux parents, celle, dans la mesure de leurs forces, de rendre <les enfants> satisfaits de l'état qui est le leur. – Ils ne peuvent point détruire

---

1. On ne peut pas même comprendre comment il est possible que *Dieu crée* des êtres libres ; en effet, il semble que toutes leurs actions futures devraient être prédéterminées par ce premier acte et comprises en la chaîne de la nécessité naturelle, et par conséquent elles ne seraient pas libres. Mais que ces créatures (les hommes) soient cependant libres, c'est ce que prouve d'un point de vue moralement pratique l'impératif catégorique, comme par une décision sans appel de la raison, bien qu'elle ne puisse nous faire cependant comprendre théoriquement la possibilité de ce rapport de la cause à l'effet puisque tous deux sont supra-sensibles. Tout ce que l'on peut en ceci exiger de la raison, ce serait simplement qu'elle prouve que dans le concept d'une *création d'êtres libres* il n'y a point de contradiction ; et c'est ce qui peut très bien se faire en montrant que la contradiction ne surgit que si on introduit avec la catégorie de causalité en même temps la *condition de temps*, qui dans le rapport aux objets des sens est inévitable (je veux dire que la raison <*Grund*> d'un effet le précède), *aussi* dans le rapport des êtres supra-sensibles les uns aux autres (ce qui se devrait faire effectivement si le concept de causalité devait d'un point de vue théorique acquérir une réalité objective) ; mais qu'en revanche la contradiction s'évanouit, si dans une perspective moralement pratique, qui n'est donc pas sensible, la catégorie pure est mise à l'usage (sans un schème qui lui soit soumis) dans le concept de création.

Le jurisconsulte philosophe ne verra pas dans cette recherche qui remonte jusqu'aux premiers éléments de la philosophie transcendantale, dans une métaphysique des mœurs, une inutile subtilité, qui se perd dans une obscurité sans but, s'il réfléchit à la difficulté du problème qui doit être résolu comme à la nécessité de donner satisfaction en ceci aux principes du droit.

leur enfant comme s'il était pour ainsi dire l'*ouvrage de leurs mains* <*Gemächsel*> (car un tel ouvrage ne peut point être un être libre) ou comme leur propriété, ni même l'abandonner au hasard, car ils n'ont pas seulement produit une chose en cet état, mais aussi un citoyen du monde, et d'après des concepts de droit cet état qui est le sien ne saurait leur être indifférent.

§ 29

De ce devoir résulte aussi nécessairement le droit des parents de *prendre en main* <*Handhabung*> et de former <*Bildung*> l'enfant, aussi longtemps qu'il n'est pas lui-même capable d'un usage personnel de son corps, ainsi que de son entendement, outre celui de l'éduquer à se nourrir et à prendre soin de lui-même et de le former, aussi bien d'un *point de vue pragmatique*, afin qu'il puisse à l'avenir se conserver lui-même et gagner sa vie, que d'*un point de vue moral*, car autrement la faute de l'avoir négligé retomberait sur les parents – donc tout le droit de le former jusqu'au temps de l'émancipation (*emancipatio*), en lequel ils doivent renoncer au droit paternel de commander comme à toute prétention à être dédommagés pour les soins et les peines qu'ils ont eus jusque-là, et ils ne doivent considérer à cet égard et après l'éducation achevée l'obligation que leur doit l'enfant (l'obligation envers les parents) que comme un simple devoir de vertu, c'est-à-dire un devoir de reconnaissance.

Il suit encore de la personnalité des enfants qu'ils ne peuvent jamais être considérés comme la propriété des parents, bien qu'ils appartiennent au mien et au tien de ceux-ci (puisqu'ils sont comme des choses en la *possession* des parents et peuvent, contre leur volonté, être ramenés de la possession de tout autre en celle de leurs parents) et que le droit des parents[a] n'est pas un droit simplement réel, qu'il n'est point aliénable (*ius personalissimum*), mais qu'il n'est pas non plus un droit simplement personnel; c'est un droit personnel d'*espèce réelle*.

Il est donc évident qu'en la doctrine du droit le titre d'*un droit personnel d'espèce réelle* doit nécessairement s'ajouter aux titres de droit réel et de droit personnel, et que la division jusqu'ici admise n'est pas complète, puisque lorsqu'il s'agit du droit des parents sur les enfants comme partie de leur maison, les premiers ne se bornent pas à faire appel au devoir des enfants, quand ils se sont évadés, de revenir, mais qu'ils sont autorisés à mettre la main sur eux en tant que choses (comme s'il s'agissait d'animaux domestiques échappés) et à les tenir enfermés.

DU DROIT DOMESTIQUE

TITRE TROISIÈME
LE DROIT DU MAÎTRE DE MAISON

§ 30

Les enfants de la maison, qui avec les parents constituaient une *famille*, deviennent majeurs (*maiorennes*), c'est-à-dire leurs propres maîtres (*sui iuris*), sans qu'il soit besoin d'un

---

a. « *Der ersteren* ». Barni traduit « le droit des enfants », mais dans le contexte général il faut traduire « le droit des parents » – même si l'on s'expose à commettre une faute grammaticale.

contrat qui les libère de leur dépendance passée, par le seul fait qu'ils parviennent à la faculté de se conserver eux-mêmes (ce qui résulte en partie du cours universel de la nature qui leur donne une majorité naturelle, et en partie de leurs dispositions particulières); ils acquièrent ce droit sans aucun acte juridique particulier, par conséquent simplement grâce à la loi (*lege*). Ils ne doivent rien aux parents en ce qui touche leur éducation, de même que ceux-ci sont libérés inversement en même façon de leur obligation envers les enfants, si bien que les uns et les autres trouvent ou retrouvent leur naturelle liberté. Quant à la société domestique qui était nécessaire d'après la loi, elle est dès lors dissoute.

Les deux parties peuvent encore effectivement constituer une seule et même entité domestique <*Hauswesen*>, mais suivant une autre forme de l'obligation, je veux dire comme la liaison du maître de maison avec la domesticité (les serviteurs et les servantes de la maison). C'est-à-dire qu'ils constituent précisément la même société, mais à présent comme société *domestique* (*societas herilis*)[a] en conséquence, que c'est par un contrat entre le maître de maison et ses enfants devenus adultes ou, si la famille n'a point d'enfants, avec d'autres personnes libres (dans l'association domestique) qu'une société domestique peut être établie, laquelle ne saurait être une société fondée sur l'égalité (de celui qui *commande*, ou d'un maître, et de ceux qui *obéissent*, c'est-à-dire de la domesticité, *imperantis et subiecti domestici*).

a. *Hausherrliche Gesellschaft*. C'est ainsi que Kant désigne cette nouvelle société qui se forme dans la société domestique en général (*Häusliche Gesellschaft*); mais il est impossible de rendre en français, par des expressions correspondantes, la nuance qui distingue en allemand les épithètes *hausherrlich* et *häuslich*. Note de J. Barni.

Les domestiques dès lors appartiennent au sien du maître de maison, et cela certes, en ce qui concerne la forme (*l'état de possession*), comme de par un droit réel ; c'est que le maître de maison peut, lorsque le domestique s'évade, le remettre en sa puissance par son seul arbitre ; mais en ce qui touche à la matière, c'est-à-dire l'*usage* qu'il peut faire de ses domestiques, il n'a pas le droit de se conduire comme s'il en était le propriétaire (*dominus servi*), car ils ne sont sous sa puissance que par un contrat. Or un contrat par lequel une partie renonçant au profit d'une autre à toute sa liberté, cessant donc d'être une personne, n'aurait plus par conséquent le devoir d'observer un contrat, mais de reconnaître seulement la force, serait un contrat en lui-même contradictoire, c'est-à-dire nul et sans effet. (Il n'est pas question ici du droit de propriété envers un homme, qui par son crime a perdu sa personnalité.)

Le contrat entre le maître de maison donc et le serviteur ne peut pas être d'une telle nature que l'*usage* de celui-ci dégénère *en abus* ; et à ce propos ce n'est pas seulement le maître de maison, mais encore la domesticité qui est juge (cette dernière ne pouvant donc être réduite en servitude) ; il ne peut donc être conclu pour toute la vie, mais seulement pour un temps déterminé[a], pendant lequel chaque partie peut donner congé à l'autre. Les enfants cependant (même ceux d'une personne devenue esclave par son crime) sont toujours libres. C'est que tout homme est né libre, car il n'a point encore commis de crime et les frais de son éducation jusqu'à sa majorité ne peuvent lui être imputés comme une dette dont il devrait s'acquitter. En effet l'esclave devrait aussi élever ses enfants, s'il le pouvait, sans exiger d'eux pour cela de

---

a. 2e éd. « bestimmte Zeit », au lieu de « unbestimmte Zeit ».

dédommagement. Le propriétaire de l'esclave hérite donc, étant donné l'impuissance de celui-ci, à sa place de son obligation.

Par où l'on voit comme dans les deux titres précédents, qu'il y a un droit personnel d'espèce réelle (celui du maître de maison sur la domesticité) car on peut reprendre les domestiques et les revendiquer comme siens auprès de tout possesseur, avant même que l'on ait examiné les raisons qui les ont conduits à s'évader et leur droit.

DIVISION DOGMATIQUE DE TOUS LES DROITS ACQUIS PAR CONTRAT

§ 31

On peut exiger d'une doctrine métaphysique du droit qu'elle dénombre *a priori* d'une manière complète et déterminée les membres de sa division (*divisio logica*) et qu'ainsi elle en établisse un vrai système. Toute *division empirique* en revanche est *simplement fragmentaire* (*partitio*) et laisse incertaine la question de savoir s'il ne faudrait pas un plus grand nombre de membres exigibles pour compléter la sphère tout entière du concept divisé. Or on peut nommer *dogmatique* la division d'après un principe *a priori* (par opposition à celle qui n'est qu'empirique).

Tout contrat se compose en soi, c'est-à-dire *objectivement* considéré, de deux actes juridiques : la promesse et son acceptation ; l'acquisition par l'acceptation (même s'il ne s'agit point d'un *pactum in re initum*[a], lequel exige une tradition) n'est point une *partie*, mais la *conséquence* juridique nécessaire du contrat. – Mais *subjectivement* considéré, c'est-à-dire comme réponse à la question de savoir si cette consé-quence, d'après la raison, nécessaire (et qui *devrait* être l'*acquisition*) *suivra* aussi effectivement (s'il y aura une *conséquence physique*), c'est là ce dont je ne puis avoir aucune *assurance* par l'acceptation de la promesse. Cette assurance est donc, comme extérieure à la modalité du contrat, c'est-à-dire comme relevant de la *certitude* de l'acquisition par le contrat, un moment qui complète l'ensemble des moyens propres à atteindre le but de celui-ci, c'est-à-dire l'acquisition. A cette fin trois personnes sont nécessaires : celle qui *promet*, celle qui *accepte*, celle qui *cautionne* ; grâce à cette dernière et au contrat particulier qu'elle a avec le promettant, celui qui accepte ne gagne rien de plus au point de vue de l'objet, mais il gagne un moyen de contrainte pour obtenir ce qui doit être sien.

D'après ces principes de la division logique (rationnelle), il n'y a à proprement parler que trois sortes de contrats simples et *purs* ; pour ce qui est des contrats mixtes et *empiriques* qui ajoutent aux principes du mien et du tien d'après des lois simples de la raison des <principes> statutaires et convention-nels, ils sont innombrables ; ils sont donc extérieurs à la sphère de la doctrine métaphysique du droit, qui seule doit ici nous intéresser.

Tous les contrats donc ont comme fin ou bien **A**, l'acquisition *unilatérale* (contrat à titre de bienfaisance), ou **B**, l'acquisition *réciproque* (contrat à titre onéreux) ou enfin **C**,

---

a. 1ʳᵉ éd. *pactum re initum*.

sans qu'il soit question d'acquisition seulement l'*assurance* du *sien* (qui en partie peut être de bienfaisance, mais aussi en une autre onéreuse).

A. LE CONTRAT GRATUIT (*PACTUM GRATUITUM*) EST :

a) La *conservation* d'un bien confié (*depositum*) ;

b) Le *prêt* d'une chose (*commodatum*) ;

c) La *donation* (*donatio*) ;

B. LE CONTRAT ONÉREUX COMPREND :

I. LE CONTRAT DE PERMUTATION (*PERMUTATIO LATE SIC DICTA*) EST :

a) L'*échange* (*permutatio stricte sic dicta*) : marchandise contre marchandise ;

b) *L'achat et la vente* (*emtio, venditio*) : marchandise contre argent ;

c) Le *prêt de consommation* (*mutuum*), aliénation d'une chose sous la condition de la recouvrer seulement sous la même espèce (par exemple du blé contre du blé, de l'argent contre de l'argent).

II. LE CONTRAT DE LOCATION[a] (*LOCATIO, CONDUCTIO*), C'EST-À-DIRE :

α) Le *louage de ma chose* à un autre pour qu'il en fasse usage (*locatio rei*), et qui si la chose ne peut être restituée que *in specie*, peut dès lors comme contrat onéreux être lié à un versement d'*intérêts* (*pactum usurarium*) ;

β) Le *louage d'ouvrage* (*locatio operae*), c'est-à-dire la concession de l'usage de mes forces à un autre pour un prix

---

a. Nous suivons le texte de la 1 re éd. : « Verdingungsvertrag ».

déterminé (*merces*). Suivant ce contrat le travailleur est le mercenaire (*mercennarius*);

γ) Le *contrat de procuration* (*mandatum*) : la gestion à la place et au *nom* d'un autre, laquelle gestion lorsqu'elle est accomplie seulement à la place d'un autre et non en même temps au nom (de celui qu'on remplace), est *gestion sans délégation* (*gestio negotii*); mais quand elle a lieu au nom d'un autre elle se nomme un *mandat* et ce dernier, comme contrat de louage, est un contrat onéreux (*mandatum onerosum*).

C. LE CONTRAT DE CAUTION (*CAUTIO*) :

a) Le *gage* donné et reçu (*pignus*);

b) L'*engagement* pour la promesse d'un autre (*fideiussio*);

c) La *garantie personnelle* (*praestatio obsidis*).

Remarque

Dans cette table de tous les modes de translation (*translatio*) de ce qui est sien à un autre, se rencontrent des concepts d'objets ou d'instruments de cette translation, qui semblent être tout à fait empiriques et qui, même selon leur possibilité, ne peuvent trouver à proprement parler de place dans une doctrine *métaphysique* du droit, en laquelle les divisions doivent être faites d'après des principes *a priori*, et où par conséquent il faut faire abstraction de la matière de l'échange (qui pourrait être conventionnelle), pour ne considérer que la forme, ainsi l'*argent*, par opposition à toutes les autres choses aliénables, je veux dire la *marchandise*, sous le titre de l'*achat* et de la *vente*; et il en va ainsi du *livre*. Mais il apparaîtra que ce concept du plus grand et du plus utilisable moyen du *commerce* des hommes, concernant les choses, que l'on nomme la *vente* et l'*achat* (commercer), comme celui d'un *livre*, qui est le plus grand moyen <d'échanger> des pensées, peut toutefois se réduire à de purs rapports intellectuels et qu'ainsi la table des contrats purs ne saurait être altérée par aucun mélange empirique.

I
QU'EST-CE QUE L'ARGENT?

L'*argent* est une chose, dont un *usage* n'est possible qu'en *l'aliénant*. C'est là (d'après Achenwall) une bonne définition nominale, certes suffisante pour différencier de tout autre cette sorte d'objet de l'arbitre; néanmoins elle ne nous donne aucun éclaircissement sur la possibilité d'une telle chose. Il est pourtant aisé de voir que premièrement cette aliénation dans le commerce n'a pas pour but une donation, mais une acquisition *réciproque* (par un *pactum onerosum*); deuxièmement que n'étant conçu (dans un peuple) que comme un simple moyen de commerce universellement agréé, qui en soi n'a aucune valeur, par opposition à une chose comme *marchandise* (c'est-à-dire de ce qui a une valeur et se rapporte au besoin particulier de l'un ou de l'autre dans le peuple), il *représente* toutes les marchandises.

Un boisseau de blé a la plus grande valeur directe en tant que moyen propre aux besoins humains. On peut l'employer à l'alimentation des animaux, qui nous servent de nourriture, à nous déplacer et à travailler à notre place, et aussi grâce à sa médiation le nombre des hommes augmente et se conserve, qui non seulement peuvent toujours produire ces mêmes produits de la nature, mais encore satisfaire à tous nos besoins par des produits de l'art, nous être utiles pour bâtir nos maisons, confectionner nos habits et en général pour toutes ces jouissances recherchées et toutes ces commodités en général, qui constituent le bien de l'industrie. En revanche la valeur de l'argent n'est qu'indirecte. On ne peut en jouir en lui-même, ou en faire un usage immédiat, en tant que tel, quel qu'il soit; ce n'en est pas moins un moyen qui est entre toutes les choses de la plus haute utilité.

On peut provisoirement à partir de ce qui précède fonder une *définition réelle* de l'argent: *l'argent est le moyen universel qu'ont les hommes d'échanger entre eux leur travail* de telle sorte que la richesse nationale, en tant qu'elle a été acquise par la médiation de l'argent, n'est à proprement parler que la somme du travail, avec lequel les hommes se payent entre eux, et qui est représenté par l'argent circulant dans le peuple.

La chose, qui s'appellera *argent*, doit donc elle-même avoir coûté autant de *travail* à ceux qui l'ont produite ou qui l'ont procurée à d'autres hommes, qu'à ceux auxquels il a fallu du *travail* pour acquérir des marchandises (en produits de la nature et de l'art) et contre lequel on l'échange. En effet s'il était plus facile de se procurer la matière dite argent que la marchandise, dès lors il y aurait plus d'argent sur le marché que de marchandise à vendre; et, comme le marchand aurait dépensé plus de travail à se procurer sa marchandise que l'acquéreur à recevoir en abondance rapidement de l'argent, le travail supposé par la fabrication des marchandises et l'industrie en général décroîtraient et dépériraient en même temps rapidement avec le travail commercial <*Erwerbfleiss*>, qui a pour conséquence la richesse officielle. – C'est pourquoi des billets de banque et des assignats ne peuvent être considérés comme de l'argent, bien qu'ils le puissent représenter un certain temps; c'est qu'ils ne coûtent presque aucun travail à être fabriqués et leur valeur ne se fonde que sur l'opinion que l'on pourra continuer de les échanger contre de l'*argent comptant*. Mais il suffit de découvrir que l'argent comptant ne constitue pas une masse suffisante pour un commerce facile et sûr, pour qu'aussitôt cette opinion disparaisse et qu'elle rende inévitable la perte <*Ausfall*> du remboursement. – Ainsi le travail <*Erwerbfleiss*> de ceux qui exploitent les mines d'or et d'argent au Pérou ou au Nouveau-Mexique, surtout si l'on songe aux recherches souvent si décevantes d'un travail vainement appliqué dans la recherche des veines métalliques, est vraisemblablement plus considérable que celui qu'exige la fabrication des marchandises en Europe ; et n'étant plus payé, tombant donc de soi-même, il laisserait bientôt ces pays sombrer dans la misère, si justement le travail de l'Europe, attirée par ces matières, ne s'était pas en même temps développé proportionnellement, pour soutenir chez eux par l'offre continuelle de choses de luxe le goût de l'exploitation des mines : de telle sorte que le travail est toujours en concurrence avec le travail.

Mais comment est-il possible que ce qui était d'abord marchandise devienne ensuite de l'argent ? Cela arrive lorsqu'un grand et tout puissant consommateur d'une matière, usant au commencement de celle-ci simplement pour orner et donner de l'éclat à ses serviteurs (à sa cour), (par exemple l'or, l'argent, le cuivre ou une sorte de beaux coquillages, les *cauris*, ou comme au Congo d'une sorte de nattes, appelées *Makutes*, ou au Sénégal des lingots de fer et même sur la côte de Guinée d'esclaves nègres) ; je veux dire lorsqu'un *souverain* exige de ses sujets que les impôts soient payés en cette matière (comme marchandise), et qu'à son tour il paye ceux dont le travail doit être suscité pour la procurer avec cette même matière d'après les règlements du commerce en général (sur un marché ou sur une bourse) avec eux et entre eux. – C'est ainsi seulement (à mon avis) qu'une marchandise peut devenir le moyen légal du commerce des sujets les uns avec les autres, en ce qui concerne leur travail, et par là aussi une source de richesse nationale, c'est-à-dire de l'*argent.*

Le concept intellectuel, auquel est soumis le concept empirique de l'argent, est donc celui d'une chose, qui comprise dans la circulation de la possession (*permutatio publica*), détermine le *prix* de toutes les autres choses (marchandises), parmi lesquelles les sciences elles-mêmes, dans la mesure où elles ne sont pas enseignées gratuitement aux autres; et la quantité de l'argent dans un peuple en constitue l'opulence (*opulentia*). En effet le prix (*pretium*) est le jugement public de la *valeur* (*valor*) d'une chose en rapport à la quantité proportionnée de ce qui est le moyen universel et représentatif de l'échange réciproque du *travail* (de la circulation). – C'est pourquoi là où le commerce est grand ni l'or, ni le cuivre ne sont à proprement parler considérés comme de l'argent, mais au contraire comme des marchandises; et en effet il y a trop peu d'or, et trop de cuivre, pour qu'il soit facile de les mettre en circulation et les avoir cependant en parties assez petites comme il est nécessaire en un échange de marchandises ou d'une masse de celles-ci dans l'acquisition la plus petite qui soit <*als zum Umsatz gegen Ware oder eine Menge derselben im kleinsten Erwerb*>. Le métal *argent* (plus ou moins allié avec le cuivre) est par conséquent reçu dans le grand commerce du monde comme étant le matériau de l'argent et comme la mesure du calcul de tous les prix. Les autres métaux (à plus forte raison les matières non métalliques) ne peuvent avoir cours que chez un peuple de petit commerce. – Les deux métaux précédents, lorsqu'ils ne sont pas seulement pesés, mais aussi estampés, c'est-à-dire marqués d'un signe qui en indique la valeur, sont de l'argent légal, c'est-à-dire de la *monnaie.*

« L'argent est donc (d'après Adam Smith) ce corps, dont l'aliénation est le moyen et en même temps la mesure du travail, avec lequel les hommes et les peuples commercent entre eux. »[a] – Cette définition ramène le concept empirique de l'argent à un concept intellectuel, parce qu'elle ne considère que la *forme* des prestations réciproques dans le contrat onéreux (et fait abstraction de leur matière), ne considérant donc que le concept juridique dans la négociation du mien et du tien (*commutatio late sic dicta*), afin de représenter comme il se doit la précédente table d'une division dogmatique *a priori*, et par conséquent de la métaphysique du droit en tant que système.

II

QU'EST-CE QU'UN LIVRE ?

Un livre est un *écrit* (à la plume, ou en caractères d'imprimerie, de beaucoup ou peu de feuilles il n'importe ici) qui représente un discours que quelqu'un adresse au public au moyen des signes visibles du langage. – Celui qui *parle* au public en son nom propre, s'appelle l'auteur (*autor*)[b]. Celui qui tient un discours <*redet*> public au nom d'un autre (l'auteur) est l'*éditeur*. S'il le fait avec la permission de l'auteur, il est l'*éditeur* légitime ; au contraire s'il le fait sans celle-ci il est l'éditeur qui ne veut point reconnaître la loi,

a. Cette citation est en réalité un résumé de la pensée d'A. Smith présenté par Kant.

b. Nous ne modifions pas l'orthographe des termes latins de l'édition Vorländer.

c'est-à-dire le *contrefacteur*. La somme de toutes les copies de l'original (exemplaires) est l'*édition*.

La contrefaçon d'un livre est juridiquement interdite

Un *écrit* n'est pas immédiatement la désignation d'un *concept* (comme l'est par exemple une estampe, qui représente une personne déterminée en *portrait*, ou un plâtre, qui la représente en *buste*), mais un *discours* au public, c'est-à-dire que par l'éditeur l'écrivain *parle* de manière publique. – Or celui-ci, je veux dire l'*éditeur*, parle (par son ouvrier, *operarius*, qui est l'imprimeur) non en son propre nom (sinon il se donnerait pour l'auteur), mais au nom de l'écrivain, ce qu'il est autorisé à faire uniquement en vertu d'un *mandat* (*mandatum*) que lui délivre ce dernier. – Or le contrefacteur parle aussi par sa propre édition en vérité au nom de l'auteur, mais sans mandat (*gerit se mandatarium absque mandato*); en conséquence il commet envers l'éditeur autorisé (et par suite seul légitime) un délit consistant à le priver de l'avantage que ce dernier pouvait et voulait obtenir de par l'usage de son droit (*furtum usus*); ainsi *la contrefaçon des livres est juridiquement interdite*.

La cause de l'apparence juridique de la contrefaçon, alors que son illégitimité est pourtant dès le premier regard si flagrante, c'est que le livre *d'une part* est un *produit* matériel de l'*art* (*opus mecanicum*), qui peut être imité (par celui qui en possède légitimement un exemplaire), et que par conséquent il y a là un *droit réel*; et *d'autre part* un simple *discours* de l'éditeur au public[a], que personne ne peut reproduire publiquement (*praestatio operae*) sans y avoir été autorisé par l'auteur, si

a. « *... blosse Rede des Verlegers* ».

bien qu'il s'agit d'un *droit personnel*, et l'erreur consiste en ce que ces deux droits sont confondus.

La confusion du droit personnel avec le droit réel est encore, dans un autre cas, compris sous le contrat de location (B. II, α), c'est-à-dire dans le cas précis de *bail* (*ius incolatus*), une matière de conflits. – La question se pose de savoir, en effet, si le propriétaire, qui a d'abord loué à quelqu'un sa maison (ou sa terre) et qui ensuite l'a vendue à quelqu'un d'autre, avant l'expiration du bail, est tenu d'ajouter au contrat de vente la condition de la continuation du bail, ou si l'on peut dire que la vente rompt le bail (réserve néanmoins faite du temps déterminé par l'usage pour le congé)? – Dans le premier cas la maison aurait effectivement une *charge* (*onus*) à supporter, c'est-à-dire le droit que le locataire aurait acquis sur cette chose (la maison), ce qui pourrait bien arriver (par enregistrement du contrat de location concernant la maison); dès lors ce ne serait plus un simple contrat de location, mais il faudrait encore que s'y ajoute un autre contrat (auquel peu de loueurs souscriraient). Ainsi vaut le principe : « La vente rompt la location »[a]; c'est-à-dire que le plein droit sur une chose (la propriété) l'emporte sur tout droit personnel, qui ne peut coexister avec lui; il reste que le droit de porter plainte demeure ouvert au locataire en fonction du droit personnel, afin d'être indemnisé du dommage qui résulte pour lui de la rupture du contrat.

a. « *Kauf bricht miete* ». Nous prenons le mot vente en son concept général qui subsume aussi bien la vente stricto sensu que l'achat.

CHAPITRE ÉPISODIQUE
DE L'ACQUISITION IDÉALE D'UN OBJET EXTÉRIEUR DE L'ARBITRE

§ 32

J'appelle *idéale* l'acquisition, qui ne comprend aucune causalité dans le temps, et qui par conséquent a pour fondement une simple Idée de la raison pure. Ce n'en est pas moins une *véritable* acquisition, qui n'est point imaginaire et qui ne s'appelle pas réelle uniquement parce que l'acte d'acquisition n'est pas empirique, puisque le sujet acquiert d'un autre, qui ou bien *n'existe pas encore* (et dont on admet simplement la possibilité qu'il soit) ou qui *cesse d'être*, ou qui *n'existe plus*, de telle sorte que l'accès à la possession est une simple Idée pratique de la raison. – Il y a trois modes d'acquisition : 1. *par usucapio*[a]; 2. *par héritage*; 3. *par mérite immortel* (*meritum immortale*), c'est-à-dire la prétention à une bonne renommée après la mort. Ces trois modes ne peuvent certes avoir d'effet que dans un état juridique public, mais ils ne se *fondent* pas seulement sur la constitution de celui-ci et sur des statuts arbitraires, mais on les peut aussi concevoir *a priori* en l'état de nature et il est même nécessaire de les concevoir ainsi au préalable, pour que l'on puisse en conséquence établir les lois dans la constitution civile (*sunt iuris naturae*).

a. *Ersitzung.*

I

LE MODE D'ACQUISITION PAR *USUCAPIO*[a]

§ 33

J'acquiers la propriété d'un autre simplement par une *longue possession* (*usucapio*); ce n'est pas parce que je puis *légitimement présupposer* son consentement (*per consentum praesumtum*), ni parce que je puis admettre, puisqu'il ne fait pas opposition, qu'il a *abandonné* sa chose (*rem delictam*), mais parce que s'il y avait quelqu'un (un prétendant) qui élevât véritablement des prétentions sur cette chose en tant que propriétaire, je puis toutefois par le seul fait de ma longue possession l'*exclure*, ignorer son existence jusque-là et même me conduire comme si durant le temps de ma possession il n'avait eu d'autre existence que celle d'une fiction, bien que j'aie pu par la suite être informé de son existence réelle comme de sa prétention. – On nomme ce mode d'acquisition d'une manière qui n'est pas tout à fait correcte : l'acquisition par *prescription* (*per praescriptionem*); en effet l'exclusion ne peut être considérée que comme la conséquence de celle-là; il faut que l'acquisition précède. – Il reste à prouver la possibilité de ce mode d'acquisition.

Celui qui n'exerce pas continuellement un *acte de possession* (*actus possessorius*) d'une chose extérieure comme sienne, est regardé à bon droit comme un possesseur qui n'existe pas; car il ne peut se plaindre d'être lésé, aussi longtemps qu'il ne peut s'autoriser du titre de possesseur; et lorsque par la suite, alors qu'un autre en a pris possession, il la

---

a. Nous traduisons « *Ersitzung* » par « *usucapio* », puisque Kant use de ce terme dans une parenthèse.

revendique, il ne fait que dire que jadis il a été propriétaire, mais non pas qu'il l'est encore et que la possession est demeurée interrompue par l'absence d'un acte juridique continu. – Seul donc un acte de possession juridique, continuellement maintenu, appuyé de documents, peut assurer quelque chose comme sien à quelqu'un en dépit d'un non-usage prolongé.

En effet supposons que l'omission de cet acte de possession n'ait pas pour conséquence qu'un autre puisse fonder sur une possession régulière et de bonne foi (*possessio bonae fidei*) une possession irréfragable en droit (*possessio irrefragabilis*) et regarder la chose qui est en sa possession, comme une chose qu'il a acquise, dès lors il n'y aurait aucune acquisition péremptoire (assurée), mais toutes seraient seulement provisoires (intérimaires); c'est que l'histoire ne peut conduire sa recherche jusqu'au premier possesseur et à son acte d'acquisition. – La présomption, sur laquelle se fonde l'*usucapio* n'est donc pas seulement comme *conjecture conforme* au droit (permise, *iusta*), mais encore *légale* (*praesumtio iuris et de iure*) comme *présupposition* d'après des lois de contrainte (*suppositio legalis*); aussi celui qui néglige de documenter son acte de possession, perd son droit relativement aux autres possesseurs et l'étendue du temps (qui ne peut être déterminée et n'a pas besoin de l'être) n'est mise en avant que pour appuyer la certitude qu'il y a eu omission.

Quand cet acte de possession (même sans aucune faute de celui-là) est interrompu, qu'un possesseur jusque-là inconnu puisse toujours revendiquer la chose (*dominia rerum incerta facere*), contredit au précédent postulat de la raison juridiquement pratique.

S'il est membre de la communauté <*das gemeine Wesen*>, c'est-à-dire s'il vit dans l'état civil, l'État <*Staat*> peut bien conserver sa possession (en le représentant), bien que celle-ci

soit interrompue comme possession privée et sans que
le possesseur actuel doive prouver son titre d'acquisition
jusqu'au premier possesseur ni se fonder sur celui d'usucapio.
Mais dans l'état de nature ce titre est légitime, non à proprement parler comme moyen d'acquérir une chose, mais pour se
maintenir en possession de la chose sans un acte juridique ; on a
coutume d'appeler cet affranchissement de toute revendication également acquisition. – La prescription de l'ancien
possesseur appartient donc au droit naturel (*est iuris naturae*).

II
LE DROIT D'HÉRÉDITÉ (*ACQUISITIO HEREDITATIS*)

§ 34

L'hérédité est la translation (*translatio*) de l'avoir et du
bien d'un mourant à un survivant par l'accord de la volonté
de l'un et de l'autre. – L'acquisition de l'*héritier* (*heredis
instituti*) et l'abandon du *testateur* (*testatoris*), c'est-à-dire
l'échange du mien et du tien se fait en un instant (*articulo
mortis*), ainsi au moment où l'un cesse d'être, et à proprement
parler il n'y a aucune translation (*translatio*) au sens empirique, laquelle suppose deux actes successifs, d'abord celui par
lequel quelqu'un abandonne sa possession, et ensuite celui par
lequel l'autre en prend possession, si bien qu'en l'occurrence il
s'agit d'une acquisition idéale. – Comme en l'état de nature
l'hérédité ne se peut concevoir sans *disposition testamentaire*
(*dispositio ultimae voluntatis*), la question de savoir s'il y a ici
un *contrat de succession* (*pactum successiorum*) ou une
disposition testamentaire unilatérale (*testamentum*), dépend
de celle de savoir si au moment où le sujet cesse d'être, un
passage du mien au tien est possible, et l'on doit se demander :

comment le mode d'acquisition par hérédité est-il possible, indépendamment des multiples formes de sa réalisation (qui n'ont lieu que dans une communauté) ?

«Il est possible d'acquérir par testament.» Le testateur Caius promet, et déclare en sa dernière volonté à Titus qui ne sait rien de cette promesse, de lui laisser en cas de mort son avoir, et en demeure ainsi aussi longtemps qu'il vit l'unique possesseur. Or on ne peut rien transmettre à un autre par une simple volonté unilatérale; mais il faut encore, outre la promesse, l'acceptation de l'autre (*acceptatio*) et une *volonté simultanée* (*voluntas simultanea*) qui ici manque; car aussi longtemps que vit Caius, Titus ne peut expressément accepter, afin d'acquérir par ce moyen : car Caius n'a promis qu'en cas de mort (sinon la propriété serait un instant commune, ce qui n'est point la volonté du testateur). – Néanmoins Titus acquiert tacitement un droit particulier à la succession, semblable à un droit réel, je veux dire le droit exclusif de l'accepter (*ius in re iacente*) et c'est pourquoi celle-ci au moment de la mort est dite *hereditas iacens*. Or comme tout homme (puisque ce faisant il peut bien gagner, sans jamais perdre) accepte nécessairement un tel droit, de manière tacite donc, et qu'après la mort de Caius Titus est dans ce cas, il peut acquérir la succession par l'acceptation de la promesse et celle-là n'est point dans l'intervalle tout à fait sans possesseur (*res nullius*), mais *elle a été seulement vacante* (*res vacua*); en effet Titus avait exclusivement le droit de choisir s'il voulait ou non faire sien l'avoir légué.

Remarque

Les testaments sont donc valables même au point de vue du simple droit naturel (*sunt iuris naturae*), mais il faut entendre cette assertion au sens suivant : ils sont susceptibles et méritent d'être introduits, ainsi que sanctionnés, dans l'état civil (quand celui-ci s'établira). Car il n'y a que lui (la volonté générale en celui-ci) qui garantisse la possession de la succession, tandis que suspendue entre l'acceptation et le refus, elle n'appartient à vrai dire à personne.

III

LE DROIT DE LAISSER UNE BONNE RÉPUTATION APRÈS LA MORT
(*Bona fama defuncti*)

§ 35

Penser que le défunt, après sa mort (lorsqu'il n'est plus) pourrait encore posséder quelque chose serait absurde si l'objet laissé était une chose.

Mais la *bonne renommée* <*der gute Name*> est un mien et tien extérieur inné, bien que simplement idéal, qui s'attache au sujet comme à une personne, dont la nature est telle que je peux et je dois faire abstraction de la question de savoir si elle cesse entièrement d'être avec la mort ou si elle subsiste encore en tant que telle, car dans mon rapport juridique avec tout autre personne je la considère simplement d'après son humanité, par conséquent comme *homo noumenon*, et l'on voit que toute recherche pour ternir sa réputation est toujours contestable, encore que l'on puisse porter contre lui une plainte fondée (par conséquent le principe : *de mortuis nihil nisi bene* n'est pas correct) : mais répandre des reproches, sans la plus grande certitude envers un absent qui ne se peut défendre est pour le moins dépourvu de générosité.

Que par une vie sans reproche et une mort qui la termine en même façon l'homme acquière comme sien une réputation (négativement) bonne, qui demeure après lui, alors que celui-ci comme *homo phaenomenon* n'existe plus, et que les survivants (proches ou étrangers) le puissent défendre en justice[a] (car une plainte sans preuves les menace tous d'un même traitement après leur mort), que cet homme, dis-je, puisse acquérir un tel droit est un phénomène aussi singulier qu'incontestable de la raison *a priori* législative, qui étend son commandement et ses interdictions au-delà des limites de la vie. – Si quelqu'un accuse[b] un mort d'un crime, qui durant sa vie l'eût rendu infâme ou seulement méprisable, quiconque peut donner la preuve que cette accusation était sciemment fausse et qu'elle est mensongère, peut dénoncer publiquement comme calomniateur celui qui a porté l'accusation, et donc le rendre lui-même infâme ; c'est là chose qu'il ne pourrait faire s'il ne supposait à bon droit <*mit Recht*> que le mort a été offensé ce faisant et que par cette apologie satisfaction lui a été donnée, même s'il n'*existe* plus[1]. L'autorisation de prendre le

a. « vor Recht » ; on doit lire : « vor Gericht ».
b. *verbreitet* = littéralement : accuser par la rumeur publique.

1. Que l'on ne conclue pas de là avec enthousiasme au pressentiment d'une vie future et aux rapports invisibles avec des âmes séparées du corps ! Car il n'est question ici d'autre chose que du pur rapport moral et juridique, qui a lui-même lieu entre les hommes en cette vie, et en lequel ils ne sont que des êtres intelligibles, puisque l'on fait *logiquement abstraction* et les *distingue* de tout ce qui n'est que physique (de leur existence en tant qu'elle appartient à l'espace et au temps), sans les dépouiller de cette nature et en faire de purs esprits, capables de sentir l'outrage de leurs calomniateurs. Celui qui, après un siècle dira du mal de moi faussement, m'offense déjà ; en effet, en de purs rapports de droit, qui ne sont qu'intellectuels, il est fait abstraction de toutes conditions physiques (de temps) et ainsi celui qui s'attaquera à l'honneur <après ma mort> (le calomniateur) est tout aussi punissable que s'il avait agi ainsi pendant

rôle de celui qui fait l'apologie d'un mort n'a pas besoin d'être prouvée par lui ; car tout homme se l'attribue inévitablement, non seulement comme appartenant au devoir de vertu (considéré de manière éthique), mais même comme appartenant au droit de l'humanité en général ; et il n'est pas besoin de quelque préjudice particulier et personnel, qui à travers la souillure faite à la mémoire du mort toucherait ses amis et ses parents, pour se croire autorisé à un tel blâme. – Il n'est donc point contestable que cette acquisition idéale et que le droit d'un homme après sa mort envers les survivants ne soient fondés, bien que la possibilité de celui-ci ne soit susceptible d'aucune déduction.

ma vie, non pas par un tribunal criminel, mais seulement de par l'opinion publique suivant la loi du talion, lui infligeant la perte de l'honneur qu'il a voulu ravir à un autre. Le *plagiat* lui-même qu'un écrivain commet envers un mort, bien qu'il n'outrage pas l'honneur de celui-ci, mais lui en ôte toutefois une partie, est justement puni avec droit, en tant qu'acte lésant autrui (comme un vol d'homme).

DE L'ACQUISITION SUBJECTIVE-CONDITIONNELLE PRONONCÉE PAR LA SENTENCE D'UNE JURIDICTION PUBLIQUE

§ 36

Si par droit naturel on entend seulement celui qui n'est pas statutaire, c'est-à-dire uniquement celui que la raison de tout homme peut concevoir *a priori*, le droit naturel comprendra non seulement la *justice* (*iustitia commutativa*) qui doit valoir pour le commerce réciproque des hommes entre eux, mais aussi la *justice distributive* (*iustitia distributiva*), pour autant que l'on peut connaître *a priori* selon sa loi qu'elle doit rendre sa sentence (*sententia*).

La personne morale, qui est préposée à la justice, est le *tribunal* (*forum*) et le fait même d'exercer sa fonction est le jugement (*iudicium*) : on peut concevoir tout cela uniquement d'après des conditions de droit *a priori*, sans considérer comment l'on pourrait établir effectivement et organiser une telle constitution (ce qui implique des statuts, donc des principes empiriques). La question n'est pas donc ici simplement de savoir ce qui *en soi est juste*, c'est-à-dire comment il revient à chaque homme d'en juger par lui-même, mais de ce qui est juste devant un tribunal, c'est-à-dire de ce qui est de droit. Et en ceci il y a *quatre cas* où deux jugements différents et opposés se présentent, sans être cependant inconciliables, parce qu'ils sont portés à deux points de vue également vrais, mais différents : l'un, au point de vue du droit privé, l'autre d'après l'Idée du droit public. – Ce sont = 1. le pacte de donation (*pactum donationis*); 2. le *contrat de prêt* (*commodatum*); 3. la *revendication* (*vindicatio*); 4. le *serment* (*iuramentum*).

Remarque

C'est une faute habituelle du jurisconsulte que celle de subreption (*vitium subreptionis*) : considérer objectivement comme ce qui est juste en soi le principe juridique même qu'un tribunal est autorisé à admettre pour son propre usage (donc à un point de vue subjectif) et est même obligé d'admettre, afin de dire et de juger ce qui revient comme droit à chacun; or la première de ces choses est très différente de la seconde. – Il n'est donc pas d'une médiocre importance de faire connaître cette différence spécifique et d'attirer l'attention sur elle.

A
§ 37
DU CONTRAT DE DONATION

Ce contrat (*donatio*) par lequel *j'aliène gratuitement* (*gratis*) le mien ou ma chose (ou mon droit), comprend un rapport entre moi, le donateur (*donans*) et un autre, le donataire (*donatarius*), selon le *droit privé*, et d'après lequel le mien passe à cet autre moyennant son acceptation (*donum*). – Il n'est pas à présumer qu'en ceci j'aie pu penser être contraint de tenir ma promesse et ainsi renoncer gratuitement à ma *liberté* et pour ainsi dire à moi-même (*nemo suum iactare praesumitur*), ce qui pourrait être le cas d'après le droit dans l'état civil ; en effet le donataire peut alors me *contraindre* à la prestation de la promesse. Si donc la chose allait devant un tribunal, c'est-à-dire au point de vue du droit public, il faudrait ou bien présumer que le donateur a consenti à cette contrainte, ce qui est absurde, ou bien que le tribunal ne considérât point (dans sa sentence) la liberté que le donateur a voulu ou non se réserver de revenir sur sa promesse, mais seulement ce qui est certain, je veux dire la promesse et l'acceptation de l'autre partie[a]. Encore que, comme on le peut bien estimer, le promettant ait pensé que si avant d'avoir rempli sa promesse il se repentait de l'avoir faite, on ne pourrait l'obliger à la remplir ; aussi bien le tribunal juge qu'il aurait dû expressément faire cette réserve et que, s'il ne l'a point faite, il peut être forcé à remplir sa promesse, et le tribunal adopte ce principe parce qu'autrement la sentence serait rendue infiniment plus difficile ou même tout à fait impossible.

B
§ 38
DU CONTRAT DE PRÊT

En ce contrat (*commodatum*), par lequel j'accorde à quelqu'un l'usage gratuit de ce qui est mien, et où il s'agit d'une chose, les parties contractantes conviennent que précisément la *même* chose reviendra en ma puissance, le commodataire (*commodatarius*) de la chose prêtée ne peut pas présumer en même temps que son propriétaire (*commodans*)

---

a. « *Die Acceptation des Promissars* ».

acceptera tous les risques (*casus*) de la perte possible de la chose ou des propriétés par lesquelles elle lui est utile, qui pourrait résulter de ce que la chose a été mise en la possession de l'emprunteur. Car c'est une chose qui ne va pas de soi que le fait que le propriétaire, consentant déjà à ce que l'emprunteur fasse usage de sa chose (supportant l'inséparable détriment de cet usage), l'*assure* aussi contre tous les risques qui peuvent résulter de ce qu'il a mis la chose hors de sa garde propre ; au contraire il faudrait pour cela un contrat particulier. Une seule question se pose donc : auquel des deux, le prêteur ou l'emprunteur, s'impose d'ajouter expressément au contrat de prêt la condition de l'acceptation du risque que la chose peut courir, ou quant cela n'a point lieu, de qui l'on peut *présumer* le *consentement* à garantir la propriété du prêteur (par la rétrocession de la chose même ou d'un équivalent) ? Ce ne peut être du prêteur, car on ne peut présumer qu'il ait gratuitement plus consenti que le simple usage de la chose (c'est-à-dire qu'il ait pris en outre la charge de répondre de la sécurité de la propriété elle-même) ; mais c'est ce que l'on présume de l'emprunteur, car ce faisant il ne fait rien de plus que ce qui est contenu dans le contrat.

Si, par exemple lors d'une averse j'entre dans une maison et prie que l'on me prête un manteau, lequel restera pour toujours gâté par des matières colorantes imprudemment jetées sur moi du haut d'une fenêtre, ou qu'il me soit volé dans une autre maison où je le dépose en entrant, tout un chacun trouverait absurde l'affirmation suivant laquelle je n'aurais rien d'autre à faire que de le renvoyer tel qu'il est, ou de dénoncer le vol qui en a été fait ; en tout cas, puisqu'il ne peut rien exiger quant à son droit, ce serait encore une chose de politesse que de plaindre le propriétaire de cette perte. – Il en serait tout autrement si, sollicitant l'usage d'une chose, je m'étais en même temps assuré pour le cas où la chose viendrait à souffrir entre mes mains, demandant préalablement de n'en point assurer la responsabilité, puisque je suis pauvre et incapable de réparer cette perte. Personne ne jugerait ce dernier point superflu et risible, exception faite pour le cas ou le prêteur serait connu comme un homme riche et généreux, car ce serait presque une offense que de ne pas présumer de la généreuse remise de ma dette.

Toutefois, puisque dans le contrat de prêt concernant le mien et le tien (comme l'implique la nature de ce contrat) rien n'est stipulé quand au préjudice possible (*casus*) qui peut advenir à la chose, il s'agit, le consentement ne pouvant qu'être présumé, d'un contrat incertain (*pactum incertum*); le jugement en ceci, c'est-à-dire la décision, sur qui doit retomber la perte, ne peut être porté en fonction des conditions du contrat en lui-même, mais *seulement* selon la décision que porterait *un tribunal*, qui ne considère jamais que ce qui est certain (en l'occurrence la possession de la chose comme propriété); et ainsi tandis que le jugement dans *l'état de nature*, c'est-à-dire suivant la nature même de la chose, s'énoncera ainsi : les dommages résultant du sinistre d'une chose prêtée retombent sur l'*emprunteur* (*casum sentit commodatarius*), en revanche dans l'*état civil*, c'est-à-dire devant un tribunal, la sentence sera la suivante : le dommage incombe au *prêteur* (*casum sentit dominus*) et si, à la vérité, la sentence diffère en son principe de la simple raison commune, c'est qu'un juge public ne saurait se laisser aller à présumer ce que l'une ou l'autre partie a pu penser, mais que celui qui n'a pas préservé, par un contrat particulier, sa liberté envers tous les dommages concernant la chose prêtée, les doit supporter. – Ainsi la différence entre le jugement tel que le porterait un tribunal et celui que la raison privée de chacun est autorisée à porter, est un point qui ne doit aucunement être négligé dans la correction des jugements <*in Berichtigung*> de droit.

C
§ 39
DE LA REVENDICATION D'UNE CHOSE PERDUE (*vindicatio*)

Il résulte clairement de ce qui précède qu'une chose durable qui est mienne demeure mienne, même si je ne la détiens pas durablement, que même sans un acte juridique (*derelictionis vel alienationis*), elle ne cesse pas d'être mienne, et que j'ai un droit sur cette chose (*ius reale*) envers tout *détenteur*, et non pas seulement envers une personne déterminée (*ius personale*). Or la question est de savoir si ce droit doit être considéré par *tout autre* comme une propriété durable, quand la chose est en la possession d'un autre, *pourvu que je n'y aie pas renoncé*.

Soit une chose qui a été perdue (*res amissa*) et je l'acquiers de *bonne foi* (*bona fide*) d'un autre, ou bien comme une prétendue trouvaille, ou par une aliénation formelle du possesseur, qui s'en donne comme le propriétaire, bien qu'il ne le soit pas ; dès lors la question se pose de savoir, puisque je ne saurais acquérir quelque chose d'un *non-propriétaire* (*a non domino*), si je puis être exclu par le véritable propriétaire de tout droit sur cette chose, ou si je ne conserve simplement qu'un droit personnel envers le possesseur illégitime. – C'est en ce qui touche le dernier point, manifestement le cas, quand on juge de l'acquisition simplement d'après les principes internes qui l'autorisent (dans l'état de nature) et non d'après les convenances d'un tribunal.

En effet tout ce qui est aliénable doit pouvoir être acquis par tout un chacun. Or, la légalité de l'acquisition repose tout entière sur la forme d'après laquelle ce qui était la possession d'un autre m'est transféré <*übertragen*> et est accepté par moi, c'est-à-dire sur la formalité de l'acte juridique du commerce (*commutatio*) entre le possesseur de la chose et l'acquéreur, sans que j'aie besoin de demander comment celui-là en est devenu possesseur; en effet ce serait déjà là une offense (*quilibet praesumitur bonus, donec etc.*). Supposé toutefois qu'il apparaisse par la suite qu'il n'était point propriétaire, mais que c'était un autre qui l'était, je ne puis dire que cet autre soit capable de s'en prendre directement à moi (comme à tout autre qui pourrait être le détenteur de la chose). En effet je ne lui ai rien enlevé et par exemple, au contraire, le cheval qui était en vente sur le marché public je l'ai acheté conformément à la loi (*titulo emti venditi*); puisque le titre d'acquisition est en ce qui me concerne incontestable, et que (en tant qu'acheteur) je ne suis pas obligé, et qui plus est ne suis point autorisé à examiner le titre de la possession de l'autre (du marchand) – attendu que cette recherche dans la série ascendante pourrait aller à l'infini –, je suis donc devenu par cette vente régulière non pas le simple propriétaire *putatif*, mais le *véritable* propriétaire du cheval.

Mais les principes de droit qui suivent s'élèvent là-contre : toute acquisition venant de quelqu'un qui n'est pas propriétaire de la chose (*a non domino*) est nulle et non avenue. Je ne peux acquérir de ce qui est le sien d'un autre plus que ce qu'il a légalement et bien que, en ce qui touche la forme de l'acquisition (*modus acquirendi*), je procède d'une manière absolument légale, ainsi lorsque j'achète un cheval volé mis en vente sur le marché, le titre de l'acquisition me manque; en effet le cheval ne rentrait pas dans le sien du marchand proprement dit.

Certes j'en puis toujours être le possesseur de *bonne foi* (*possessor bonae fidei*), je ne suis néanmoins qu'un propriétaire putatif (*dominus putativus*), et le véritable propriétaire a le droit de *revendication* (*rem suam vindicandi*).

Si l'on demande ce qui (dans l'état de nature) est *en soi* de droit parmi les hommes suivant les principes de la justice dans le commerce des uns avec les autres (*iustitia commutativa*) à propos de l'acquisition de choses extérieures, il faut avouer que celui qui a l'intention <d'acquérir> doit en outre nécessairement encore rechercher si la chose qu'il veut acquérir n'appartient pas déjà à un autre; c'est dire que, bien qu'il ait exactement observé les conditions formelles de la transmission du sien d'autrui (il a acheté régulièrement le cheval au marché), il n'a pu cependant au plus acquérir qu'un *droit personnel* relativement à une chose (*ius ad rem*) aussi longtemps qu'il ignore si un autre (que le marchand) n'en est point le véritable propriétaire; si bien que s'il se trouvait quelqu'un qui pût justifier d'une précédente propriété, il ne resterait rien d'autre au prétendu nouveau propriétaire que les avantages qu'il en aurait légalement retirés jusqu'à ce moment, comme ayant été possesseur de bonne foi jusque-là. – Or, comme dans la série des propriétaires putatifs qui tirent leur droit les uns des autres, il est la plupart du temps impossible de trouver celui qui est absolument le premier (la souche des propriétaires), aucun commerce touchant les choses extérieures, si conforme qu'il puisse être aux conditions formelles de cette sorte de justice (*iustitia commutativa*), ne saurait garantir une acquisition certaine.

La raison juridiquement législative en revient donc à nouveau au *principe de la justice distributive*, qui consiste à juger de la légalité d'une possession, non selon ce qu'elle est *en soi* en relation à la volonté privée de chacun (dans l'état de nature), mais seulement selon ce qu'elle serait devant un *tribunal* dans un état constitué par une volonté universelle et unifiée (dans un état civil); en celui-ci l'accord avec les conditions formelles de l'acquisition qui ne fondent qu'un droit personnel, est, à défaut de raisons matérielles <*materiale Gründe*> (qui fondent la transmission de ce qu'un précédent propriétaire prétendait être sien), postulé comme suffisant, et ce qui est *en soi* un droit personnel, *déféré à un tribunal*, vaut comme un droit réel, – par exemple, le cheval qui est à vendre à chacun sur un marché public établi selon une loi de police, dès que toutes les règles de la vente et de l'achat ont été exactement observées, devient ma propriété (mais de telle manière que le véritable propriétaire conserve le droit de poursuivre le vendeur au sujet de son ancienne possession dont il n'a pas encouru la perte) et mon droit au demeurant personnel se change en un droit réel, d'après lequel je puis prendre (revendiquer) le mien là où je le trouve, sans me soucier de la façon en laquelle le marchand l'a acquis.

C'est donc seulement dans l'intérêt de la sentence que devrait porter un tribunal (*in favorem iustitiae distributivae*) que le droit relatif à une chose ne peut être jugé *tel qu'il est en soi* (comme droit personnel) mais au contraire comme il est plus *facile* et plus sûr de le *juger* (donc comme droit réel), tout en le considérant et en le traitant suivant un principe pur *a priori*. – Sur ce principe se fondent par la suite diverses lois statutaires (ordonnances), qui ont principalement pour fin d'établir les conditions sous lesquelles seules un mode d'acquisition peut être légal, de telle sorte *que le juge* puisse attribuer ce qui est sien à chacun de la manière *la plus facile et sans hésiter*; par exemple dans la proposition: «La vente rompt la location », lorsque se pose la question de savoir sur quels principes doit s'appuyer un tribunal dans l'état civil pour en ses sentences prononcer le plus sûrement ce qui est le droit de chacun, ce qui, d'après la nature du contrat, c'est-à-dire en soi, est un droit réel (la location) vaudra comme un droit simplement personnel et inversement, comme dans le cas précédent, ce qui en soi n'est simplement qu'un droit personnel vaut comme droit réel.

D
§ 40
DE L'ACQUISITION DE LA GARANTIE PAR PRESTATION DE SERMENT (*Cautio iuratoria*)

On ne peut donner aucune autre raison, qui oblige juridiquement les hommes à *croire* et à reconnaître qu'il y a des dieux, si ce n'est celle qu'ils peuvent ainsi prêter serment et que par la peur d'une puissance suprême qui voit tout et dont ils encourraient la vengeance d'une manière solennelle, au cas où leur dire serait faux, ils peuvent être forcés d'être véridiques en leur dire et fidèles dans leurs promesses. Que l'on ne compte pas sur la moralité des deux parties, mais seulement sur leur aveugle superstition, c'est ce que montre le fait que l'on ne se promet dans les choses de droit devant un tribunal aucune garantie d'une *simple* et *solennelle* déclaration (encore que le devoir de véracité en un cas où il s'agit de ce qui peut être le plus sacré parmi les hommes – le droit des hommes – se montre si clairement à chacun) et que l'on crée par conséquent des garanties imaginaires : c'est ainsi, par exemple, que les *Réjangs*, peuple païen de Sumatra, jurent d'après le témoignage de Marsden sur les os de leurs parents morts, bien qu'ils ne croient pas qu'il y ait une vie après la mort, ainsi encore du

serment des *Noirs de Guinée* par leur fétiche, une plume
d'oiseau même, sur laquelle ils promettent qu'elle devrait leur
rompre le cou, etc. Ils croient qu'une puissance invisible,
douée ou non d'entendement, possède de par sa nature même
une force magique, qu'une invocation de ce genre peut amener
à agir. – Une telle croyance, dont le nom est religion, mais
qui, à proprement parler devrait s'appeler superstition, est
toutefois indispensable à l'administration de la justice, parce
que sans compter sur elle, le *tribunal* ne serait pas suffisamment en état de découvrir les faits tenus secrets et dire le droit.
Une loi qui oblige à cette croyance n'a donc évidemment pour
but que d'aider le pouvoir judiciaire.

Mais la question se pose de savoir sur quoi l'on fonde
l'obligation, qui doit être celle de chacun devant la justice,
d'accepter le serment d'un autre comme preuve valable en
droit de la vérité de son assertion, qui mette un terme à toute
contestation, c'est-à-dire : qu'est-ce qui me lie juridiquement à
croire qu'un autre (celui qui prête serment) a en général assez
de religion, pour que je fasse dépendre mon droit de son
serment ? Et inversement : puis-je en général être obligé de
jurer ? L'un et l'autre cas sont injustes en soi.

Mais par rapport à un tribunal, donc dans l'état civil, si l'on
admet qu'en certains cas il n'y a pas d'autre moyen de parvenir
à la vérité que le serment, il faut présupposer que chacun a
assez de religion, afin d'en user dans la procédure judiciaire
comme d'un moyen extrême (*in casu necessitatis*), devant un
tribunal, qui considère cette torture spirituelle (*tortura spiri-
tualis*), comme un moyen rapide et adapté au penchant super-
stitieux de l'homme pour découvrir ce qui est caché, et croit
pour cela être autorisé à y recourir. – Mais le pouvoir législatif
agit au fond injustement en donnant cette faculté au pouvoir
judiciaire ; en effet même dans l'état civil une contrainte à

prêter serment est contraire à la liberté humaine qui ne peut être perdue.

Remarque

Si les serments de fidélité, qui ont ordinairement le caractère de *promesses*, en lesquelles on déclare son *intention* sérieuse de remplir ses fonctions conformément à son devoir, étaient transformés en serments *assertoriques*, c'est-à-dire que si le fonctionnaire, par exemple à la fin d'une année (ou de plusieurs), était obligé de jurer qu'il a été fidèle à sa tâche pendant ce temps, cela aiguillonnerait mieux la conscience que la première espèce de serments, qui laisse toujours subsister après elle le prétexte intérieur que, malgré la meilleure résolution, l'on n'avait pas prévu les difficultés que l'on a ensuite rencontrées pendant l'exercice de ses fonctions; et en outre les transgressions de ses devoirs susciteraient, si un censeur devait en faire le compte général, bien plus la crainte d'une accusation, que si les fautes étaient relevées simplement une à une (les précédentes étant oubliées). – Quant au serment concernant la *croyance* (*de credulitate*) <*Glauben*>, il ne saurait être exigé par un tribunal. En effet premièrement il contient en soi une contradiction : c'est ce milieu entre l'opinion <*Meinen*> et le savoir <*Wissen*> sur lequel on peut bien se permettre de *parier*, mais non pas de *jurer*. En second lieu le juge qui exige un semblable serment des parties, afin de dégager quelque chose qui se rapporte à son but, même s'il s'agit du bien public, porte une grave atteinte à la conscience de celui qui prête serment, en partie à cause de la légèreté à laquelle il le pousse, et par là même le juge fait échouer sa tâche, en partie à cause du remords que doit éprouver un homme, qui considérant aujourd'hui une chose comme très vraisemblable d'un certain point de vue, demain la trouvera très invraisemblable à un autre point de vue, et le juge qui le contraint à prêter un pareil serment le lèse.

Passage du mien et du tien dans l'état de nature au mien et au tien dans l'état juridique en général

§ 41

L'état juridique est ce rapport des hommes entre eux, qui contient les conditions sous lesquelles seules chacun peut *jouir de son droit* et le principe formel de la possibilité de cet état, considéré d'après l'Idée d'une volonté législatrice universelle, est la justice publique, qui, selon qu'on la rapporte à la possibilité, à la réalité ou à la nécessité de la possession des objets (en tant que matière de l'arbitre) d'après des lois, peut être divisée en *justice protectrice* (*iustitia tutatrix*), d'*acquisition réciproque ou commutative* (*iustitia commutativa*), et en *justice distributive* (*iustitia distributiva*). – La loi exprime ici simplement en *premier lieu* la conduite qui est *juste* intérieurement quant à la forme (*lex iusti*); *en second lieu* ce qui selon la matière est encore extérieurement susceptible de tomber sous la loi[a], c'est-à-dire ce dont la possession est *juridique* (*lex iuridica*); en *troisième lieu* elle indique ce qui ou ce relativement à quoi la sentence portée par un tribunal dans un cas particulier soumis à une loi donnée est conforme à cette loi, c'est-à-dire ce qui est *de droit* (*lex iustitiae*); et on nomme souvent le tribunal lui-même la *justice* d'un pays et l'existence ou la non-existence d'une pareille justice peut être considérée

---

a. Nous suivons la suggestion de Natorp. Au lieu de « *was als Materie noch* », nous lisons « *was der Materie nach* ». Mais nous traduisons quand même le « *noch* ».

parmi toutes les questions d'ordre juridique comme la plus importante.

On appelle *état de nature* (*status naturalis*) l'état qui n'est pas juridique, c'est-à-dire celui en lequel il n'y a pas de justice distributive. Ce n'est pas *l'état social* (comme le pense Achenwall), et qui pourrait être appelé un état artificiel (*status artificialis*), qui lui est opposé, mais *l'état civil* (*status civilis*) d'une société qui est soumise à une justice distributive; car en l'état de nature lui-même il peut y avoir des sociétés légales (par exemple la société conjugale, paternelle, domestique en général et d'autres), pour lesquelles cette loi *a priori* ne vaut point: « Tu dois entrer dans cet état », comme on peut dire de l'état *juridique* que tous les hommes, pouvant se trouver les uns par rapport aux autres (même involontairement) dans des rapports de droit, *doivent* y entrer.

On peut appeler le premier et le second état un état de *droit privé*; en revanche le troisième et dernier est celui du *droit public*. Ce dernier ne contient rien de plus, ou pas d'autres devoirs des hommes entre eux que ceux que l'on peut concevoir dans le premier; la matière du droit privé est la même en l'un et en l'autre. Les lois du dernier ne concernent donc que la forme juridique de leur coexistence (leur constitution), et à son point de vue ces lois doivent être nécessairement conçues comme publiques.

L'*union civile* elle-même (*unio civilis*) peut à peine s'appeler une *société*; car entre le *souverain* (*imperans*) et le *sujet* (*subditus*) il n'y a pas de communauté <*Mitgenossenschaft*>, ils ne sont pas associés: ils sont *subordonnés* l'un à l'autre et non *coordonnés*, et ceux qui sont coordonnés entre eux doivent, à cause de cela, se considérer comme égaux pour autant qu'ils sont soumis à des lois communes. Cette union *est* donc moins une société que ce qui *produit* une société.

§ 42

Du droit privé dans l'état de nature émerge donc le postulat du droit public : « Tu dois, en raison de ce rapport de coexistence inévitable avec tous les autres hommes, sortir de cet état pour entrer dans un état juridique, c'est-à-dire dans un état de justice distributive. » On peut en développer analytiquement le principe à partir du concept du *droit*, dans son rapport extérieur, par opposition à la *violence* (*violentia*).

Personne n'est obligé de s'abstenir de toute atteinte à la possession d'un autre, si celui-ci ne lui donne pas également l'assurance qu'il observera la même réserve à son égard. Il ne lui faut donc pas attendre jusqu'à ce qu'il ait été instruit de l'intention contraire de ce dernier par une triste expérience ; car qu'est-ce qui l'obligerait à devenir prudent uniquement à ses dépens, tandis qu'il peut suffisamment percevoir en lui-même la tendance des hommes en général à jouer le maître envers d'autres (à ne pas prêter attention à la grandeur sublime du droit des autres, dès lors que, par la puissance ou la ruse, ils se sentent supérieurs à eux) ? et il n'est pas nécessaire d'attendre l'hostilité effective d'autrui ; il est en droit d'user de contrainte envers celui qui le menace de par sa nature même. (*Quilibet praesumitur malus, donec securitatem dederit oppositi.*)

Décidés à exister dans cet état de liberté ignorant toute loi extérieure et à y demeurer, s'ils se font réciproquement la guerre, ils ne sont absolument pas injustes *les uns envers les autres* ; en effet ce qui vaut pour l'un vaut aussi réciproquement pour l'autre, comme par l'effet d'une convention (*uti partes de iure suo disponunt, ita ius est*) ; mais en général ce qu'ils font d'injuste au plus haut degré[1] consiste à exister et à vouloir demeurer en un état qui n'est pas juridique, c'est-à-dire tel que personne n'est assuré de ce qui est sien contre la violence[a].

a. Dans la seconde édition de la *Doctrine du droit* (1798) on trouve un appendice en lequel Kant explique et défend certains moments de sa théorie. Comme ces moments se rattachent aussi bien au début qu'à la fin de la *Doctrine du droit*, nous avons, suivant en ceci l'exemple des éditeurs, rejeté ce texte à la fin de ce volume.

1. La différence entre ce qui n'est injuste que d'une manière formelle et ce qui l'est aussi matériellement, est d'un usage fréquent dans la doctrine du droit. L'ennemi qui, au lieu d'accomplir honorablement la capitulation qu'il a faite avec la garnison d'une forteresse assiégée, le maltraite à sa sortie ou rompt d'une autre façon le traité, ne peut crier à l'injustice si son adversaire lui rend la pareille à l'occasion. Mais ils agissent en général d'une manière au plus haut point injuste, parce qu'ils retirent au concept du droit lui-même toute valeur et livrent tout, pour ainsi dire légalement, à la violence sauvage, bouleversant ainsi en général le droit des hommes.

DEUXIÈME PARTIE

LE DROIT PUBLIC

LE DROIT PUBLIC

LE DROIT POLITIQUE

§ 43

L'ensemble des lois, qui ont besoin d'être proclamées universellement pour produire un état juridique, est le *droit public*. – Celui-ci est donc un système de lois pour un peuple, c'est-à-dire une multiplicité d'hommes ou une multiplicité de peuples, qui, étant dans un rapport réciproque les uns par rapport aux autres, ont besoin pour jouir de leur droit d'un état juridique sous une volonté qui les unifie, c'est-à-dire d'une *constitution* (*constitutio*). – Cet état du rapport des individus les uns avec les autres dans le peuple est appelé l'*état civil* (*status civilis*) et leur tout, par rapport à ses propres membres, est l'*État* (*civitas*), qu'on nomme la *chose publique* (*res publica latius sic dicta*) en raison de sa forme et pour autant qu'il est lié par l'intérêt commun de tous à être dans un état juridique. Mais en rapport aux autres peuples il se nomme simplement une *puissance* (*potentia*) (d'où le mot de *potentats*), comme il s'appelle aussi en raison de la (prétendue) union héréditaire une nation (*gens*). Cela mène à concevoir sous le concept universel du droit public non seulement le droit politique, mais encore un droit des peuples (*ius gentium*); et comme la terre n'est pas une surface sans limites, mais s'achevant par elle-même, on voit que ces deux droits ensemble conduisent inévitablement à l'Idée d'un droit politique des gens (*ius gentium*) ou du *droit cosmopolitique* (*ius cosmopoliticum*); de telle sorte que si, de ces trois formes de l'état juridique, il manque à une seule le principe limitant par des lois la liberté extérieure, l'édifice légal des deux autres serait inévitablement ruiné et devrait finir par s'effondrer.

§ 44

Nous n'avons sans aucun doute pas appris de l'expérience qu'avant la manifestation d'une législation extérieure douée de puissance, les hommes ont pour maxime la violence et que de par leur méchanceté ils se font la guerre les uns aux autres. Ce n'est donc pas un quelconque fait, qui rend nécessaire la contrainte publique et légale, mais si bons et si attachés au droit que l'on puisse imaginer les hommes, il se trouve *a priori* dans l'Idée de la raison d'un tel état (non juridique), qu'avant l'établissement d'un état public et légal, jamais des individus, des peuples, des États séparés ne sauraient avoir aucune garantie les uns vis-à-vis des autres contre la violence, et sans dépendre de l'opinion d'autrui être assurés de faire ce qui leur semble *juste et bon* en vertu de leur droit propre. Il s'ensuit que la première chose que l'homme se trouve obligé d'admettre, s'il ne veut point nier tout concept de droit est le principe suivant : il faut sortir de l'état de nature, en lequel chacun n'en fait qu'à sa tête, et s'unir à tous les autres (avec lesquels il ne peut éviter d'entrer en un rapport réciproque) dans une commune soumission à une contrainte publique, légale, extérieure, ou entrer dans un état en lequel ce qui doit être reconnu comme appartenant comme sien à chacun, soit *légalement* déterminé et lui soit assuré par un *pouvoir* suffisant (qui n'est pas le sien, mais un pouvoir extérieur), c'est-à-dire qu'il faut entrer avant tout dans l'état civil.

*Certes son état de nature serait pour cette raison un état d'injustice (*iniustus*) parce que les hommes se conduiraient les uns envers les autres selon la simple mesure de la violence; mais ce serait néanmoins un état sans droit (*status*) (*iusticia vacuus*), où, lorsque le droit serait* controversé (*ius controversum*), il ne se trouverait aucun juge compétent, pour rendre une sentence possédant force de loi, selon laquelle chacun pourrait contraindre autrui par la violence à entrer dans un état juridique; en effet bien que chacun suivant ses *concepts du droit* puisse acquérir quelque chose d'extérieur par occupation ou par contrat, cette acquisition néanmoins n'est que *provisoire*, aussi longtemps qu'elle n'a pas pour elle la sanction d'une loi publique, car elle n'est déterminée par aucune justice (distributive) publique et n'est garantie par aucune puissance exerçant ce droit.

Remarque

Si avant d'entrer dans l'état civil on ne voulait reconnaître comme légale aucune acquisition, même provisoirement, cet état civil serait lui-même impossible. En effet au point de vue de la forme les lois sur le mien et le tien dans l'état de nature, contiennent exactement ce qu'elles prescrivent dans l'état civil, pour autant que celui-ci est conçu simplement d'après des concepts de la raison pure : à ceci près toutefois qu'en l'état civil on indique les conditions sous lesquelles l'exécution des lois du premier (de la justice distributive) peut aboutir. – Donc si dans l'état de nature il n'y avait pas *provisoirement* un mien et un tien extérieurs, il n'y aurait pas de devoirs de droit à cet égard, et il n'y aurait pas non plus un commandement nous ordonnant de sortir de cet état.

§ 45

Un État (*civitas*) est l'unification d'une multiplicité d'hommes sous des lois juridiques. Dans la mesure où ces lois sont *a priori* nécessaires, c'est-à-dire découlent naturellement des concepts du droit extérieur en général (non statutairement), sa forme est celle d'un État en général, c'est-à-dire d'un État *selon l'Idée* <*in der Idee*>, tel qu'on conçoit qu'il doit être, d'après de purs principes du droit, et c'est cette Idée qui sert de directive <*Richtschnur*> (*norma*) à toute association réelle visant à former un État (elle sert donc de manière intérieure).

Tout État contient en soi trois *pouvoirs*, c'est-à-dire la volonté générale unie en trois personnes (*trias politica*) : Le *pouvoir souverain* (souveraineté) qui réside en la personne du législateur, le *pouvoir exécutif*, en la personne qui gouverne (conformément à la loi) et le *pouvoir judiciaire* (qui attribue à chacun le sien suivant la loi) en la personne du juge (*potestas legislatoria, rectoria et iudiciaria*). Ce sont comme les trois propositions d'un raisonnement de raison pratique : la majeure contient la loi d'une *volonté*, la mineure, l'*ordre* de se conduire d'après la loi, c'est-à-dire le principe de sa subsumption sous la majeure et la *conclusion*, qui comprend la *sentence*, ce qui est de droit dans le cas où il s'agit.

§ 46

Le pouvoir *législatif* ne peut appartenir qu'à la volonté unifiée du peuple. En effet comme c'est d'elle que doit procéder tout droit, elle ne doit par sa loi *pouvoir* faire, absolument, d'injustice à quiconque. Or il est toujours possible, lorsque quelqu'un décide quelque chose à l'égard *d'un autre*, qu'il lui fasse, ce faisant, tort, mais ce n'est point le cas en ce qu'il décide à l'égard de soi (en effet *volunti non fit injuria*). Il n'y a donc que la volonté unie et unifiante de tous, dans la mesure où chacun décide la même chose sur tous et tous sur chacun, il n'y a donc que la volonté collective d'un peuple qui puisse être *législative*.

Les membres d'une telle société (*societas civilis*), c'est-à-dire l'État, unis en vue d'une telle législation, s'appellent les *citoyens* (*cives*), et les attributs juridiques indissociables de leur essence (comme telle) sont : la *liberté* légale de n'obéir à aucune autre loi qu'à celle à laquelle ils ont donné leur consentement ; l'*égalité* civile, qui consiste à ne reconnaître dans le peuple d'autre supérieur, que celui auquel on a aussi bien la faculté morale d'imposer une obligation juridiquement, qu'il peut lui-même obliger ; troisièmement enfin l'attribut de l'*indépendance* civile, qui consiste à ne devoir son existence et sa conservation qu'à ses propres droits et à ses propres forces comme membre de la république et non à l'arbitre d'un autre dans le peuple, par conséquent la personnalité civile qui consiste à ne devoir être représenté par aucun autre dans les choses de droit.

Remarque

Seule la capacité de donner son suffrage fonde la qualification comme citoyen ; mais celle-là présuppose l'indépendance dans le peuple de celui qui ne veut point être une simple partie de la république, mais aussi un membre de celle-ci, c'est-à-dire qui veut être une partie agissant par son propre arbitre avec d'autres en communauté. Cette dernière qualité rend toutefois nécessaire la distinction des citoyens *actifs* des citoyens *passifs*, encore que ce dernier concept semble d'une manière générale en contradiction avec la définition du concept de citoyen en général. – Les exemples suivants pourront servir à lever cette difficulté : le garçon employé chez un marchand ou chez un fabricant ; l'employé (qui n'est pas au service de l'État), le mineur (*naturaliter vel civiliter*) ; toutes les femmes[a] et en général, toutes les personnes, qui pour pourvoir à leur existence (nourriture et protection) ne dépendent pas de leur propre activité, mais de la volonté d'un autre (sauf de l'État), manquent de personnalité civile et leur existence n'est pour ainsi dire qu'inhérence. – Le bûcheron que j'installe en ma cour, le forgeron aux Indes qui avec son marteau, son enclume et son soufflet s'en va dans les maisons afin d'y travailler le fer, comparé au menuisier ou au maréchal européen, qui peut exposer les produits de son travail publiquement comme une marchandise ; le précepteur comparé au maître d'école, le métayer comparé au fermier, etc., sont de simples manœuvres dans la république parce qu'ils doivent être commandés ou protégés par d'autres individus, et qu'ils ne possèdent donc aucune indépendance civile.

Cette dépendance de la volonté d'autrui et cette inégalité ne sont pourtant nullement contraires à la liberté et à l'égalité de ces individus *comme hommes*, qui constituent ensemble un peuple ; bien plus : c'est conformément seulement à ces

a. *Frauenzimmer.*

conditions qu'un peuple peut devenir un État et peut entrer dans une constitution civile. Mais dans cette constitution tous ne peuvent avec le même droit vouloir être qualifiés comme ayant le droit de voter, c'est-à-dire être citoyens et non pas simplement des participants de l'État <*Staatsgenossen*>. Car de ce qu'ils peuvent exiger d'être traités par tous les autres suivant les lois de la liberté et de l'égalité naturelles comme parties *passives* de l'État, il n'en résulte pas pour eux le droit d'agir envers l'État, de l'organiser ou de collaborer à l'introduction de certaines lois comme membres *actifs* de celui-ci ; il reste seulement que, de quelque nature que puissent être les lois positives votées, elles ne peuvent cependant être contraires aux lois naturelles de la liberté, et de l'égalité conforme à la liberté, de tous les individus dans le peuple et qui leur permettent de travailler à s'élever de l'état passif à l'état actif.

§ 47

Ces trois pouvoirs dans l'État sont des dignités et en tant qu'essentielles puisqu'elles procèdent nécessairement de l'Idée d'un État en général en vue de le fonder (constitution) ce sont des *dignités politiques*. Elles contiennent le rapport d'un *souverain* universel (lequel, considéré selon les lois de la liberté, ne peut être autre que le peuple uni lui-même) à la multitude dispersée des individus de ce même peuple comme *sujets* ; c'est-à-dire le rapport de *celui qui commande* (*imperans*) à celui qui obéit (*subditus*). – L'acte, par lequel un peuple se constitue lui-même en État, à proprement parler l'Idée de celui-là, qui seule permet d'en penser la légalité, est le *contrat originaire*, d'après lequel tous (*omnes et singuli*) abandonnent dans le *peuple* leur liberté extérieure, pour la retrouver derechef comme membres d'une république, c'est-à-dire d'un peuple considéré comme État (*universi*) et l'on ne peut pas dire que[a] l'homme dans l'État ait sacrifié une *partie* de sa liberté extérieure innée à une fin, mais il a entièrement abandonné la liberté sauvage et sans loi, pour retrouver sa liberté en général dans une dépendance légale, c'est-à-dire dans un état juridique, donc entière, car cette dépendance procède de sa propre volonté législatrice.

§ 48

Les trois pouvoirs dans l'État sont ainsi *premièrement* les uns par rapport aux autres coordonnés comme autant de personnes morales (*potestates coordinatae*), c'est-à-dire que l'un est le complément des autres pour l'organisation achevée (*complementum ad sufficientiam*) de la constitution de l'État; mais *deuxièmement* elles sont aussi subordonnées les unes aux autres (*subordinatae*), de telle sorte que l'une ne peut pas en même temps usurper la fonction de l'autre, tandis qu'elle l'aide, mais qu'au contraire elle possède son propre principe, c'est-à-dire qu'elle commande certes en qualité de personne particulière, mais sous la condition de la volonté d'une autre qui lui est supérieure; *troisièmement* c'est par l'*unification* de l'une et de l'autre qu'à chaque sujet on reconnaît son droit en partage.

De ces trois puissances considérées en leur dignité, il convient de dire : la volonté du *législateur* (*legislatoris*) en ce qui touche au mien et au tien extérieurs est *irréprochable* (*irrépréhensible*), le pouvoir exécutif du *gouvernement* (*summi rectoris*) est *irrésistible* et la sentence du juge suprême (*supremi iudicis*) *irrévocable* (sans appel).

---

a. Nous suivons la version de l'Académie et ne traduisons pas « *der Staat* » qui vient avant « *der Mensch im Staate* ».

§ 49

Le *régent* de l'État (*rex, princeps*) est la personne (morale ou physique) investie du pouvoir exécutif (*potestas executoria*) : c'est l'*agent* de l'État, qui installe les magistrats, prescrit au peuple les règles d'après lesquelles conformément à la loi (par subsumption d'un cas sous cette loi), chacun peut en celui-ci acquérir ou conserver ce qui est sien. Considéré comme personne morale, on le nomme *le directoire*, le gouvernement. Les *ordres* qu'il donne au peuple, aux magistrats et à leurs supérieurs (les ministres), auxquels il délègue la gestion de l'État (*gubernatio*), sont des ordonnances, des *décrets* (non des lois), car ils ont pour objet une décision en un cas particulier et ils se donnent comme révocables. Un *gouvernement*, qui serait en même temps législateur, devrait être appelé *despotique*, par opposition à un gouvernement *patriotique* <*patriotische*>, par où il ne faut point entendre un gouvernement *paternaliste* <*väterliche*> (*regimen paternale*), qui est le plus despotique de tous (puisqu'il consiste à traiter les citoyens comme des enfants) mais un gouvernement *national* <*vaterländische*> (*regimen civitatis et patriae*), en lequel l'État même (*civitas*) traite certes pour ainsi dire ses membres comme membres d'une famille, mais en même temps toutefois comme citoyens, c'est-à-dire suivant les lois de leur indépendance propre, de telle sorte que chacun se possède lui-même et ne dépende point de la volonté absolue d'un autre qui soit son égal ou son supérieur.

Le souverain <*Beherrscher*> du peuple (le législateur) ne peut ainsi être en même temps le *régent*; car ce dernier est soumis à la loi et est donc par celle-ci, donc par un *autre* (le souverain) obligé. Le souverain peut lui ôter son pouvoir, le déposer, transformer son administration, mais il ne peut le *punir* (l'expression usitée en Angleterre : « Le roi, c'est-à-dire le pouvoir supérieur exécutif, ne saurait agir injustement » – ne signifie pas autre chose) ; car il s'agirait là encore d'un acte du pouvoir exécutif, auquel revient, suivant la loi la faculté de *contraindre* d'une manière suprême, qui néanmoins serait soumis à une contrainte ; en quoi il y a contradiction.

Enfin ni celui qui est le souverain de l'État <*Staatsherrscher*>, ni celui qui le gouverne ne peuvent *juger* ; ils peuvent seulement installer des juges comme magistrats. Le peuple se juge lui-même à travers ses concitoyens, qui sont nommés par un libre choix comme ses représentants, mais qui ne sont nommés assurément que pour chaque acte en particulier. C'est que le jugement (la sentence) est un acte singulier de la justice publique (*iustitiae distributivae*) rendu par un administrateur de l'État <*Staatsverwalter*> (un juge ou un tribunal), qui décide d'un sujet, c'est-à-dire d'un individu qui appartient au peuple, et qui n'est donc investi d'aucun pouvoir, pour reconnaître ce qui est le sien (le lui donner en partage). Puis donc qu'en ce rapport (à l'autorité) tout un chacun est simplement passif, un de ces deux pouvoirs pourrait commettre quelque chose d'injuste en ce qu'il déciderait d'un sujet, dans un cas conflictuel relatif à ce qui est le sien de chacun ; c'est parce que le peuple ne le ferait point lui-même et ne jugerait pas sur un des citoyens, s'il est *coupable* ou *non coupable*. Il revient au pouvoir judiciaire de décider en cette affaire de plainte de la méthode que le tribunal doit appliquer au fait conformément à la loi et par la médiation du pouvoir exécutif il peut faire que ce qui est sien soit dévolu à chacun. C'est donc le *peuple* seulement qui peut juger, bien que de manière indirecte par ses représentants qu'il choisit (le Jury), de tout homme pris en son sein. – Ce serait une chose indigne du chef de l'État <*Staatsoberhaupt*> que de jouer au juge, c'est-à-dire de se placer dans la possibilité d'être injuste, et ainsi d'encourir le cas d'appel (*a rege male informato ad regem melius informandum*).

Il y a donc trois pouvoirs différents (*potestas legislatoria, executoria, iudiciaria*), par lesquels l'État (*civitas*) a son autonomie, c'est-à-dire se forme et se conserve lui-même d'après des lois de la liberté. – C'est dans leur union que réside le *salut* de l'État (*salus reipublicae suprema lex est*), par où il ne faut entendre ni le *bien* du citoyen, ni son *bonheur*, car ce bonheur peut peut-être (comme l'affirme Rousseau) dans l'état de nature ou sous un gouvernement despotique être plus commode et plus souhaitable à atteindre; mais il s'agit là de l'état de la plus grande concordance, accord entre la constitution et les principes du droit, et auquel la raison par un *impératif catégorique* nous fait une obligation de tendre.

REMARQUE GÉNÉRALE SUR LES EFFETS
JURIDIQUES QUI DÉCOULENT DE LA NATURE
DE L'UNION CIVILE

A

L'origine du pouvoir suprême est pour le peuple, qui y est soumis, *insondable* au point de vue pratique, c'est-à-dire que le sujet ne *doit pas discuter* activement de cette origine comme d'un droit contestable (*ius controversum*) relativement à l'obéissance qu'il lui doit. En effet comme pour avoir le droit de juger le pouvoir suprême (*summum imperium*) légalement, le peuple doit déjà être uni sous une volonté universelle législatrice, il ne peut et ne doit juger autrement qu'en la façon voulue par le souverain actuel de l'État (*summus imperans*). – Un contrat réel de soumission au pouvoir (*pactum subjectionis civilis*) a-t-il originairement été premier comme fait, ou bien est-ce le pouvoir qui a précédé et la loi n'a-t-elle paru qu'ensuite, ou devaient-ils se suivre en cet ordre : ce sont pour le peuple, déjà soumis à la loi civile, des ratiocinations tout à fait vides et cependant dangereuses pour l'État ; car si un sujet, qui aurait fait des recherches sur la première origine de l'État, voulait résister à l'autorité actuellement régnante, il serait, au nom des lois de celle-ci, c'est-à-dire entièrement avec droit, puni, mis à mort ou banni (comme hors la loi, *exlex*). – Une loi qui est si sacrée (inviolable), qu'*au point de vue pratique* la mettre en doute, donc en suspendre l'effet un moment, est déjà un crime, ne peut être représentée comme ayant sa source chez les hommes, mais chez quelque législateur suprême et infaillible et telle est la signification de cette assertion : « Toute autorité vient de Dieu », qui n'exprime pas un *fondement historique* de la constitution civile, mais une Idée comme principe pratique de la raison : on doit obéir au pouvoir législatif actuellement existant, qu'elle qu'en puisse être l'origine.

De là cette proposition : dans l'État le souverain <*Herrscher*> n'a que des droits envers les sujets et pas de devoirs (de contrainte). [a] – De plus, si l'organe du souverain, le *régent*, procède contrairement aux lois, si par exemple en ce qui touche les impôts, le recrutement, etc., il agit contre la loi de l'égalité dans la répartition des charges de l'État, alors le sujet peut bien opposer des *plaintes* (*gravamina*), mais à cette injustice il ne saurait opposer quelque résistance.

Il ne peut même pas y avoir dans la constitution un article qui permettrait à un pouvoir de l'État, au cas où le chef suprême transgresserait la loi constitutionnelle, de lui résister, et par conséquent de lui imposer des bornes. En effet celui qui veut limiter la puissance de l'État doit avoir plus ou à tout le moins autant de force que celui qui sera limité ; mais il lui faudrait être aussi comme un maître légitime qui, commandant aux sujets de résister, puisse aussi les *protéger*, ainsi que juger légalement en chaque cas qui se présente, c'est-à-dire qui puisse ordonner publiquement la résistance. Mais dès lors ce

a. (*Zwangs-*) *Pflichten.*

n'est plus celui auquel on peut résister qui est le souverain, mais bien celui qui commande la résistance; ce qui est contradictoire. En effet le souverain agirait par ses ministres en même temps comme régent, donc despotiquement; et l'illusion qui consiste à considérer le peuple comme étant de par ses députés le pouvoir limitatif (alors qu'il ne possède à proprement parler que le pouvoir législatif) ne peut tellement dissimuler le despotisme qu'il n'apparaisse par les moyens dont se servent les ministres. Le peuple qui est représenté par ses députés (au parlement), trouve dans ces gardiens de sa liberté et de ses droits des hommes vivement intéressés à leur propre position et à celle des membres de leur famille dans l'armée, la marine et les fonctions civiles – qui dépendent des ministres – et qui (au lieu d'opposer une résistance à la prétention du gouvernement, qui suppose déjà un accord commun dans le peuple pour une déclaration publique, lequel ne saurait être permis en temps de paix), sont tout au contraire toujours prêts à prendre en mains le gouvernement[a]. – Ainsi la soi-disante constitution étatique modérée comme constitution <*Konstitution*> du droit interne de l'État, n'est qu'une chimère et, au lieu d'appartenir au droit, il ne s'agit que d'un principe de prudence, qui consiste autant qu'il est possible à ne point accabler en son influence arbitraire sur le gouvernement le puissant transgresseur des droits du peuple, mais à la déguiser sous l'apparence d'une opposition permise au peuple.

Contre le législateur suprême de l'État il n'y a donc point d'opposition légale du peuple; car un état juridique n'est possible que par soumission à sa volonté législatrice

---

a. Si on lit « *der Regierung* » au lieu de « *die Regierung* », il faut traduire : des hommes toujours prêts à se mettre au service du gouvernement.

universelle; il n'y a donc pas non plus un droit de sédition (*seditio*), encore moins un droit de rébellion (*rebellio*), et envers lui comme personne singulière (le monarque), sous prétexte d'abus de pouvoir (*tyrannis*) pas le moins du monde un droit d'*attenter* à sa personne, et même à sa vie (*monarchomachismus sub specie tyrannicidii*). La moindre tentative est ici une *haute trahison* (*proditio eminens*) et un traître de cette espèce, qui cherche à tuer *son pays* (*parricida*), ne peut être puni que de mort. – Le principe du devoir du peuple de supporter un abus, même donné comme insupportable, du pouvoir suprême consiste en ce que sa résistance contre la législation souveraine ne peut jamais être considérée que comme illégale et même comme anéantissant toute la constitution légale. Car pour que l'on soit autorisé à la résistance, il faudrait qu'il existe une loi publique permettant cette résistance du peuple, c'est-à-dire que la législation suprême comprenne en soi une détermination d'après laquelle elle ne serait pas suprême et le peuple comme sujet, serait constitué dans un seul et même jugement comme le souverain de celui auquel il est soumis : ce qui est contradictoire – et la contradiction saute aux yeux dès que l'on pose la question de savoir qui serait juge dans ce conflit entre le peuple et le souverain? (car ce sont, si on les considère juridiquement, toujours néanmoins deux personnes morales différentes); par où l'on voit que le premier veut être juge en sa propre cause [1].

---

1. Puisque la *déchéance* d'un monarque peut être considérée aussi comme une abdication *volontaire* de la couronne et une déposition de son pouvoir, rétrocédé au peuple, ou bien comme une renonciation forcée, sans violence toutefois envers la personne suprême, qui par là même redescend à l'état de simple particulier, si le peuple peut invoquer en faveur de son crime, auquel elle

Un changement de la constitution (vicieuse) de l'État peut bien être parfois nécessaire – mais il ne peut être accompli que par le souverain lui-même par une *réforme*, et non par le peuple, c'est-à-dire par *révolution* – et si cette révolution a lieu, elle ne peut atteindre que le *pouvoir exécutif*, non le pouvoir législatif. – Dans un État dont la constitution est telle que le peuple peut *résister* légalement au pouvoir exécutif et à ses représentants (aux ministres) par ses propres représentants (dans le parlement) – ce que l'on appelle alors une constitution limitée – il ne peut cependant pas y avoir de résistance active permise (par laquelle le peuple, arbitrairement réuni, contraindrait le gouvernement à une certaine conduite et ferait par conséquent lui-même acte de pouvoir exécutif), mais au contraire seulement une résistance *négative*, c'est-à-dire un

l'a contraint, au moins pour prétexte le droit de nécessité (*casus necessitatis*), il n'a jamais le moindre droit de punir la personne souveraine en raison de son administration passée ; car tout ce qu'elle a fait, en qualité de souverain, doit être envisagé extérieurement comme légal, et, considérée comme source des lois, elle ne saurait être injuste. De toutes les atrocités qu'entraîne le renversement d'un État par la rébellion, l'*assassinat* du monarque n'est pas la pire ; c'est que l'on peut se représenter qu'elle provient de la peur du peuple que si le monarque demeurait en vie il puisse prendre le dessus et ne punisse le peuple comme il le mérite, de telle sorte que le régicide ne serait pas un acte de justice pénale, mais seulement de conservation de soi. C'est *l'exécution dans les formes* qui saisit d'horreur l'âme remplie des Idées des droits de l'humanité chaque fois qu'elle y pense, ainsi le destin de Charles Ier ou de Louis XVI. Comment s'expliquer ce sentiment, qui en ceci n'est point esthétique (un sentiment de sympathie, un effet de l'imagination qui se met à la place du patient), mais qui est un sentiment moral résultant du complet renversement de tous les concepts du droit ? On regarde cet acte comme un crime, qui demeure immortel et qui ne saurait être effacé (*crimen immortale*, *inexpiabile*), et il ressemble à ces péchés dont les théologiens disent qu'ils ne peuvent être remis en ce monde ou en l'autre. L'explication de ce phénomène de l'âme humaine *refus* du peuple (au parlement) consistant à ne pas toujours consentir aux exigences que le gouvernement avance sous le prétexte de l'administration de l'État; et bien plus si l'on y consentait ce serait un signe sûr que le peuple est corrompu, ses représentants vénaux, que le souverain est despotique dans le gouvernement à travers ces ministres, et que ces derniers trahissent le peuple.

semble procéder des réflexions sur elle-même que nous allons développer et qui sont propres à jeter une lumière sur les principes du droit politique.

Toute transgression de la loi ne peut et ne doit s'expliquer que comme procédant de la maxime du criminel (celle de prendre une telle action pour règle); car si elle était dérivée d'une tendance sensible, elle ne serait point le fait commis par lui en tant qu'être *libre* et ne pourrait lui être imputée – mais comment est-il possible pour le sujet d'adopter contre la défense claire de la raison législative une telle maxime, c'est là ce qui est absolument inexplicable; en effet, seuls les événements d'après le mécanisme de la nature sont explicables. Or, le criminel peut commettre son méfait ou bien d'après la maxime d'une règle choisie comme objective (ayant une valeur universelle), ou bien seulement comme exception à la règle (dont on se dispense à l'occasion) : *dans ce dernier cas il ne fait que s'écarter* de la règle (de propos délibéré, certes); il peut donc en même temps détester sa propre transgression et, sans refuser formellement obéissance à la loi, seulement vouloir l'éluder; mais dans le *premier cas* il rejette l'autorité de la loi elle-même, dont néanmoins il ne peut refuser la valeur devant sa propre raison; et il se fait pour règle d'agir contrairement à elle; sa maxime n'est donc pas simplement opposée à la loi *négativement* <negative>, mais *directement* (*contrarie*), ou, comme on dit *diamétralement*, comme contradiction (pour ainsi dire hostile). Autant que nous puissions le croire, il est impossible à l'homme de commettre un tel crime d'une méchanceté toute formelle (un crime inutile) et cependant (bien qu'il ne s'agisse que de la simple Idée du mal le plus extrême) on ne peut l'omettre dans un système de la morale.

Le fondement de l'horreur que suscite la pensée de l'exécution dans les formes d'un monarque *par son peuple* réside en ce que le *meurtre* doit être compris seulement comme une *exception* à la règle, dont ce peuple avait fait sa

En outre, quand une révolution a réussi et qu'une nouvelle constitution est fondée, l'illégalité du commencement et de son établissement ne saurait libérer les sujets de l'obligation de se soumettre comme de bons citoyens au nouvel ordre de choses, et ils ne peuvent refuser d'obéir loyalement à l'autorité qui possède maintenant le pouvoir. Mais le monarque détrôné (qui survit à ce bouleversement) ne peut être poursuivi pour son administration passée et encore moins puni, lorsque revenu au rang <Stand> de simple citoyen, il préfère son repos et celui de l'État à l'entreprise téméraire de le quitter, et restant prétendant, d'attendre l'aventure lui permettant de le ressaisir, que ce soit par une contre-révolution secrètement fomentée, ou par l'assistance d'autres puissances. S'il préfère ce dernier parti, puisque la rébellion qui l'a dépossédé était injuste, il conserve son droit au pouvoir. Quant à la question de savoir si les autres puissances ont le droit de former une ligue des États en faveur de cet infortuné monarque, uniquement pour ne pas laisser impuni le crime commis par ce peuple, et interdire qu'il ne soit un scandale pour tous les autres États, par conséquent

---

maxime, tandis que l'*exécution* doit, elle, être comprise comme un total *renversement* des principes du rapport entre le souverain et le peuple (ce dernier se constituant en souverain du premier, alors qu'il doit son existence à sa législation) et qu'ainsi la violence marche le front haut et en principe est élevée au-dessus du droit le plus sacré – c'est comme un abîme qui engloutit tout sans retour, tel un suicide de l'État, et ce crime semble ne pouvoir être racheté par aucune expiation. On a donc raison d'admettre que l'adhésion donnée à de telles exécutions ne procède pas d'un prétendu principe juridique, mais de la crainte de la vengeance exercée sur le peuple par l'État peut-être susceptible de revivre, et que cet appareil de justice n'a été imaginé que pour donner à cet acte l'aspect d'un châtiment, par conséquent d'une *procédure juridique* (aspect que ne pourrait avoir le meurtre); mais c'est là un palliatif malheureux, car une telle usurpation du peuple serait encore pire que le meurtre, puisqu'elle contiendrait un principe qui rendrait impossible le rétablissement de l'État renversé.

s'ils sont autorisés et appelés à ramener par la force tout État de sa constitution née *de la révolution* à celle qui était jadis la sienne, c'est une question qui appartient au droit des gens [a].

B

Le souverain peut-il être considéré comme le propriétaire suprême (du sol) ou doit-il être seulement regardé au point de vue du peuple comme celui qui exerce par les lois le commandement suprême ? Puisque le sol est la condition suprême sous laquelle seulement il est possible d'avoir des choses extérieures comme siennes, choses dont la possession et l'usage possible constituent le premier droit qui puisse être acquis, tout droit de ce genre devra être dérivé du souverain comme *maître du pays* <*Landesherrn*>[b], mieux comme propriétaire suprême (*dominus territorii*). Le peuple, en tant que multiplicité des sujets, lui appartient aussi (c'est son peuple), mais non comme propriétaire (selon le droit réel), mais comme à un chef suprême (suivant le droit personnel). Cette propriété suprême néanmoins n'est qu'une Idée de l'union civile pour rendre représentable suivant des concepts de droit l'union nécessaire de la propriété privée de chacun dans le peuple sous un possesseur public universel en vue de déterminer la propriété particulière, non par les principes de l'*agrégation* (qui progresse empiriquement des parties au tout), mais par le principe formel nécessaire de la *division* (division du sol). D'après ce

---

a. « *berufen* » = appelés, de « *Beruf* ».

b. On trouvera dans le texte allemand une série de termes (*Landesherrn, Beherrscher, Oberbefehlshaber...*, etc.) qu'on ne peut toujours traduire en même façon en français – tantôt ils signifient la même chose, tantôt il y a une nuance.

principe le propriétaire suprême ne peut avoir la propriété privée d'un sol quelconque (car autrement il se transformerait en personne privée); ce genre de propriété appartient seulement au peuple (mais en un sens distributif et non collectif) – il faut faire exception pour un peuple nomade, même dirigé <*ein nomadisch-beherrschtes Volk*>, chez lequel il n'y a pas lieu à une propriété privée du sol. – Le chef suprême ne peut donc avoir de *domaines*, c'est-à-dire des terres pour son usage privé (ainsi l'entretien de la cour). En effet puisqu'il serait de son intérêt personnel de les étendre autant que possible, dès lors l'État courrait le danger de voir toute propriété du sol dans les mains du gouvernement, et tous les sujets d'être *attachés à la glèbe* (*glebae adscripti*) et possesseurs de ce qui serait toujours la propriété d'un autre, de telle sorte par conséquent que toute liberté leur serait ravie (*servi*). – D'un prince l'on peut dire : *il ne possède rien* (en propre) en dehors de lui-même ; car s'il avait dans l'État quelque chose en propre à côté d'un autre, un conflit avec celui-ci serait possible dont aucun juge ne serait capable de décider. Mais on peut aussi dire : il *possède tout* ; c'est qu'il a droit de commandement sur le peuple (droit d'attribuer à chacun le sien), auquel toutes les choses extérieures appartiennent (*divisim*).

Il s'ensuit qu'il ne peut y avoir dans l'État aucune corporation, aucune condition, aucun ordre, qui, en tant que propriétaire du sol, pourrait en léguer la jouissance exclusive aux générations suivantes (à l'infini) d'après certains statuts. L'État peut en tout temps abolir ces statuts, à la condition seulement d'indemniser les survivants. L'*ordre des chevaliers* (comme corporation ou même simplement comme distinction de personnes individuelles revêtues d'honneurs particuliers), l'ordre *clérical* qu'on appelle l'Église, ne peuvent jamais par les privilèges qui les favorisent, acquérir sur le sol une propriété transmissible à leurs successeurs, mais seulement la jouissance provisoire de celui-ci. D'une part les biens des ordres militaires, d'autre part ceux des églises, peuvent être supprimés sans scrupules (mais sous la condition précédemment indiquée), lorsqu'a disparu l'opinion publique qui favorisait les *honneurs militaires*, comme moyens de protéger l'État contre la lâcheté dans sa défense, ou <pour les citoyens> les messes de mort, les prières et une foule d'autres pratiques comme moyens de préserver les hommes du feu éternel. Ceux que touche ainsi une réforme, ne peuvent se plaindre qu'on leur ait pris leur propriété. En effet le principe de leur possession jusque-là ne résidait que dans l'*opinion du peuple* et ne devait valoir qu'aussi longtemps que celle-ci demeurerait. Aussitôt que cette opinion est éteinte, et certes seulement dans le jugement de ceux qui de par leur mérite sont appelés à la conduire, leur prétendue propriété doit cesser comme par un appel à l'État (*a rege male informato ad regem melius informandum*).

Sur cette propriété fondamentale originairement acquise repose le droit du chef suprême comme propriétaire suprême (du prince) d'*imposer* les propriétaires privés du sol, c'est-à-dire d'exiger les impôts par le moyen de taxes publiques, de droits d'octroi ou de douane ou par une prestation de service (telle que la levée des troupes pour le service militaire) : mais de telle sorte que le peuple s'impose lui-même, car c'est la seule façon de procéder en ceci suivant les lois du droit, lorsque l'impôt est l'œuvre des députés du peuple; mais l'emprunt forcé (qui s'écarte de la loi jusque-là inamovible) d'après le droit de majesté, au cas où l'État est en danger, est tout aussi bien permis.

C'est aussi sur cela que se fonde le droit de l'économie politique, des finances et de la police, cette dernière se préoccupant de la *sécurité*, de la *commodité* et de la *décence publiques*; en effet que le sentiment qui concerne cette dernière (*sensus decori*), en tant que goût négatif, ne soit pas émoussé par la mendicité, le tumulte dans les rues, la saleté, la prostitution publique (*venus volgivaga*), comme autant d'atteintes au sens moral, c'est là ce qui rend au gouvernement bien plus facile sa tâche, qui est de conduire le peuple au moyen des lois.

De la conservation de l'État relève encore un troisième droit : je veux dire le droit d'*inspection* (*ius inspectionis*), c'est-à-dire qu'aucune association, qui puisse exercer quelque influence sur le *bien* public (*publicum*) (qu'il s'agisse d'une association d'illuminés politiques ou religieux), ne doit rester secrète, mais qu'au contraire, lorsque cela est exigé par la police, la communication de ses statuts ne puisse être refusée. Mais la faculté de procéder à l'investigation domiciliaire ne doit être qu'un cas de nécessité pour la police, qui doit y être autorisée par une autorité supérieure en chaque cas particulier.

C

Au souverain revient *indirectement*, c'est-à-dire comme chargé du devoir du peuple, le droit de le charger en vue de sa propre conservation de certains impôts, ainsi ceux pour les *pauvres*, les *hospices d'enfants trouvés* et l'*Église*, qu'on appelle autrement des institutions charitables ou pieuses.

La volonté universelle du peuple s'est effectivement unie en une société, qui doit se conserver toujours, et elle s'est soumise en conséquence à la puissance publique intérieure, afin d'entretenir les membres de cette société, qui ne peuvent se suffire. C'est par l'État donc que le gouvernement est autorisé à contraindre les riches à fournir les moyens de se conserver à ceux qui ne le peuvent point, même s'agissant des besoins les plus nécessaires de la nature : en effet, l'existence des riches est en même temps un acte de soumission sous la protection et sous la prévoyance nécessaire à leur vie de la chose publique envers laquelle ils ont contracté une obligation, et c'est ce sur quoi l'État fonde dès lors son droit à les contraindre[a] d'apporter leur contribution à la conservation de leurs concitoyens. Or cela n'est possible que par l'impôt sur la propriété des citoyens ou sur leur commerce, ou grâce à des fonds et à leurs intérêts établis non pour les besoins de l'État (car il est riche) mais pour ceux du peuple ; cela ne saurait se faire que de manière obligatoire par des charges publiques et non pas simplement grâce à des contributions *volontaires* (car il n'est ici question que du *droit* de l'État envers le peuple) dont quelques-unes sont intéressées (ainsi les loteries qui font plus de pauvres et font courir à la propriété publique par là même plus de dangers qu'il n'y en aurait sans cela, si bien qu'elles ne devraient point être permises). La question est de savoir à présent s'il faut prendre soin des pauvres par des *contributions passagères*, de telle sorte que chaque siècle nourrisse les siens, ou au moyen de *réserves* <*Bestände*> successivement accumulées et en général par des institutions *pieuses* (comme sont les maisons de veuves, les hôpitaux, etc.), sans autoriser dans le premier cas la mendicité, qui est parente du vol, en recourant à des taxes légales. – Seule la première disposition doit être regardée comme conforme au droit de l'État, dont ne saurait s'affranchir aucune personne ayant de quoi vivre ; c'est que les contributions continues (comme on le peut redouter

a. Vorländer estime nécessaire d'ajouter dans la phrase allemande « *die Vermögenden zu nötigen* ».

des institutions pieuses) ne font point, même si elles se développent avec le nombre des pauvres, de la pauvreté un moyen d'existence pour les paresseux, et peuvent être une charge *injuste* imposée au peuple par le gouvernement.

En ce qui touche la conservation des enfants qui sont exposés par nécessité ou par honte et même tués pour les mêmes raisons, l'État a le droit d'imposer au peuple de ne pas laisser périr sciemment cet accroissement malheureux de la population. On n'a pas encore pu résoudre jusqu'ici, sans violer le droit ou la moralité, la question posée par ces enfants : doit-on imposer les célibataires des deux sexes d'un certain âge (par où l'on ne doit entendre que ceux d'entre *les célibataires qui sont riches*) comme tels et qui sont en grande partie les auteurs de ces enfants, afin d'entretenir des hospices établis à cet effet, ou peut-on procéder avec droit d'une autre manière (mais il serait peut-être difficile d'indiquer un autre moyen de s'en préserver) ?

Puisque l'*Église*, qui doit être soigneusement distinguée de la religion comme sentiment intérieur, qui est tout à fait en dehors de la sphère d'action de la puissance civile, devient (en tant qu'institution du *culte public* pour le peuple, auquel il doit son origine, que ce soit par opinion ou par conviction) un véritable besoin public de se considérer aussi comme sujet d'une puissance suprême et *invisible* à laquelle il faut rendre hommage et qui pourrait souvent entrer dans un conflit très inégal avec le pouvoir civil, – l'État a le droit, non pas celui certes d'organiser l'Église selon la législation-constitutionnelle interne d'après son sens, qui lui semble la plus avantageuse, ni celui de prescrire au peuple la croyance et les formes rituelles (*ritus*), ou de les commander (car c'est là ce qui doit être laissé entièrement aux docteurs et aux directeurs spirituels que le peuple s'est choisis lui-même), mais il a seulement le

droit négatif d'écarter de la communauté politique *visible*
l'influence de la doctrine répandue, qui pourrait être nuisible
au repos public et par conséquent de ne pas permettre que la
concorde civile soit menacée, soit par un conflit intérieur, soit
par le conflit de différentes églises entre elles, ce qui est donc
un droit de police. Il est *en-dessous de la dignité* du pouvoir
souverain que de s'immiscer dans la question de savoir si
l'Église doit avoir une certaine croyance, et quelle croyance,
si elle doit la conserver intacte et s'il lui est interdit de se
réformer elle-même : c'est qu'en ceci, comme dans une
dispute scolastique, il se mettrait sur un pied d'égalité avec ses
sujets (le monarque se ferait prêtre), et ceux-ci pourraient fort
bien lui dire, qu'il n'entend rien à ces choses ; surtout en ce qui
concerne le dernier point, je veux dire l'interdiction de réforme intérieure ; – car ce que le peuple entier ne peut décider
pour lui-même, le législateur ne peut le décider pour le peuple.
Or aucun peuple ne peut décider qu'il ne fera jamais de progrès
dans l'intelligence (les lumières) de ce qui touche sa croyance
et que par conséquent aussi il ne se réformera jamais en
matière religieuse ; car ceci serait opposé à l'humanité en sa
personne et donc à son droit suprême. Ainsi il n'y a pas non
plus de puissance suprême qui puisse décider de cela pour le
peuple. – En ce qui concerne les frais de l'entretien des choses
de l'Église, ils ne peuvent pour la même raison être à la charge
de l'État, mais à celle de la partie du peuple qui professe telle
ou telle croyance, c'est-à-dire seulement de la communauté
religieuse.

D

Le droit du souverain *<des obersten Befehlshabers>* dans
l'État s'étend aussi : 1. à la distribution des *emplois*, comme
fonctions liées à un salaire ; 2. à celle des *dignités* uniquement

fondées sur l'honneur, états sans salaires et qui élèvent la condition, c'est-à-dire qui établissent une hiérarchie entre des supérieurs (destinés à commander) par rapport à des inférieurs (qui, bien que libres et seulement obligés par la loi publique, sont néanmoins destinés à obéir aux premiers); et 3. outre ce droit (relativement bienfaisant), à celui de *punir*.

Pour ce qui est d'un emploi civil la question se pose de savoir si le souverain a le droit de reprendre à quelqu'un l'emploi qu'il lui a donné selon son bon plaisir (sans que ce fonctionnaire ait démérité)? Je dis : non! car ce que la volonté unie du peuple ne décidera jamais sur ses fonctionnaires civils, le souverain ne peut pas non plus le décider au sujet de celui-ci. Or, le peuple (qui doit supporter les frais du traitement d'un fonctionnaire) veut sans aucun doute que le fonctionnaire soit tout à fait apte à l'emploi qui lui est confié; ce qui ne peut se faire qu'au moyen d'une préparation et d'un apprentissage de cet emploi continués pendant un temps suffisant, à quoi il sacrifie la période qu'il aurait pu appliquer à apprendre un autre métier susceptible de le nourrir; par conséquent s'il en était autrement les emplois seraient régulièrement pourvus par des gens qui n'auraient point la capacité exigée et qui n'auraient pas acquis par l'exercice une faculté de juger assez mûre; ce qui est contraire à l'intérêt de l'État, qui exige aussi que chacun puisse s'élever des emplois inférieurs à ceux qui sont supérieurs (qui sans cela tomberaient entre des mains totalement inhabiles), et par conséquent il veut aussi que l'on puisse compter sur un avenir s'étendant autant que la vie.

En ce qui concerne les *dignités*, non pas seulement celles qui peuvent entraîner un emploi, mais aussi celles qui, sans imposer à leur possesseur des fonctions particulières, le font membre d'une condition supérieure, elles composent la *noblesse*, laquelle est distincte de la condition civile, où se trouve le peuple, et se transmet par la postérité mâle et même par celle-ci aux femmes qui ne sont que de naissance roturière, tandis que, inversement, la femme née noble, mariée à un roturier, ne lui communique pas ce rang, mais au contraire même retombe dans le simple état civil (du peuple). – Or la question est de savoir si le souverain est autorisé à fonder un état de noblesse, comme un état *héréditaire* intermédiaire entre lui et les autres citoyens. En cette question il ne s'agit pas de savoir s'il est chose prudente pour le souverain au point de vue de son intérêt ou celui de son peuple, mais seulement s'il est conforme au droit du peuple, d'instituer un rang de personnes qui le dépasse, qui certes sont des sujets, mais qui relativement au peuple *naissent* comme des *supérieurs* (à tout le moins privilégiés) – La réponse à cette question procède, comme la précédente, du principe suivant : « Ce que le peuple (la masse tout entière des sujets) ne peut décider sur soi-même et ses participants, le souverain ne saurait pas non plus le décider sur le peuple. » Or une noblesse *héréditaire*, un rang, qui passe avant le mérite, et ne lui laisse aucune raison d'espérer, est une chimère sans réalité. Car si l'ancêtre avait du mérite, il n'a pu cependant le transmettre à ses descendants, mais il faut que ceux-ci l'acquièrent par eux-mêmes, car la nature n'a point disposé les choses, de telle sorte que le talent et la volonté, qui rendent possibles des services pour l'État, soient aussi *héréditaires*. Comme on ne saurait admettre d'aucun homme, qu'il rejette sa *liberté*, il est impossible que la volonté universelle du peuple consente à une telle prérogative sans fondement, et par conséquent le souverain ne peut pas plus la faire valoir. – Si cependant une semblable anomalie s'est glissée à l'origine, dès les anciens temps (ceux de la féodalité, qui était presque entièrement organisée en vue de la guerre) dans le mécanisme du gouvernement, en sorte que des sujets veulent être plus que des citoyens, c'est-à-dire des fonctionnaires-nés (comme on dirait un professeur-né), l'État ne peut corriger cette faute qu'il a commise, celle d'un privilège établi contrairement au droit, qu'en laissant s'éteindre les privilèges et en ne remplissant pas les emplois, et ainsi il a provisoirement un droit de laisser durer cette dignité quant au titre, jusqu'à ce que dans l'opinion publique la division entre souverain, noblesse et peuple ait fait place à la division en souverain et peuple, la seule qui soit naturelle.

Aucun homme ne peut être sans aucune dignité dans l'État, car il a du moins celle de citoyen, à moins qu'il ne l'ait perdue par son propre *crime*, auquel cas s'il conserve à la vérité sa propre vie, il devient un pur instrument de l'arbitre d'un autre (soit de l'État, soit d'un autre citoyen). Celui qui est l'instrument d'un autre citoyen (ce qui ne peut avoir lieu qu'en vertu d'un jugement et du droit) est un *esclave* (*servus in sensu stricto*) et appartient à la *propriété* (*dominium*) d'un autre, qui n'est pas seulement son maître (*herus*), mais aussi son *propriétaire* (*dominus*), qui peut donc l'échanger contre une chose selon son bon plaisir (pourvu que ce ne soit pas à des fins honteuses) et *disposer de ses forces*, bien qu'il ne le puisse de sa vie et de ses membres. Nul ne peut se lier par un contrat à une dépendance telle qu'il puisse cesser d'être une personne ; car ce n'est qu'en qualité de personne que l'on peut faire un contrat. Certes il semble qu'un homme puisse s'engager envers un autre (moyennant récompense, salaire ou protection) par un contrat de servitude (*locatio, conductio*) à certains services, d'une nature <*Qualität*> permise, mais dont le degré reste *indéterminé*, et devenir ainsi simplement sujet (*subiectus*), sans être esclave (*servus*) ; mais ce n'est là qu'une fausse apparence. En effet si le maître est autorisé à user à son gré des forces de son sujet, il peut aussi (comme c'est le cas des noirs dans les îles à sucre) les épuiser jusqu'à la mort ou au désespoir et ce serviteur s'est réellement livré à son maître comme propriété; ce qui est impossible. – Il ne peut donc s'obliger qu'à des travaux déterminés suivant la nature et le degré : soit comme journalier ou bien comme subordonné domicilié, et dans ce dernier cas il peut y avoir bail à ferme lequel peut être à temps ou emphytéotique, soit que, en échange de l'usage qu'il fait de la terre de son maître et qui lui tient lieu de salaire, il lui prête ses services sur cette même terre, soit que, pour l'utilité qu'il en retire, il lui verse une certaine redevance (un tribut), sans devenir pour autant un serf attaché à la glèbe (*glebae adscriptus*), ce qui lui ôterait sa personnalité. Quand bien même quelqu'un serait aussi de par son crime devenu un sujet *personnel*, cette servitude ne saurait être *héréditaire*, car il ne l'a attirée sur lui que par sa propre faute; et le rejeton d'un esclave ne peut être retenu en esclavage pour les frais de son éducation, car l'éducation est un devoir naturel absolu des parents et au cas où les parents seraient esclaves, ce sont les maîtres qui en même temps qu'ils prennent possession de leurs sujets se sont chargés aussi de leurs devoirs.

E
DU DROIT DE PUNIR ET DE GRÂCIER

I

Le *droit de punir* est le droit du souverain envers celui qui lui est soumis de lui infliger une peine douloureuse en raison de son crime. Le chef suprême dans l'État ne peut donc pas être puni, mais l'on peut seulement se soustraire à sa domination. – La transgression de la loi publique, qui rend celui qui l'a commise indigne d'être citoyen, s'appelle simplement *crime* (*crimen*), ou aussi crime public (*crimen publicum*); c'est pourquoi le premier (le crime privé) est déféré à la justice civile, tandis que l'autre l'est à la justice criminelle. – L'*abus de confiance*, c'est-à-dire le détournement de l'argent ou des marchandises confiées pour le commerce, la fraude dans l'achat et dans la vente saisie par les yeux clairvoyants d'autrui sont des crimes privés. En revanche : la fabrication de fausse monnaie ou la contrefaçon des sceaux de l'État, le vol et la rapine, etc., sont des crimes publics, parce que, ce faisant, ce n'est pas seulement une personne particulière, mais la chose publique qui est mise en danger. – On pourrait diviser les crimes en crimes relevant d'un caractère *abject* (*indolis abjectae*) et en crimes relevant d'un caractère *violent* (*indolis violentae*).

La *peine juridique* (*poena forensis*), qui est distincte de la peine *naturelle* (*poena naturalis*), par laquelle le vice se punit lui-même et à laquelle le législateur n'a point égard, ne peut jamais être <considérée> simplement comme un moyen de réaliser un autre bien, soit pour le criminel lui-même, soit pour la société civile, mais doit uniquement lui être infligée, *pour la seule raison qu'il a commis un crime*; en effet l'homme ne peut jamais être traité simplement comme un moyen pour les fins d'autrui et être confondu avec les objets du droit réel; c'est contre quoi il est protégé par sa personnalité innée, bien qu'il puisse être condamné à perdre la personnalité civile. Il doit préalablement être trouvé *punissable*, avant que l'on songe à retirer de cette punition quelque utilité pour lui-même ou ses concitoyens. La loi pénale est un impératif catégorique, et malheur à celui qui se glisse dans les anneaux serpentins de l'eudémonisme pour trouver quelque chose qui, par l'avantage qu'il promet, le délivrerait de la peine ou l'atténuerait, d'après la sentence pharisienne : « Mieux vaut la mort d'*un* homme que la corruption de tout un peuple »; car si la justice disparaît, c'est chose sans valeur que le fait que des hommes vivent sur la terre. – Que doit-on penser du dessein suivant : conserver la vie à un criminel condamné à mort, s'il acceptait que l'on pratique sur lui de dangereuses expériences et se trouvait assez heureux pour en sortir sain et sauf, de telle sorte que les médecins acquièrent, ce faisant, un nouvel enseignement, précieux pour la chose publique ? C'est avec mépris qu'un tribunal repousserait le collège médical qui ferait une telle proposition; car la justice cesse d'être une justice, dès qu'elle se donne pour un quelconque prix.

Mais quel est le mode et quel est le degré du châtiment que la justice publique doit adopter comme principe et mesure ? Il n'en est point d'autre que le principe de l'égalité (figuré par la position de l'aiguille dans la balance de la justice), et qui consiste à ne pas se pencher d'un côté plus que de l'autre. Ainsi : le mal immérité que tu infliges à un autre dans le peuple, tu le fais à toi-même. Si tu l'outrages, c'est toi-même que tu outrages; si tu le voles, tu te voles toi-même; si tu le frappes, tu te frappes toi-même; si tu le tues, tu te tues toi-même. Seule la *loi du talion* (*ius talionis*), mais bien entendu à la barre du tribunal (et non dans un jugement privé), peut fournir avec précision la qualité et la quantité de la peine; toutes les autres sont chancelantes et ne peuvent, en raison des considérations étrangères qui s'y mêlent, s'accorder avec la sentence de la pure et stricte justice. – Certes, il semble que la différence des conditions (sociales) ne permette pas l'application du principe du talion : d'égal à égal; mais s'il ne peut être possible à la lettre, il demeure toujours valable selon l'effet, relativement à la manière de sentir de ceux qui sont les plus privilégiés. – Ainsi, par exemple, une amende infligée pour une injure verbale n'a de fait aucun rapport à l'offense, car celui qui a beaucoup d'argent peut bien se permettre ceci parfois à titre de plaisir ; mais l'atteinte portée à l'honneur de l'un pourrait cependant être égalée par la blessure de l'orgueil de l'autre si ce dernier, par un jugement et par le droit, n'était pas seulement contraint de présenter des excuses publiquement, mais encore, par exemple, à baiser la main du premier, bien qu'il soit d'un rang inférieur. De même en serait-il si un privilégié violent était condamné pour avoir frappé un citoyen de rang inférieur, mais innocent, outre la réparation d'honneur à une détention solitaire et pénible : car, ce faisant, outre son bien-être, ce serait la vanité de l'offenseur qui serait douloureusement affectée et par cette humiliation l'offense serait compensée suivant le principe d'égal à égal. – Mais que signifie cette expression : « Si tu le voles, tu te voles toi-même » ? Celui qui vole rend incertaine la propriété de tous les autres ; il se ravit donc à lui-même (d'après la loi du talion) la sécurité pour toute propriété possible ; il n'a rien et ne peut rien acquérir, mais cependant il veut vivre et cela n'est possible qu'autant que les autres le nourrissent. Mais comme l'État ne le fera pas gratuitement, il faut qu'il lui abandonne ses forces pour les travaux qui conviennent à celui-là (dans les bagnes ou dans les maisons d'arrêt) et il tombe en l'état d'esclave soit pour un certain temps, soit, suivant les circonstances, pour toujours. – Mais si le criminel a commis un meurtre, il doit *mourir*. Il n'existe ici aucune commutation de peine <*Surrogat*> qui puisse satisfaire la justice. Il n'y a aucune *commune mesure* entre une vie, si pénible qu'elle puisse être, et la mort et par conséquent aucune égalité du crime et de la réparation, si ce n'est par l'exécution légale du coupable, sous la condition que la mort soit délivrée de tout mauvais traitement qui pourrait avilir l'humanité dans la personne du patient. – Même si la société civile devait se dissoudre avec le consentement de tous ses membres (si par exemple, un peuple habitant une île décidait de se séparer et de se disperser dans le monde tout entier) le dernier meurtrier se trouvant en prison devrait préalablement être exécuté, afin que chacun éprouve la valeur de ses actes, et que le sang versé ne retombe point sur le peuple qui n'aurait point voulu ce châtiment, car il pourrait être considéré alors comme complice de cette violation de la justice publique.

Cette égalité des peines, qui n'est possible que par la condamnation à mort par le juge suivant la stricte loi du talion, se manifeste en ceci, que c'est seulement par là que le jugement capital est prononcé par rapport à tous d'une manière proportionnée à la *méchanceté intérieure* du criminel (même dans le cas où il ne s'agirait pas d'un meurtre, mais de tout autre crime d'État que seule la mort pourrait effacer). – Supposez que dans la dernière révolte d'Écosse[a], comme plusieurs participants à celle-ci (tels Balmerino et d'autres) ne croyaient en se soulevant que remplir leur devoir envers la maison des Stuarts, tandis que d'autres en revanche n'agissaient que d'après des considérations personnelles, le tribunal suprême ait prononcé ainsi son jugement : chacun aurait la liberté de choisir entre la mort et les travaux forcés – j'affirme que l'homme d'honneur eût préféré la mort et la fripouille les mines ; ainsi va la nature de l'esprit humain. C'est que le premier connaît quelque chose qu'il estime encore plus que la vie elle-même, je veux dire l'*honneur*, tandis que le second tiendra toujours comme préférable à l'inexistence une vie couverte de honte (*animan praeferre pudori*. Juvenal)[b]. Or le

a. Il s'agit du soulèvement de 1745-46.
b. Sat. III 8, 83.

premier est sans conteste moins punissable que le second, et ils sont punis, par la mort qu'on leur inflige à tous, de manière tout à fait proportionnée : le premier plus doucement si l'on considère sa manière de sentir et le second plus durement d'après la sienne ; tout au contraire, si on les condamnait l'un et l'autre aux travaux forcés à perpétuité, le premier serait puni trop sévèrement et le second trop doucement, eu égard à sa bassesse. La *mort* est donc, dans le cas même où il s'agit de décider au sujet d'un certain nombre de criminels unis dans un complot, le meilleur niveau que puisse appliquer la justice publique. – En outre on n'a jamais entendu un condamné à mort pour meurtre se plaindre que la peine soit trop lourde et ainsi injuste ; chacun lui rirait au nez s'il en parlait de la sorte. – On devrait autrement admettre qu'en dépit du fait que le criminel n'a que ce qu'il mérite d'après la loi, la puissance législative dans l'État n'est pas autorisée à appliquer ce genre de peine et que lorsqu'elle le fait, elle est en contradiction avec elle-même.

Tous ceux donc qui sont des meurtriers, qu'ils aient donné la mort ou qu'ils l'aient commandée ou qu'il y aient coopéré, doivent être punis de mort ; ainsi le veut la justice comme Idée du pouvoir judiciaire selon des lois universelles fondées *a priori*. – Mais si le nombre des complices (*correi*) d'un crime de ce genre était si grand que l'État, pour ne plus comprendre aucun de ces criminels, dût bientôt en venir à n'avoir plus de sujets, et si néanmoins l'État ne voulait pas se dissoudre, c'est-à-dire tomber dans l'état de nature qui est bien pire encore puisqu'il écarte toute justice extérieure (et qu'il ne veuille surtout pas émousser la sensibilité du peuple par le spectacle d'un carnage), il faut alors que le souverain ait le pouvoir de jouer dans ce cas de nécessité (*casus necessitatis*) le rôle du juge lui-même (de le représenter) et de prononcer un jugement substituant à la peine de mort contre les criminels une autre peine, qui conserve l'existence de la population <*Volksmenge*>, par exemple la déportation : mais cela même ne peut avoir lieu selon une loi publique, mais seulement par un décret, c'est-à-dire un acte du droit de majesté, qui en tant que grâce ne peut jamais s'exercer que dans des cas particuliers.

Là contre le marquis de Beccaria[a], à partir d'un sentiment d'humanité affecté (*compassibilitas*), a établi sa thèse suivant laquelle toute peine de mort est *illégale*, parce qu'elle ne pouvait pas être comprise dans le contrat civil originaire ; en effet chacun dans le peuple aurait dû consentir à perdre sa vie, s'il venait à tuer quelqu'un (dans le peuple) ; or un tel consentement serait impossible, puisque personne ne peut disposer de sa vie. Tout cela n'est que sophisme et argutie juridique.

Personne n'est puni pour avoir voulu *la peine*, mais pour avoir voulu une *action punissable* ; car il n'y a plus punition dès lors qu'il arrive à quelqu'un ce qu'il veut et il est impossible de *vouloir* être puni. – Dire : je veux être puni, si je tue quelqu'un, ne signifie rien d'autre que : je me soumets, ainsi que tous les autres, aux lois qui deviendront naturellement des lois pénales s'il y a des criminels dans le peuple. Mais il est impossible que moi-même, comme co-législateur, qui dicte la *loi pénale*, je sois la même personne, que celle qui comme sujet est punie d'après la loi ; car comme telle, je veux dire criminelle, il est impossible que j'aie un suffrage dans la législation (le législateur est saint). Quand donc je porte une loi pénale contre moi en tant que criminel, c'est alors en moi la pure raison juridique législative (*homo noumenon*) qui me soumet à cette loi pénale, comme être capable d'un crime, par

a. Beccaria, *Des délits et des peines*, 1764.

conséquent comme une autre personne (*homo phaenomenon*) ainsi que tous les autres dans l'union civile. En d'autres termes : ce n'est pas le peuple (chacun des individus qu'il comprend), mais le tribunal (la justice publique), par conséquent quelqu'un d'autre que le criminel, qui dicte la peine de mort, et le contrat social ne contient nullement la promesse de se laisser punir et de disposer ainsi de soi-même et de sa vie. En effet si le droit de punir devait avoir à son fondement la *promesse* du malfaiteur de *vouloir* se laisser punir, il faudrait aussi lui laisser le droit de se reconnaître passible d'une peine et le criminel serait son propre juge. – Le point capital de l'erreur (πρῶτον ψεῦδος) de ce sophisme consiste à regarder le jugement porté par le criminel lui-même (et qu'il faut nécessairement attribuer à sa *raison*), à savoir qu'il doit perdre la vie, comme une résolution de sa *volonté* de se l'ôter à lui-même, et l'on se représente ainsi l'exécution du droit et le jugement du droit comme réunis dans une seule et même personne.

Il y a cependant deux crimes dignes de mort, au sujet desquels il reste encore douteux si la *législation* a le droit d'infliger cette peine de mort. Le sentiment de l'honneur conduit à tous les deux. Dans un cas c'est l'*honneur du sexe* et dans l'autre celui de l'*honneur militaire*, et il s'agit du véritable honneur qui oblige, comme devoir, ces deux classes de personnes. L'un de ces crimes est l'*infanticide maternel* (*infanticidium maternale*); l'autre est le *meurtre d'un compagnon d'armes* (*commilitonicidium*), le *duel*. – Puisque la législation ne peut écarter la honte d'une maternité en dehors du mariage et comme elle ne peut pas plus effacer la tache qui tombe par soupçon de lâcheté sur un officier subalterne, qui n'oppose pas à un affront reçu une force personnelle supérieure à la crainte de la mort, il semble que dans ces cas les hommes se retrouvent dans l'état de nature et que l'*homicide* (*homicidium*) qui ne devrait plus alors s'appeler un *meurtre* (*homicidium dolosum*), tout en étant dans les deux cas assurément punissable, ne puisse être puni de mort par le pouvoir suprême. L'enfant né en dehors du mariage est né hors la loi (qui est le mariage) et par conséquent aussi en dehors de sa protection. Il s'est, pour ainsi dire, glissé dans la république (comme une marchandise interdite); de telle sorte que (puisque légitimement il n'aurait pas dû exister de cette manière) l'État peut ignorer son existence et par conséquent aussi l'acte qui le fait disparaître <*seine Vernichtung*> et il n'y a pas de décret qui puisse effacer la honte de la mère si sa maternité en dehors du mariage est connue. – Le militaire chargé d'un commandement subalterne, lorsqu'on lui a fait un affront, se voit tout aussi bien contraint par l'opinion publique de ses compagnons d'armes d'obtenir pour lui-même satisfaction et, comme à l'état de nature, de punir l'offenseur, non au moyen de la loi devant un tribunal, mais par le *duel*, en lequel il s'expose au danger de perdre la vie, afin de prouver son courage guerrier, comme ce sur quoi repose essentiellement *l'honneur* de son état. Que s'il *tue* son adversaire, en ce combat public auquel les deux parties consentent, mais qui arrive malgré elles, cela ne peut pas à proprement parler être appelé un *meurtre* (*homicidium dolosum*). – Qu'est-ce donc qui est de droit dans ces deux cas (appartenant à la justice criminelle)? La justice pénale est ici placée dans un très grand embarras : ou bien de déclarer vain au nom de la loi le concept d'honneur (qui ici n'est pas une illusion) et de punir de mort, ou bien d'écarter du crime la peine de mort qui lui convient et ainsi d'être ou bien trop cruelle ou bien trop indulgente. Voici la solution de ce nœud : l'impératif catégorique de la justice pénale (l'homicide contraire à la loi d'un autre homme doit être puni de mort) subsiste toujours ; mais la législation elle-même (par conséquent aussi la constitution civile), aussi longtemps qu'elle restera barbare et inculte, est responsable de ce que les mobiles de l'honneur dans le peuple (subjectivement) ne veulent point s'accorder avec les règles qui (objectivement) sont conformes à leur intention, de telle sorte que la justice publique procédant de l'État est une *injustice* par rapport à celle qui émane du peuple.

II

Le *droit de grâcier* (*ius aggratiandi*) le criminel, soit en adoucissant sa peine, soit en la lui remettant tout à fait, est de tous les droits du souverain le plus délicat, car s'il donne le plus d'éclat à sa grandeur, il est aussi l'occasion de commettre la plus grande injustice. – A l'égard des crimes commis par les *sujets* les uns envers les autres il n'appartient nullement au souverain d'exercer ce droit, car ici l'impunité (*impunitas criminis*) est la suprême injustice envers les sujets. Ce n'est donc qu'à propos d'une atteinte qui le touche *lui-même* (*crimen laesae maiestatis*) qu'il en peut user. Et en ce cas même il ne le pourrait pas si l'impunité devait constituer un danger pour le peuple lui-même au point de vue de sa sécurité. – Ce droit est le seul qui mérite le nom de majesté.

DU RAPPORT JURIDIQUE DU CITOYEN AVEC LA PATRIE ET AVEC L'ÉTRANGER

§ 50

Le territoire (*territorium*) dont les habitants sont les concitoyens d'un seul et même État en vertu de la constitution elle-même, c'est-à-dire sans qu'il soit besoin d'un acte juridique particulier (par conséquent par la naissance), s'appelle la *patrie*; celui dont les habitants n'ont pas le titre de citoyens sans cette condition, est l'*étranger* <*Ausland*>, et si ce dernier constitue une partie de l'empire en général <*Landesherrschaft überhaupt*>, il s'appelle *province* (au sens que les Romains donnaient à ce terme); et cette province n'étant pas toutefois une partie conjointe de l'empire (*imperii*) <*Reich*> érigée en *siège* de concitoyens, mais seulement une *possession* de l'empire, semblable à une *résidence secondaire*^a, doit honorer le sol de l'État souverain comme étant celui de la *mère patrie* (*regio domina*).

1. Le *sujet* (même considéré comme citoyen) a le droit d'émigrer; en effet l'État ne saurait le retenir comme sa propriété. Cependant il ne peut emporter à l'étranger que ses biens meubles, et non ses immeubles; c'est ce qui aurait lieu toutefois s'il était autorisé à vendre le sol qu'il avait possédé jusque-là et d'en emporter l'argent avec lui.

2. Le *prince* <*Landesherr*> a le droit de favoriser l'*immigration* et l'établissement des étrangers (les colons), alors même que les habitants du pays ne le verraient pas d'un bon œil, mais à la condition que la propriété privée de ceux-ci sur le sol ne soit pas diminuée.

3. Le prince a aussi, lorsqu'un crime a été commis par un sujet, qui rend toute communauté entre ses concitoyens et lui dangereuse pour l'État, le droit de le *bannir* dans une province à l'étranger <*im Auslande*>, où il ne jouira d'aucun des droits du citoyen, c'est-à-dire le droit de *déportation*.

a. Mellin proposait de lire « *Untertans* » (= en tant que sujet) à la place de « *Unterhauses* ».

4. Il a aussi le droit de l'*exiler* en général (*ius exilii*), de l'envoyer dans une lointaine partie du globe, c'est-à-dire à l'étranger en général (que l'ancien allemand appelle *Elend*); et, comme le prince lui retire ainsi toute protection, cela signifie tout aussi bien qu'il le met hors la loi à l'intérieur de ses frontières.

§ 51

Les trois pouvoirs dans l'État, qui découlent du concept d'une *république* en général (*res publica latius dicta*), ne sont qu'autant de rapports de la volonté unifiée du peuple, celle-ci découlant *a priori* de la raison, et une Idée pure d'un souverain de l'État, qui possède une réalité pratique objective. Mais ce supérieur (le souverain) n'est qu'un *être de raison* (représentant le peuple entier), tant qu'il n'y a pas encore de personne physique qui représente la puissance suprême de l'État et qui procure à cette Idée son efficacité sur la volonté du peuple. Or le rapport de cette puissance à la volonté du peuple peut être conçu de trois manières différentes : ou bien *un seul* dans l'État commande à tous, ou bien *quelques-uns*, égaux entre eux, unis commandent à tous les autres, ou bien *tous* ensemble commandent à chacun, et à eux-mêmes par conséquent; c'est dire que la *forme de l'État* est ou bien *autocratique*, ou bien *aristocratique*, ou bien *démocratique*. (L'expression *monarchique* prise pour autocratique ne convient pas au concept que l'on veut indiquer ici; en effet le *monarque* est celui qui possède le pouvoir *suprême*, tandis que l'*autocrate*, ou celui qui *commande par lui-même <Selbstherrscher>*, possède *tous* les pouvoirs; celui-ci est le souverain; celui-là ne fait que le représenter). – On verra facilement que la forme autocratique de l'État est la *plus simple*; elle ne consiste que dans le rapport d'un seul (le roi) au peuple et elle n'a lieu que lorsqu'il n'y a qu'*un* législateur. La forme aristocratique est déjà *composée* de deux rapports : celui des grands (comme législateurs) entre eux pour constituer le souverain et ensuite celui du souverain au peuple. Mais la forme démocratique est de toutes la plus complexe, car elle comprend tout d'abord la volonté de tous de s'unir pour constituer un peuple, puis celle des citoyens d'accord pour former une république et enfin pour mettre à la tête de cette république le souverain, qui est cette volonté collective elle-même[1]. En ce qui touche l'*administration* du droit dans l'État, la forme la plus simple est aussi certes la meilleure, bien que, par rapport au droit lui-même, elle soit la plus dangereuse pour le peuple dans la perspective du despotisme auquel elle invite si fort. C'est à la vérité une maxime raisonnable que de simplifier le mécanisme de l'unification du peuple par des lois de contrainte, de telle sorte que tous dans le peuple sont passifs et obéissent à un seul, placé au-dessus d'eux ; mais alors il n'y a plus de sujets qui soient des *citoyens*. Quant à cette consolation dont le peuple devrait se contenter, à savoir que la monarchie (qui est ici à proprement parler l'autocratie) est la meilleure constitution, *si le monarque est bon* (c'est-à-dire quand il n'a pas seulement la volonté, mais la connaissance nécessaire pour cela), elle appartient aux dictons tautologiques de la sagesse et signifie seulement que la meilleure constitution est celle *qui fait* du chef de l'État le meilleur gouvernant, c'est-à-dire celle qui est la meilleure.

---

1. Je ne dis rien de l'altération de cette forme par des hommes puissants qui s'imposent d'eux-mêmes (*l'oligarchie* et *l'ochlocratie*), ni de ce que l'on nomme les constitutions d'État mixtes, car cela nous entraînerait trop loin.

§ 52

Il est *vain* de rechercher les *origines historiques* de ce mécanisme, c'est-à-dire qu'on ne peut pas remonter au point de départ de la société civile (car les sauvages ne dressent aucun acte de leur soumission à la loi, et la nature de ces hommes incultes donne déjà à croire qu'ils y ont été soumis d'abord par la violence). Mais c'est une chose qui mérite d'être punie que d'entreprendre cette recherche dans l'intention de changer ensuite par la violence la constitution actuellement existante. En effet ce changement ne pourrait être effectué que par le peuple se soulevant pour l'accomplir, et non par conséquent par la législation ; or l'insurrection dans une constitution déjà existante est un renversement de tous les rapports civils et juridiques, par conséquent de tout droit, c'est-à-dire non pas une transformation de la constitution civile, mais sa dissolution, et le passage à la meilleure constitution n'est point métamorphose, mais palingénésie, qui exige un *nouveau* contrat social, sur lequel le précédent (maintenant supprimé) n'a aucune influence. – Il doit néanmoins être possible pour le souverain de changer la constitution de l'État existante, lorsqu'elle est malaisément susceptible d'être mise en accord avec l'Idée du contrat originaire, et d'y introduire la forme qui convient essentiellement au but qui est que le peuple se constitue en État. Mais ce changement ne peut consister à faire que l'État délié de l'une de ces trois formes se constitue suivant l'une des deux autres, par exemple en ce que les aristocrates s'unissent pour se soumettre à une autocratie, ou pour se fondre dans une démocratie et inversement, comme s'il dépendait du libre choix et du bon plaisir du souverain de soumettre le peuple à telle ou telle constitution. En effet, alors même qu'il déciderait de changer pour une démocratie, il pourrait agir injustement envers le peuple, puisque celui-ci pourrait bien mépriser cette constitution et trouver l'une des deux autres pour soi préférable.

Les formes de l'État ne sont que la *lettre* (*littera*) de la législation originaire dans l'état civil, et elles peuvent par conséquent subsister tant que de par une ancienne et longue habitude (à un point de vue qui n'est donc que subjectif) elles sont tenues pour nécessaires au mécanisme de la constitution de l'État. Mais l'*esprit* de ce contrat originaire (*anima pacti originarii*) contient l'obligation où est le pouvoir constituant d'adapter à cette Idée le *mode de gouvernement* <*Regierungs-art*>, et, si cela ne peut se faire d'un coup, de le transformer petit à petit et continûment de manière à ce qu'il s'accorde suivant *ses effets* avec la seule constitution conforme au droit, je veux dire celle d'une pure république, et de parvenir enfin à ce résultat suivant la lettre même par le fait que ces anciennes formes empiriques (statutaires), qui ne servaient qu'à réaliser la *soumission* du peuple, se résolvent dans la forme originaire (rationnelle), qui seule prend la *liberté* comme principe et même comme condition de toute *contrainte* nécessaire à une constitution juridique dans le sens propre du terme État. – Telle est la seule constitution permanente, celle en laquelle la *loi* commande par elle-même et ne dépend d'aucune personne particulière ; telle est la fin ultime de tout droit public, le seul état où puisse être attribué *péremptoirement* à chacun le sien ; au contraire aussi longtemps que ces formes de l'État seront, quant à la lettre, représentées par autant de personnes morales différentes revêtues du pouvoir suprême, on ne peut admettre qu'un droit *provisoire* interne, mais non un état absolument juridique de la société civile.

Or, toute vraie république est et ne peut rien être d'autre qu'un *système représentatif* du peuple, institué pour protéger ses droits en son nom, par l'union de tous les citoyens au moyen de leurs délégués (députés). Mais dès qu'un chef d'État se fait représenter en personne (que ce soit le roi, la noblesse, ou tout le peuple, l'union démocratique), le peuple réuni alors ne *représente* plus simplement le souverain, mais il *est* lui-même le souverain ; car c'est en lui (le peuple) que se trouve originairement le pouvoir suprême, dont les droits des individus, en tant que simples sujets (en tous cas comme serviteurs de l'État), doivent être dérivés et la république, une fois établie, n'est plus dans la nécessité d'abandonner les rênes du gouvernement et de les remettre à ceux qui les avaient tenues auparavant, et qui dès lors pourraient détruire par leur arbitre absolu <*durch absolute Willkür*> toutes les nouvelles institutions.

Remarque

Ce fut donc une grande faute de jugement chez un puissant souverain de notre temps que d'avoir, afin de se tirer de l'embarras suscité par de grosses dettes publiques, remis au peuple ce fardeau afin qu'il s'en chargeât et le partageât comme il l'entendrait ; car le peuple reçut ainsi naturellement non seulement le pouvoir législatif pour lever des impôts sur les sujets, mais aussi par rapport au gouvernement ; c'est-à-dire pour empêcher que celui-ci ne fît de nouvelles dettes soit par ses prodigalités, soit par la guerre et par conséquent le pouvoir souverain du monarque disparut entièrement (il ne fut pas simplement suspendu) et passa au peuple, à la volonté législative duquel le mien et le tien de chaque sujet fut soumis. On ne peut même pas dire qu'il fallait en ceci admettre une promesse tacite, mais néanmoins contractuelle de l'assemblée nationale de ne pas se constituer en souveraineté, mais seulement d'administrer les affaires du souverain et sa tâche accomplie de remettre à nouveau les rênes du gouvernement au monarque ; car un tel contrat est en lui-même nul et non avenu. Le droit de la législation suprême dans l'État n'est pas un droit aliénable, mais le plus personnel de tous les droits. Celui qui le possède peut, par le moyen de la volonté collective du peuple, disposer du peuple, mais non de cette volonté collective elle-même, qui est le fondement premier de tous les contrats publics. Un contrat qui obligerait le peuple à rendre de nouveau son pouvoir ne s'appliquerait pas à lui comme pouvoir législatif et cependant lierait le peuple ; ce qui est une contradiction d'après le principe : personne ne peut servir deux maîtres.

LE DROIT DES GENS

§ 53

Les hommes qui constituent un peuple, peuvent être représentés d'après l'analogie d'origine comme des indigènes issus d'une *souche* commune (*congeniti*), bien qu'ils ne le soient pas; néanmoins en un sens intellectuel et juridique, comme nés d'une mère commune (la république) ils constituent pour ainsi dire une famille (*gens*, *natio*), dont les membres (les citoyens) sont tous apparentés et ne s'engagent pas dans une mésalliance avec ceux qui vivent à côté d'eux à l'état de nature, encore que ces derniers (les sauvages) se croient à leur tour supérieurs en raison de la liberté sans loi qu'ils ont choisie, bien qu'ils ne forment pas des États, mais seulement des peuplades. Or le droit des *États* dans leurs rapports réciproques – droit qu'on appelle en allemand «*das Völkerrecht*» (droit des peuples) de manière assez incorrecte et qui devrait bien plutôt être appelé «*das Staatenrecht*» (droit des États; *ius publicum civitatum*) – est celui que nous devons examiner sous le nom de «*Völkerrecht*»[a]. C'est ce droit que

---

a. «*Völkerrecht*» (littéralement: droit des peuples) peut aussi techniquement être traduit : droit des gens.

possède un État considéré comme une personne morale se
trouvant par rapport à une autre dans l'état de liberté naturelle,
et par conséquent aussi dans un état de guerre continuelle ;
et le problème proposé comprend le droit *de déclarer* la guerre,
le droit *pendant* la guerre, le droit enfin de se contraindre
réciproquement à sortir de cet état de guerre, par conséquent
d'établir une constitution fondant une paix durable, c'est-à-
dire le droit *après* la guerre, si bien que la seule différence
entre le droit de l'état de nature des hommes pris comme
individus ou des familles (dans leur rapport réciproque) et le
droit des peuples entre eux consiste en ce que dans le droit des
gens <*Völkerrecht*> on ne considère pas le rapport d'un État
avec les autres en totalité, mais encore celui des individus de
l'un envers les individus de l'autre et en même temps envers
cet autre État tout entier ; et cette différence par rapport au droit
des individus dans le simple état de nature n'a pas besoin
d'autres déterminations que celles qui se déduisent facilement
du concept de cet état.

§ 54

Les éléments du droit des gens sont les suivants :
1. Considérés dans leurs rapports extérieurs réciproques, les
États (comme des sauvages sans lois) sont par nature dans un
état non-juridique. 2. Cet état est un *état de guerre* (du droit du
plus fort), même s'il n'y a pas toujours de guerre effective et
d'hostilité manifeste et permanente ; relation qui (puisque les
deux peuples ne veulent rien de mieux), bien que par là aucun
ne subisse d'injustice d'un autre, est néanmoins en elle-même
injuste au suprême degré, et les États voisins les uns des
autres sont obligés d'en sortir. 3. Une alliance des peuples
<*Völkerbund*>, d'après l'Idée d'un contrat social originaire,
est nécessaire, alliance par laquelle ils s'engagent à ne pas

s'immiscer dans les dissensions intestines les uns des autres, mais toutefois à se protéger mutuellement contre les attaques d'un ennemi extérieur. 4. Cependant l'alliance ne doit supposer aucune puissance souveraine (comme dans une constitution civile), mais seulement une *liaison* (fédération), c'est-à-dire une liaison qui peut en tout temps être dénoncée et qui doit donc être renouvelée de temps à autre. – C'est un droit *in subsidium* d'un autre droit qui est originaire, celui de se garder réciproquement de tomber dans un état de guerre effectif (*foedus Amphictyonum*).

§ 55

Ce droit originaire des États libres entre eux à l'état de nature à se faire la guerre (pour peut-être instaurer un état qui se rapproche de l'état juridique) soulève tout d'abord la question de savoir quel droit a l'État *vis-à-vis de ses propres sujets*, de les utiliser pour faire la guerre contre d'autres États, d'y employer leurs biens, leur vie même, ou de les mettre en jeu, de telle sorte qu'il ne dépend plus de leur propre décision d'aller ou non à la guerre, mais que le commandement suprême du souverain puisse les y envoyer ?

Ce droit semble pouvoir se déduire aisément de celui de faire du sien (de sa propriété) ce que l'on veut. Ce que quelqu'un a *fait* lui-même, quant à la substance, il en possède l'incontestable propriété. – C'est là une déduction telle que la ferait un simple juriste.

Il y a dans un pays toutes sortes de *produits naturels* qu'on doit aussi considérer sous le rapport de leur *abondance* en même temps comme *ouvrages* (*artefacta*) de l'État, parce que le pays ne les produirait pas en telle abondance, s'il n'y avait pas un État et un gouvernement régulier et puissant, mais que les habitants fussent à l'état de nature. – Les poules domestiques (l'espèce de volaille la plus utile), les moutons, les porcs, les bœufs, etc., soit faute de nourriture, soit à cause des bêtes de proie, ou ne se rencontreraient pas du tout dans le pays que j'habite, ou ne s'y rencontreraient qu'en très petite quantité, s'il n'y avait pas un gouvernement qui garantît aux habitants leurs acquisitions et leurs possessions. – Or cela vaut aussi du nombres d'hommes, qui, comme dans les déserts américains, et même en accordant à ces hommes une très grande industrie (qu'ils n'ont pas), ne peut qu'être mince. Les habitants seraient bien rares, parce qu'aucun d'entre eux ne pourrait s'étendre bien loin, avec toute sa domesticité, sur un sol qui est toujours menacé d'être dévasté par des hommes ou des sauvages et des bêtes féroces[a]; par conséquent on ne trouverait pas sur ce sol une nourriture suffisante pour un nombre aussi grand d'hommes, qui maintenant vivent dans un pays. – De même donc que l'on peut dire des plantes (par exemple des pommes de terre) et des animaux domestiques qu'on peut en faire usage, les consommer, et les détruire (les faire abattre) parce que, sous le rapport de l'abondance, ils sont l'*œuvre* de l'homme, de même, semble-t-il, on pourrait aussi dire de la puissance suprême dans l'État, le souverain, qu'il a le droit de conduire ses sujets, qui en majeure partie sont son propre produit, à la guerre comme à la chasse et à une bataille rangée comme à une partie de plaisir.

Mais ce principe de droit (qui probablement peut se présenter obscurément à l'esprit des monarques) possède assurément de manière évidente une valeur en ce qui regarde les animaux, qui peuvent être une *propriété* de l'homme, mais il ne peut aucunement s'appliquer à l'homme, surtout comme

a. « Von Menschen oder wilden » (Kant : *wilden* ; Hartenstein : *Wilden*)…

citoyen, qui doit toujours être considéré dans l'État comme un membre qui participe à la législation (comme n'étant pas simplement un moyen, mais aussi en même temps une fin en soi), et qui par conséquent doit donner son libre consentement par la médiation de ses représentants non seulement à la guerre en général, mais encore à chaque déclaration de guerre particulière ; c'est sous cette condition restrictive seule que l'État peut exiger de lui ce périlleux service.

Nous devrons donc bien dériver ce droit du *devoir* du souverain envers le peuple (et non l'inverse) ; il faut que ce dernier puisse être regardé comme ayant voté la guerre, car en cette qualité, bien que passif (il laisse disposer de lui), il est aussi actif et représente le souverain lui-même.

§ 56

Dans l'état de nature des États le *droit de faire la guerre* (de déclencher les hostilités) est le moyen permis à un État pour poursuivre par sa *force* propre son droit contre un autre État, je veux dire lorsqu'il se croit lésé par celui-ci, puisqu'un *procès* (comme étant le seul moyen de mettre un terme aux différends dans l'état juridique) ne peut avoir lieu en cet état. – Outre l'attaque effective (la première agression, qui est différente de la première hostilité), il y a la *menace*. Elle consiste soit en des *préparatifs militaires*, sur lesquels se fonde le droit de prévention (*ius praeventionis*), soit aussi simplement dans l'accroissement *redoutable* (par acquisition de territoires) de la *puissance* (*potentia tremenda*) d'un autre État. Cet accroissement est par le seul *état des choses*, avant tout autre acte de l'État *devenu plus puissant*, une lésion faite aux États moins puissants, et dans l'état de nature l'attaque est tout à fait conforme au droit. C'est là-dessus donc que se fonde le droit de l'équilibre de tous les États voisins qui peuvent agir les uns sur les autres.

Quant à l'*attaque effective*, qui donne le *droit de faire la guerre*, il consiste en la satisfaction que l'on prend soi-même de l'offense que le peuple d'un État a reçue du peuple d'un autre État, c'est-à-dire dans les *représailles* (*retorsio*), sans chercher auprès de cet autre État une réparation (par des voies pacifiques). Il y a là, au point de vue de la forme, une ressemblance avec une guerre qui éclate sans dénonciation préalable de la paix (*déclaration de guerre*), c'est que si l'on veut trouver quelque droit dans l'état de guerre, il faut admettre quelque chose d'analogue à un contrat, je veux dire l'*acceptation* de la déclaration de l'autre partie, de telle sorte que les deux parties veuillent chercher leur droit de cette manière.

§ 57

Le droit dans la guerre est précisément dans le droit des gens celui qui présente la plus grande difficulté, si l'on veut seulement s'en faire un concept et penser une loi dans cet état sans lois (*inter arma silent leges*), sans se contredire soi-même ; cette loi devrait être de conduire la guerre d'après les principes suivant lesquels il demeure toujours possible de sortir de cet état de nature des États (dans leur rapport mutuel externe) et d'entrer dans un état juridique.

Aucune guerre entre États indépendants ne peut être une guerre *punitive* (*bellum punitivum*). En effet la punition ne peut avoir d'existence que dans le rapport d'un supérieur (*imperantis*) à un inférieur (*subditum*) ; or ce rapport n'est pas celui des États entre eux. – La guerre ne doit pas non plus être une *guerre d'extermination* (*bellum internecinum*), ni une *guerre d'asservissement* (*bellum subiugatorium*), qui serait l'anéantissement moral d'un État (dont le peuple ou bien se fondrait dans une masse avec le peuple du vainqueur, ou bien tomberait en servitude). Non pas que ce moyen extrême d'un État pour parvenir à l'état de paix soit en soi opposé contradictoirement au droit qui est celui d'un État, mais parce que l'Idée du droit des gens implique simplement le concept d'un antagonisme d'après les principes de la liberté extérieure, afin que soit conservé à chacun ce qui est sien et non un mode d'acquisition, tel que l'accroissement de la puissance d'un État puisse être menaçant pour les autres.

Tous les moyens de défense sont permis à un État auquel on fait la guerre, à l'exception seulement de ceux dont l'usage ôterait aux sujets la capacité d'être des citoyens ; car alors il s'ôterait en même temps la capacité de compter comme une personne (qui participerait avec les autres des mêmes droits) dans les rapports des États d'après le droit des gens. Au nombre de ces moyens illégitimes il faut ranger ceux qui consistent à se servir de ses propres sujets comme espions et même d'étrangers comme d'assassins, d'empoisonneurs (on peut très bien ranger dans cette classe ceux que l'on appelle les francs-tireurs qui épient les individus dans les embuscades), ou même uniquement pour répandre de fausses nouvelles ; en un mot on ne doit pas se servir de tous les moyens perfides, qui détruiraient la confiance qui est nécessaire pour fonder à l'avenir une paix durable.

A la guerre il est permis d'imposer à l'ennemi vaincu des fournitures et des contributions, mais non de piller le peuple, c'est-à-dire d'enlever aux personnes particulières ce qui leur appartient (car ce serait de la rapine : en effet ce n'est pas le peuple vaincu, mais l'État sous la domination duquel il se trouvait qui a fait la guerre *par lui*, le peuple) et l'on doit lui donner quittance de toutes les *réquisitions*, afin que la paix revenue, la charge imposée au pays ou à la province puisse être proportionnellement répartie.

§ 58

Le droit *après la guerre*, c'est-à-dire au moment du traité de paix et par rapport aux conséquences de la guerre[a] consiste en ceci : le vainqueur pose les conditions sur lesquelles le vaincu doit s'entendre avec lui et suivant lesquelles, pour parvenir à la paix, les *traités* ont coutume d'être convenus ; et non pas conformément à un quelconque droit mis en avant et qui devrait lui être reconnu en vertu d'une prétendue lésion que lui a faite son adversaire, mais, tandis qu'il réserve cette question, en s'appuyant sur sa force. C'est pourquoi le vainqueur ne peut exiger le remboursement des frais de la guerre, parce que, ce faisant, il ferait passer pour injuste la guerre de son adversaire ; et s'il peut penser à cet argument, il ne doit cependant pas l'invoquer, puisqu'il déclarerait qu'il a fait une guerre de caractère punitif et se rendrait ainsi à son tour coupable d'une offense. De ce droit relève aussi l'échange (sans rançon) des prisonniers, abstraction faite de l'égalité du nombre.

L'État vaincu ou les sujets de cet État ne perdent point par la conquête de leur pays leur liberté civile, de telle sorte que celui-là devienne, étant ainsi avili, une colonie et ceux-ci des esclaves ; car autrement la guerre aurait été punitive, ce qui est en soi une contradiction. – Une *colonie* ou province est un peuple, qui certes possède sa constitution propre, sa législation, son sol, sur lequel ceux qui appartiennent à un autre État sont des étrangers seulement, mais sur lequel pourtant un autre

a. « *Auf die Folgen desselben* ».

État possède le pouvoir *exécutif*. Ce dernier s'appelle la *métropole*. L'État qui est pour ainsi dire la fille de la métropole <*Tochterstaat*>, la colonie, est soumis à la souveraineté de celle-ci, bien qu'il se gouverne par lui-même (par son propre parlement, dans tous les cas sous la présidence d'un vice-roi) (*civitas hybrida*). Telles furent diverses îles par rapport à Athènes et telle est actuellement l'Irlande par rapport à la Grande-Bretagne[a].

L'*esclavage* et sa légitimité peuvent encore moins être dérivés de la domination d'un peuple par la guerre, car il faudrait pour cela admettre une guerre punitive. Et encore moins un esclavage héréditaire, qui est en général chose absurde, parce que la culpabilité résultant du crime de quelqu'un ne peut être héritée.

Il résulte du concept d'un traité de paix que l'*amnistie* doit y être liée.

§ 59

Le *droit de paix* est 1) le droit d'être en paix quand il y a guerre dans le voisinage, ou le droit de *neutralité*; 2) celui d'obtenir l'assurance que la paix conclue durera, c'est-à-dire le droit de *garantie*; 3) le droit d'*alliance* réciproque (confédération) de plusieurs États pour se *défendre* en commun contre toutes les attaques extérieures ou intérieures; mais ce n'est pas une alliance offensive et d'agrandissement intérieur <*innerer Vergrösserung*>.

---

a. Il faudrait, pour traduire mot à mot, écrire : « Telle fut Athènes par rapport à diverses îles, et telle est actuellement la Grande-Bretagne par rapport à l'Irlande » – mais cela est, en français, contraire à l'intention de Kant; nous inversons donc.

§ 60

Le droit d'un État contre un *ennemi injuste* n'a pas de limites (bien entendu quant à la qualité, mais non quant à la quantité, c'est-à-dire suivant le degré) ; je veux dire que l'État offensé ne peut pas sans doute pour défendre ce qui est sien se servir de *tous* les moyens, mais de ceux qui sont en eux-mêmes licites, autant qu'il est en son pouvoir. – Mais qu'est-ce qu'un *ennemi injuste* d'après les concepts du droit des gens, en lequel, comme en général dans l'état de nature, tout État est juge de sa propre cause ? C'est celui dont la volonté publiquement exprimée (que ce soit en parole ou en acte) trahit une maxime, suivant laquelle, si elle était érigée en règle universelle, aucun état de paix ne serait possible entre les peuples, tandis qu'au contraire l'état de nature devrait être considéré comme éternel. Telle est la violation des contrats publics, dont on peut supposer qu'elle intéresse tous les peuples, puisque leur liberté est ainsi menacée, et ils sont amenés à s'unir contre un pareil désordre pour lui ôter sa puissance sur ce point. Mais ils ne peuvent aller jusqu'à *se partager entre eux le pays* de l'ennemi injuste et faire disparaître pour ainsi dire un État de la terre, car ce serait là une injustice contre le peuple, qui ne peut perdre son droit originaire à se lier dans une république ; en revanche ils peuvent lui imposer d'admettre une nouvelle constitution qui soit par sa nature défavorable au penchant à la guerre.

Au demeurant l'expression : « un ennemi injuste dans l'état de nature » est un *pléonasme* ; car l'état de nature est lui-même un état d'injustice. Un ennemi juste serait un ennemi auquel résister serait de ma part chose injuste ; mais alors il ne serait plus mon ennemi.

§ 61

Puisque l'état de nature des peuples, ainsi que celui des individus, est un état dont on doit sortir pour entrer dans un état légal, il s'ensuit qu'avant cet événement tout droit des peuples et tout le mien et le tien extérieurs que les États peuvent acquérir ou conserver par la guerre n'est que *provisoire*; ils ne peuvent avoir une valeur de manière *péremptoire* et jouir d'un *état de paix véritable* que dans une *union* universelle *des États* (par analogie avec celle par laquelle un peuple devient un État). Mais comme la trop grande étendue d'un tel État des peuples, qui couvrirait de vastes contrées, ferait que son gouvernement, et par conséquent aussi la protection de chaque membre, deviendraient à la fin impossibles et comme une multiplicité de semblables corporations réintroduit de nouveau un état de guerre, *la paix éternelle* (le but dernier de tout le droit des gens) est évidemment une Idée irréalisable. Mais les principes politiques qui tendent à ce but, je veux dire qui tendent à opérer des alliances entre États, servant à se *rapprocher* continuellement de ce but, ne le sont pas, et comme, en revanche, cette *approximation* est fondée sur le devoir, qu'elle est par conséquent une tâche fondée sur le droit des hommes et des États, elle est certainement réalisable.

On peut appeler une telle *union* de quelques États pour maintenir la paix, le *congrès permanent des États*, auquel il est permis à chaque État voisin de se joindre. C'est ce qui eut lieu (du moins en ce qui touche les formalités du droit des gens à l'égard du maintien de la paix) dans la première moitié de ce siècle dans l'assemblée des États généraux à La Haye, et où les ministres de la plupart des cours d'Europe et même des plus petites républiques portèrent leurs plaintes sur les hostilités que les uns eurent à subir des autres, et ce faisant ils virent l'Europe tout entière comme un seul État fédéré, qu'ils admirent pour ainsi dire comme arbitre de leurs différends publics, tandis qu'au lieu de cela, par la suite, le droit des gens ne subsista simplement que dans les livres, disparaissant des cabinets, ou, après que l'on eût déjà fait usage de la force, fut confié sous forme de déduction à l'obscurité des archives.

Par le mot de *congrès* on n'entend ici qu'une union arbitraire et en tout temps *révocable* de différents États, et non (comme celle des États d'Amérique) une union fondée sur une constitution de l'État et par conséquent indissoluble – c'est ainsi seulement par un congrès que peut être réalisée l'Idée de l'établissement d'un droit public des gens qui décide de leurs différends d'une manière civile, pour ainsi dire par un procès et non d'une façon barbare (à la manière des sauvages), c'est-à-dire par la guerre.

LE DROIT COSMOPOLITIQUE

§ 62

Cette Idée de la raison d'une communauté *pacifique* complète, sinon encore amicale, de tous les peuples sur la terre qui peuvent nouer entre eux des rapports effectifs, n'est pas un principe philanthropique (éthique), mais un principe *juridique*. La nature les a tous enfermés (au moyen de la forme sphérique qu'elle a donnée à leur domicile – *globus terraqueus*) dans des limites déterminées et comme la possession du sol sur lequel peut vivre un habitant de la terre ne peut jamais être considérée que comme la possession d'une partie d'un tout déterminé, par conséquent comme une partie sur laquelle chacun a originairement un droit, tous les peuples sont *originairement* en une communauté de sol, non pas en communauté *juridique* de possession (*communio*), et par là d'usage ou de propriété de ce sol, mais en communauté de *commerce* (*commercium*) physique possible, c'est-à-dire dans un perpétuel rapport de chacun à tous les autres consistant à se *prêter* à un *échange* <*Verkehr*> réciproque et ils ont le droit d'en faire l'essai sans qu'il soit pour cela permis à l'étranger de les traiter en ennemis. – Ce droit, dans la mesure où il tend à une union possible de tous les peuples, en vue de certaines lois universelles de leur commerce possible, peut être appelé le droit *cosmopolitique* (*ius cosmopoliticum*).

Les mers peuvent paraître interdire aux peuples toute communauté ; et cependant elles sont grâce à la navigation les plus heureuses dispositions de la nature pour leur commerce, qui peut être d'autant plus vivant qu'il y a plus de *côtes* rapprochées (comme celles de la Méditerranée). Certes la fréquentation de ces côtes et encore bien plus les établissements qu'on y fonde, pour les rattacher à la métropole, sont l'occasion pour que le mal et la violence, qui se font sentir en un point de notre globe, soient sentis dans tous les autres. Cet abus possible ne peut ôter au citoyen de la terre le droit de *tenter* d'être en communauté avec tous et, pour atteindre ce but, d'explorer toutes les régions de la terre, bien qu'il ne puisse avoir un droit d'*installation*[a] (*ius incolatus*) sur le sol d'un autre peuple, sans un contrat particulier.

Mais la question se pose de savoir, si, dans un pays nouvellement découvert, un peuple peut tenter de fonder un *établissement* (*accolatus*) et de prendre possession dans le voisinage d'un autre peuple qui a déjà pris place dans cette contrée, même sans le consentement de ce dernier ?

Si cet établissement est tellement éloigné de l'endroit où se trouve le premier peuple, qu'aucun des deux ne puisse porter préjudice à l'autre dans l'utilisation de son sol, le droit alors n'est pas douteux. Mais s'il s'agit de peuples de pasteurs ou de chasseurs (comme les Hottentots, les Toungouses et la plupart des nations américaines), dont la subsistance dépend de grandes étendues désertes, alors ceci ne pourrait se faire par la violence, mais seulement par contrat et dans ce dernier même

a. On peut aussi traduire : un droit de colonisation.

il ne faudrait pas se servir de l'ignorance de ces indigènes en ce qui touche la cession de leur terre, bien que les raisons justificatrices soient suffisantes apparemment pour assurer qu'une telle violence tourne à l'avantage du monde, en partie par la culture de ces peuples grossiers (c'est le prétexte grâce auquel Büsching lui-même veut excuser l'introduction sanglante de la religion chrétienne en Allemagne) et en partie par la possibilité pour son propre pays de se purifier d'hommes corrompus et pour ces derniers, ou leur postérité, celle de se régénérer dans une autre partie du monde (comme en Nouvelle-Hollande) ; mais tous ces prétendus bons desseins ne sauraient effacer la tache de l'injustice dans les moyens mis en œuvre à cet effet. – On objectera là contre, qu'avec ce scrupule de commencer par la force la fondation d'un état légal, toute la terre serait peut-être encore dans un état dépourvu de lois ; mais cette objection ne peut pas plus supprimer cette condition de droit que ne peut le faire le prétexte dont usent les révolutionnaires dans l'État, à savoir que, lorsque les constitutions sont mauvaises, il appartient au peuple de le réformer par la force et en général d'être injuste une fois pour toutes, afin de fonder ensuite plus sûrement la justice et de la faire fleurir.

CONCLUSION

Si quelqu'un ne peut prouver qu'une chose existe, il peut essayer de prouver qu'elle n'existe pas. S'il ne réussit ni d'une manière ni de l'autre (c'est un cas qui se présente souvent), il peut encore poser la question de savoir s'il a un *intérêt* à *admettre*, soit l'une, soit l'autre (par une hypothèse) et cela à la vérité au point de vue théorique ou au point de vue pratique, c'est-à-dire ou bien pour s'expliquer un certain phénomène (par exemple pour l'astronome le retour et la fixité des planètes), ou bien pour atteindre une certaine fin, qui à son tour est ou bien *pragmatique* (simplement technique), ou bien *morale*, c'est-à-dire une fin telle que ce soit un devoir que de se la proposer comme maxime. – Il va de soi que la *supposition* (*suppositio*) de la possibilité de réaliser cette fin, qui n'est qu'un simple jugement théorique et en outre problématique, ne peut être érigée en devoir, car en ceci il n'y a aucune obligation (de croire quelque chose); mais agir d'après l'Idée de cette fin, quand bien même il n'existe pas la plus petite vraisemblance qu'elle puisse être atteinte, encore que l'impossibilité de sa réalisation ne puisse pas davantage être démontrée, voilà ce à quoi un devoir nous oblige.

Or la raison moralement pratique énonce en nous son *veto* irrésistible : *Il ne doit y avoir aucune guerre* ; ni celle entre toi et moi dans l'état de nature, ni celle entre nous en tant qu'États, qui bien qu'ils se trouvent intérieurement dans un état légal, sont cependant extérieurement (dans leur rapport réciproque) dans un état dépourvu de lois – car ce n'est pas ainsi que chacun doit chercher son droit. Aussi la question n'est plus de savoir si la paix perpétuelle est quelque chose de réel ou si ce n'est qu'une chimère et si nous ne nous trompons pas dans notre jugement théorique[a], quand nous admettons le premier cas, mais nous devons agir comme si la chose qui peut-être ne sera pas devait être, et en vue de sa fondation établir la constitution (peut-être le républicanisme de tous les États ensemble et en particulier) qui nous semble la plus capable d'y mener et de mettre fin à la conduite de la guerre dépourvue de salut <*heillos*>, vers laquelle tous les États sans exception ont jusqu'à maintenant dirigé leurs préparatifs intérieurs, comme vers leur fin suprême. Et si notre fin, en ce qui concerne sa réalisation, demeure toujours un vœu pieux, nous ne nous trompons certainement pas en admettant la maxime d'y travailler sans relâche, puisqu'elle est un devoir ; quant à admettre que la loi morale est trompeuse en nous-mêmes, c'est là ce qui ferait naître le souhait, suscitant la répulsion, d'être plutôt dépourvu de toute raison et de se considérer selon ses principes comme confondu avec les autres classes d'animaux dans le même mécanisme de la nature.

On peut dire que ce pacte de paix universelle et durable ne constitue pas simplement une partie, mais la fin ultime tout entière de la Doctrine du droit dans les limites de la simple

---

a. « Quelque chose de réel… une chimère » : « *Ding oder Unding* ».

raison ; en effet l'état de paix est seulement l'état où le mien et le tien sont garantis par des *lois*, au sein d'une foule d'hommes voisins les uns des autres, et qui par conséquent sont réunis dans une constitution. Or la règle de cette constitution ne peut être prise de l'expérience de ceux qui s'en sont jusque-là bien trouvés, comme une norme pour d'autres hommes, mais elle doit être dérivée *a priori* par la raison de l'idéal d'une association juridique des hommes sous des lois publiques en général. En effet tous les exemples (qui ne peuvent qu'expliciter, mais non prouver) sont trompeurs et ont absolument besoin d'une métaphysique, dont ceux-là mêmes qui s'en moquent reconnaissent cependant involontairement la nécessité quand ils disent, comme il leur arrive souvent, « que la meilleure constitution est celle où ce ne sont pas les hommes, mais les lois qui possèdent le pouvoir ». Car métaphysiquement qu'y a-t-il de plus sublime que cette Idée même, qui possède au demeurant, de leur propre aveu, la réalité objective la plus incontestable, Idée qui se laisse aussi facilement exposer dans les cas qui se présentent et qui seule, si on ne la recherche pas et si on ne l'introduit pas d'une manière révolutionnaire d'un seul coup, c'est-à-dire par le renversement violent d'une constitution défectueuse jusque-là en vigueur – (car il y aurait dans l'intervalle un moment où serait nié tout état juridique), mais par une réforme insensible suivant de fermes principes, peut, par une approximation continuelle du souverain bien politique, conduire à la paix perpétuelle.

REMARQUES EXPLICATIVES
SUR LES PREMIERS PRINCIPES MÉTAPHYSIQUES
DE LA DOCTRINE DU DROIT[a]

L'occasion de présenter ces remarques m'a été fournie en grande partie par le compte rendu de ce livre dans le Journal de Göttingue, n° 28, 18 février 1797, qui est composé, avec de la pénétration et de l'exactitude dans l'examen, mais aussi de la sympathie « et l'espérance que ces principes resteront un gain pour la science ». Je m'en servirai ici comme d'un fil conducteur pour mon jugement, et en outre pour donner quelques développements de ce système.

Mon judicieux critique est arrêté par une définition presque au début de l'*introduction* de la Doctrine du droit. – Qu'est-ce que *la faculté de désirer*? C'est, dit le texte, la faculté d'être par ses représentations cause des objets de ces représentations. – A cette définition on objecte « que cette faculté n'est plus rien, dès que l'on fait abstraction des

---

a. Voyez notre *introduction* à la *Doctrine du Droit*, de Kant, p. 28. Nous replaçons cet appendice (de la deuxième édition) à sa juste place.

conditions *extérieures* de la conséquence du désir. – Or la faculté de désirer est quelque chose pour l'idéaliste lui-même, bien que le monde extérieur ne soit rien pour lui ». *Réponse* : n'y a-t-il pas de désir ardent et cependant en même temps accompagné de la conscience d'être vain (par exemple : plût à Dieu que cet homme vive encore!); désir certes *inefficace* <*tatleer*> mais cependant non sans *conséquences* et qui, s'il n'agit pas sur les choses extérieures, agit puissamment à l'intérieur du sujet lui-même (il le rend malade)? Un désir en tant qu'*effort* (*nisus*) pour être *cause* par la médiation de ses représentations est, même quand le sujet comprend l'insuffisance de celles-ci pour produire l'effet désiré, toujours une sorte de causalité à l'intérieur du sujet au moins. – Ce qui donne lieu au malentendu, c'est que comme la conscience de notre faculté *en général* (dans le cas dont il s'agit) est en même temps la conscience de notre *impuissance* par rapport au monde extérieur, la définition n'est pas applicable à l'idéaliste, tandis que, puisqu'il n'est ici question que du rapport d'une cause (la représentation) à un effet (le sentiment), la causalité de la représentation (que cette causalité soit extérieure ou intérieure) par rapport à son objet doit être nécessairement comprise dans le concept de la faculté de désirer.

1

PRÉPARATION LOGIQUE À UN CONCEPT
DU DROIT RÉCEMMENT PROPOSÉ

Si les philosophes jurisconsultes veulent s'élever ou s'aventurer jusqu'aux premiers principes métaphysiques de la Doctrine du droit (sans laquelle toute leur science du droit serait simplement statutaire), ils ne peuvent être indifférents sur ce qui touche la garantie de la perfection de leur *division* des concepts de droit; autrement cette science ne serait pas un *système rationnel*, mais simplement un agrégat fortuit. – La *topique* des principes doit, pour la forme du système, être complète, c'est-à-dire que l'on doit pouvoir indiquer le *lieu* qui convient à un concept (*locus communis*), qui est ouvert à ce dernier d'après la forme synthétique de la division; on démontrera aussi d'après cela que tel ou tel autre concept qui serait placé en ce lieu serait contradictoire en soi et devrait en disparaître.

Les juristes ont jusqu'ici admis deux lieux communs : celui du droit *réel* et celui du droit *personnel*. Or, puisqu'il se trouve encore d'après la simple forme de la liaison de ces deux concepts en un seul, deux lieux possibles comme membres de la division *a priori*, d'une part un droit réel d'espèce personnelle et d'autre part un droit personnel d'espèce réelle, il est naturel de se demander si un concept de ce genre ne pourrait pas être convenablement ajouté et ne devrait pas se rencontrer, même de manière seulement problématique, dans la table complète de la division. Ce dernier point ne souffre aucun doute. En effet la *simple* division logique (qui fait abstraction du contenu de la connaissance, c'est-à-dire de l'objet) est toujours *dichotomie*, par exemple tout droit est ou bien un droit réel, ou bien un droit non réel. Mais la division dont il est ici question, je veux dire la division métaphysique, peut aussi être aussi une *tétrachotomie*, parce que, outre les deux membres de la division, il y a encore deux rapports, dont la possibilité suppose une recherche particulière, à savoir ceux qui résultent des conditions restrictives du droit, sous lesquelles un droit s'unit à l'autre. – Le concept d'un droit *réel d'espèce personnelle* s'élimine sans autre considération, car on ne peut pas penser le droit d'une *chose* envers une *personne*. La question se pose maintenant de savoir si le rapport inverse est aussi impensable, ou si ce concept, je veux dire celui d'un *droit personnel d'espèce réelle*, non seulement ne contient aucune contradiction interne, mais est un concept nécessaire (donné *a priori* dans la raison) qui appartient à celui du mien et du tien extérieurs, c'est-à-dire si l'on peut non pas *traiter* en tous points les *personnes* comme des choses, mais toutefois les *posséder* et sous beaucoup de rapports procéder avec elles comme avec des choses.

2

JUSTIFICATION DU CONCEPT D'UN DROIT PERSONNEL D'ESPÈCE RÉELLE

Une définition du droit personnel d'espèce réelle, courte et bonne, est celle-ci : « C'est un droit de l'homme que d'avoir une *personne* en dehors de soi comme étant le *sien*. »[1] Je dis avec soin : une *personne*, car on pourrait bien avoir comme le sien un autre *homme* qui aurait perdu sa personnalité par son crime (qui serait devenu esclave) ; il n'est pas question en effet ici de ce droit réel.

---

1. Je ne dis pas non plus ici : avoir une personne *als die meinige* (comme mienne) (en prenant la forme adjective), mais *als das Meine* (comme le mien) (*tó meum*, avec la forme substantive). En effet, je peux dire : cette personne est *mon père*, ce qui ne fait qu'indiquer mon rapport physique (d'union) à lui en général ; par exemple : j'*ai* un père. Mais je ne peux pas dire : « je l'ai *als das Meine* » (*comme le mien*). Toutefois, si je dis : ma femme, cela signifie un rapport particulier, c'est-à-dire juridique, du possesseur à un objet (même si ce dernier est aussi une personne) comme *chose*. Or, la possession (*physique*) est la condition de la possibilité de la *détention <Handhabung>* (*manipulatio*) d'un objet comme chose, bien que sous un autre rapport cet objet doive en même temps être traité comme une personne.

Il faut maintenant rechercher si ce concept, « ce nouveau phénomène dans le ciel juridique » est une *stella mirabilis* (un météore croissant jusqu'aux dimensions d'une étoile de première grandeur, qui n'avait jamais été vu auparavant, qui doit disparaître de nouveau insensiblement, et peut-être reparaître un jour), ou si c'est simplement une *étoile filante*.

3
EXEMPLES

Avoir quelque chose d'extérieur comme sien, cela s'appelle le posséder juridiquement; or la possession est la condition de possibilité de l'usage. Lorsque cette condition est simplement conçue comme physique, la possession s'appelle *détention*. – La détention légitime ne suffit pas seule, il est vrai, pour donner un objet comme étant le sien ou pour le rendre tel; mais si, à quelque titre que ce soit, je suis en droit de réclamer la détention d'un objet qui s'est échappé de ma puissance ou qui m'a été dérobé, ce concept de droit est un signe (comme l'effet est signe de sa cause), que je me juge autorisé à traiter cet objet comme le *mien* et moi-même vis-à-vis de lui comme en étant en possession *intelligible* et à en user en conséquence.

Le sien ne signifie pas ici, il est vrai, celui de la propriété de la personne d'autrui (car un homme ne peut même pas être considéré comme propriétaire de soi-même et encore moins d'une autre personne), mais seulement le sien constitué par le droit d'user (*ius utendi, fruendi*) immédiatement de cette personne *comme* d'une chose, et sans pourtant porter atteinte à sa personnalité, en tant que moyen pour ma fin.

Or cette fin, comme condition de la légitimité de l'usage, doit être nécessaire moralement. L'homme ne peut désirer la femme pour en *jouir* comme d'une chose, c'est-à-dire pour éprouver avec elle un plaisir immédiat dans une communauté simplement animale, et la femme ne peut se donner à lui dans le même but, sans que les deux parties ne renoncent à leur personnalité (cohabitation charnelle ou bestiale), c'est-à-dire que leur union ne peut avoir lieu que sous la condition du *mariage*, qui, comme abandon réciproque de sa personne même à la possession de l'autre, doit être *préalablement* conclu, afin que l'on ne perde pas son humanité dans l'usage corporel qu'une partie fait de l'autre.

Sans cette condition la jouissance charnelle est en principe (sinon toujours en effet) quelque chose de *cannibale*. Que la femme se laisse consommer par les dents mêmes ou consumer par la grossesse et par la maternité pour elle mortelle qui peut peut-être en résulter, ou bien que l'homme se laisse *épuiser* par les trop nombreuses exigences de la femme relatives à ses facultés sexuelles, il n'y a là de différence que dans la manière de jouir, et chaque partie est par rapport à l'autre, dans cet usage réciproque des organes sexuels, réellement un *objet de consommation* (*res fungibilis*), chose à laquelle ainsi s'engager par un *contrat* serait un contrat contraire à la loi (*pactum turpe*)[a].

De même l'homme ne peut procréer avec la femme un enfant, comme étant leur *ouvrage* commun (*res artificialis*), sans que les deux parties ne contractent envers l'enfant et l'une envers l'autre l'*obligation* de l'élever : ce qui est bien l'acqui-sition d'un homme *comme* d'une chose, mais seulement quant à la forme (conformément simplement à un droit personnel

a. Tout ce passage est très difficile à rendre.

d'espèce réelle). Les parents[1] ont un droit envers tout possesseur de l'enfant, dès lors que celui-ci a été soustrait à leur pouvoir (*ius in re*) et en même temps le droit de contraindre l'enfant à toutes les prestations et à l'exécution de tous leurs ordres, qui ne sont pas contraires à une liberté possible et légitime (*ius ad rem*); et par conséquent ils ont envers lui un droit personnel.

Enfin, quand l'âge de la maturité met un terme au devoir des parents d'élever leur enfant, ils ont encore le droit de les employer comme des membres de la maison soumis à leurs ordres pour la conservation de la société domestique, jusqu'à leur émancipation, qui est un devoir des parents envers les enfants résultant de la limitation naturelle de leur droit. Jusque-là les enfants sont, il est vrai, des membres de la maison et ils appartiennent à la *famille*, mais à partir de ce moment ils font partie des *serviteurs* (*famulatus*) de celle-ci, et par conséquent ils ne peuvent pas s'adjoindre à ce qui est le sien du chef de famille autrement que (comme les domestiques) par un contrat. De même le chef de famille peut faire sien un serviteur *en dehors de la famille*, suivant un droit personnel d'espèce réelle et l'acquérir comme domestique (*famulatus domesticus*) par un contrat. Un tel contrat n'est pas un simple *marché* (*locatio conductio operae*), mais une remise de sa personne en la possession du chef de famille, un *louage* (*locatio conductio personae*), qui diffère de tout marché en ce que le domestique se prête, en ce qui concerne le bien de la société domestique, à *tout ce qui est permis*, et que cela ne lui est pas imposé comme

1. D'après l'orthographe allemande, on entend par le mot *Aelteren* les *seniores* (les aïeux) et par le mot *Eltern* les *parentes* (les parents); et bien qu'il n'y ait pas de différence dans la prononciation, il y en a une très grande quant au sens.

un travail de commande spécifiquement déterminé, tandis que celui que l'on retient pour un travail déterminé (que ce soit un artisan ou un journalier) ne se remet pas au sien d'un autre et n'est pas un membre de la maison. – Comme ce dernier n'est pas en la possession juridique d'un autre, qui l'oblige à certaines prestations, le chef de famille, alors même que celui-là habiterait sa maison (*inquilinus*), ne peut s'en *emparer* comme d'une chose (*via facti*), mais d'après le droit personnel il doit exiger la prestation de ce qui a été promis, comme une chose qu'il peut commander par un moyen de droit (*via iuris*). – En voilà assez pour expliquer et défendre un titre de droit étrange, mais s'ajoutant dans la doctrine du droit naturel, et qui a toujours été tacitement employé.

4
DE LA CONFUSION DU DROIT RÉEL AVEC LE DROIT PERSONNEL

En outre on m'a reproché comme une hétérodoxie dans le droit naturel privé la proposition : *La vente rompt la location* (§ 31, p. 171).

Que quelqu'un puisse donner congé à son locataire avant l'expiration du temps convenu pour l'habitation et ainsi, comme il semble, rompre sa promesse envers celui-ci, tout en lui accordant le délai habituel du congé que les lois civiles ont coutume de fixer, c'est ce qui paraît à première vue contredire tous les droits issus d'un contrat. – Mais s'il peut être prouvé que le locataire, tandis qu'il faisait son contrat de location, savait ou devait savoir que la promesse que lui faisait le *bailleur* en tant que propriétaire était naturellement (sans qu'il fût besoin de le dire expressément dans le contrat), donc tacitement liée à *la condition que celui-ci ne vendrait pas sa maison dans l'intervalle* (ou qu'il ne serait pas obligé par suite d'une faillite, en laquelle il serait entraîné, de l'abandonner à ses créanciers), alors ce dernier n'a pas rompu sa promesse déjà conditionnée selon la raison, et le locataire n'a pas été lésé dans ses droits par le congé qui lui a été donné avant l'expiration du bail.

C'est que le droit du locataire aux termes du contrat de location est un droit personnel à une prestation qu'une certaine personne doit accomplir pour une autre (*ius ad rem*), et non un droit envers tout possesseur de la chose (*ius in re*), ou un *droit réel*.

Le locataire pouvait maintenant s'assurer dans son *contrat de location* et se procurer un droit réel sur la maison : il pouvait, en effet, le faire *inscrire <ingrossieren>* sur la maison du bailleur, comme un droit s'attachant au fonds ; alors il ne pouvait être expulsé de sa location avant l'expiration du bail par aucun congé du propriétaire, ni même par sa mort (soit naturelle, soit civile, c'est-à-dire la banqueroute). Mais s'il ne le fait pas, soit parce qu'il voulait être libre de conclure d'un autre côté une location à de meilleures conditions, soit parce que le propriétaire ne voudrait pas voir sa maison grevée d'une pareille servitude (*onus*), on doit en conclure que chacune des deux parties avait conscience d'avoir fait un contrat tacitement conditionné eu égard au temps du congé (exception faite du délai que fixe pour ce congé la loi civile), et pouvant être résilié à leur convenance. La confirmation du droit de rompre par la vente la location apparaît aussi dans certaines conséquences juridiques découlant d'un tel *nu* contrat de location ; en effet l'héritier du locataire *<des Mieters>*, si celui-ci est mort, n'est pas dans l'obligation de poursuivre la location ; c'est que celle-ci n'est qu'une obligation envers une certaine personne, qui cesse à la mort de celle-ci (mais il faut toujours tenir compte du temps légal pour le congé). Le droit du locataire, comme tel, ne peut pas davantage passer à son héritier sans un contrat particulier; de même il n'est pas en droit de *sous-louer* du vivant des deux parties, sans un accord explicite.

5

ADDITION RELATIVE À L'EXPLICATION DU CONCEPT DE *DROIT PÉNAL*

La simple Idée d'une constitution civile entre les *hommes* implique déjà le concept d'une justice pénale, revenant au pouvoir suprême. La question est seulement de savoir si les modes de punition sont indifférents au législateur, dès lors qu'ils suffisent comme moyens de repousser le crime (comme attentat à la sécurité publique dans la possession du sien d'un chacun), ou s'il faut encore avoir égard au respect pour l'humanité dans la personne du malfaiteur (c'est-à-dire donc pour l'espèce humaine), et cela à partir de simples raisons de droit, puisque je tiens encore le *ius talionis*, quant à la forme, toujours comme l'unique Idée *a priori* déterminante (mais non prise de l'expérience pour savoir quels sont les remèdes les plus puissants à cet effet), en tant que principe du droit pénal[1].

---

1. Dans tout châtiment il y a quelque chose qui fait souffrir (à bon droit) le sentiment d'honneur du coupable; en effet, il comprend une simple contrainte unilatérale et en lui la dignité du citoyen comme tel est pour le moins suspendue en un cas particulier; c'est qu'il se trouve soumis à un devoir extérieur auquel de son côté il ne peut opposer aucune résistance. Le noble ou le riche, condamné à une amende, sent plus que la perte d'argent l'humiliation de devoir se plier à la volonté d'un homme qui lui est inférieur. La *justice pénale* (*iustitia punitiva*), puisque l'argument qui fonde la *pénalité* est *moral* (*quia peccatum est*), doit ici être distinguée de la *prudence pénale*, puisque l'argument est simplement *pragmatique* (*ne peccetur*) et se fonde sur l'expérience de ce qui est le plus efficace pour réprimer le crime, si bien que la première occupe dans la topique

– Mais comment faut-il faire avec les punitions touchant des crimes qui ne permettent aucune *réciprocité*, soit parce que les peines seraient en elles-mêmes impossibles ou même constitueraient un crime punissable envers *l'humanité* en général, par exemple, le cas de viol, celui de pédérastie, ou de bestialité ? Les deux premiers devraient être punis par la castration (comme celle des eunuques blancs ou noirs dans un sérail), le dernier par l'expulsion pour toujours de la société civile, parce que le coupable s'est lui-même rendu indigne de la société humaine. – *Per quod quis peccat, per idem punitur et idem.* – Les crimes dont il s'agit ici s'appellent pour cette raison des crimes contre nature, parce qu'ils se commettent contre l'humanité elle-même. – Vouloir des peines *arbitraires* pour ces crimes est à la lettre contraire au concept d'une justice pénale. Toutefois le criminel ne peut se plaindre que l'on soit injuste envers lui, puisqu'il s'est lui-même par sa mauvaise action mis dans un mauvais pas, et qu'il lui arrive, sinon conformément à la lettre de la loi, du moins conformément à son esprit, le crime qu'il a perpétré envers un autre.

6
DU DROIT D'*USUCAPIO*

« D'après ce qui a été dit p. 173, § 33, le droit d'*usucapio* (*usucapio*) doit être fondé par le droit naturel ; car si l'on n'admettait pas qu'une *acquisition idéale*, comme on l'appelle ici, soit fondée sur la possession de bonne foi, dès lors aucune

des concepts de droit un tout autre *lieu* : *locus iusti*, non le lieu du *conducibilis*, ou de l'*utile* à certains égards, ni celui du simple *honesti*, qui doit être cherché dans l'éthique.

acquisition ne serait péremptoirement garantie. (Mais M. Kant lui-même n'admet dans l'état de nature qu'une acquisition provisoire et c'est pour cela qu'il insiste sur la nécessité juridique de la constitution civile. – Je m'affirme possesseur de bonne foi seulement contre celui qui ne peut pas démontrer qu'il était avant moi *possesseur de bonne foi* et qu'il n'a pas cessé de l'être volontairement.) » – Ce n'est pas là la question, mais celle de savoir si je puis m'*affirmer* comme propriétaire, même dans le cas où se présenterait un prétendant en tant que véritable propriétaire *antérieur* de la chose, mais où il serait *absolument* impossible de reconnaître son existence en tant que possesseur et son état de possession en tant que propriétaire. C'est ce qui se présente lorsque celui-ci n'a donné de lui-même aucun signe publiquement valable de sa possession comme n'étant pas interrompue (que ce soit ou non de sa faute), ainsi que, par exemple, son inscription sur des registres ou le droit de suffrage en qualité de propriétaire non contredit dans des assemblées civiles.

Car la question est la suivante : qui doit prouver la légitimité de son acquisition ? Cette obligation (*onus probandi*) ne saurait être imposée au possesseur ; en effet il est en possession de la chose, aussi loin que s'étend son histoire constatée. Le prétendu propriétaire antérieur est tout à fait séparé d'après des principes de droit de la série des possesseurs successifs par un intervalle de temps pendant lequel il n'a donné aucun signe civilement valable de sa propriété. Cette interruption de tout acte public de possession en fait un prétendant sans titre. (En revanche on peut dire ici comme en théologie : *conservatio est continua creatio*.) S'il se présentait un prétendant qui ne se fût pas encore manifesté jusque-là, mais qui posséderait des titres trouvés postérieurement, il y aurait cependant lieu de douter encore à son égard s'il ne pourrait pas y avoir un prétendant plus ancien encore qui serait en mesure de prouver ses prétentions à une possession antérieure. – La *longueur du temps* de la possession n'intervient nullement ici pour *acquérir* définitivement la chose (*acquirere per usucapionem*). Car il est absurde d'admettre qu'une situation qui n'est pas un droit devienne par la suite un droit uniquement parce qu'elle a longtemps duré. L'*usage* (si long qu'il soit) suppose le droit sur la chose, loin que le droit se doive fonder sur l'usage. Ainsi l'*usucapio* (*usucapio*) comme *acquisition* d'une chose par un long usage de celle-ci est un concept en lui-même contradictoire. La *prescription* des prétentions *comme mode de conservation* (*conservatio possessionis meae per praescriptionem*) ne l'est pas moins ; bien qu'il s'agisse d'un concept distinct du précédent en ce qui regarde l'argument de l'appropriation. En effet c'est une raison négative, c'est-à-dire le *non-usage* complet de son droit, pas même de celui qui est nécessaire pour se manifester comme possesseur, qui est pris pour une *renonciation* (*derelictio*) à celui-ci, laquelle est un acte juridique, c'est-à-dire l'usage de son droit vis-à-vis d'un autre, mais servant à l'exclure de ses prétentions (*per praescriptionem*) pour acquérir son objet, ce qui est contradictoire.

J'acquiers donc sans produire de preuve et sans aucun acte juridique – je n'ai pas besoin de prouver – mais j'acquiers par la loi (*lege*) ; et quoi donc ? L'affranchissement *public* des prétentions, c'est-à-dire la *sécurité légale de ma possession*, par la raison que je n'ai pas de preuve à produire et que je me fonde sur une possession ininterrompue. Mais le fait qu'à l'état de nature toute *acquisition* est simplement provisoire n'a aucune influence sur la question de la sécurité de la *possession* de la chose acquise, qui doit précéder celle-là.

7
DE LA SUCCESSION

Quant au droit de succession, mon critique pour une fois n'a pas montré sa sagacité à atteindre le nerf de la preuve de mon assertion. – Je ne dis pas (p. 175, § 34) « que tout homme accepte nécessairement une *chose* qui lui est *offerte*, dès lors que par cette acceptation il ne peut que gagner et ne saurait rien perdre » (car il n'y a pas de semblables choses), mais que tout un chacun accepte toujours *le droit de la première offre*, au moment même où elle a lieu, inévitablement et tacitement, mais d'une manière qui n'en est pas moins réellement valable, c'est-à-dire quand la nature de la chose implique que toute rétractation est absolument impossible, soit au moment de la mort; car alors le promettant ne peut plus se rétracter et celui qui reçoit la promesse, sans qu'il ait besoin d'accomplir un acte juridique est au même moment l'acceptant, non de l'héritage promis, mais du droit de l'accepter ou de le refuser. Dans ce moment il se voit à l'ouverture du testament, avant même l'acceptation de l'héritage, plus riche qu'il n'était, car il a acquis exclusivement le *droit d'accepter*, ce qui est déjà un état fortuné. – Qu'en ceci un état civil soit présupposé afin que l'on puisse faire d'une chose le *sien* d'une *autre personne*, quand on n'est plus là soi-même, ce passage de possession par mainmorte ne change rien quant à la possibilité de l'acquisition d'après les principes universels du droit naturel, même si une constitution civile doit se trouver au fondement de l'application de ceux-ci au cas qui se présente. – En effet une chose qui est laissée à mon libre choix, sans condition d'acceptation ou de refus, s'appelle *res iacens*. Quand le propriétaire m'offre gratuitement une chose, par exemple, un meuble de la maison dont j'ai l'intention de sortir (s'il me promet qu'il sera mien), j'ai, aussi longtemps qu'il ne se rétracte pas (ce qui est impossible lorsqu'il meurt après), un droit exclusif à accepter la chose offerte (*ius in re iacente*), c'est-à-dire que seul je puis l'accepter ou la refuser comme il me plaît; et ce droit de choisir exclusivement je ne l'acquiers pas au moyen d'un acte juridique particulier par lequel je déclare que je veux que ce droit me soit reconnu, mais bien sans cet acte (*lege*). – Je puis bien déclarer que je veux que *la chose ne m'appartienne pas* (parce que l'acceptation pourrait m'attirer des désagréments avec d'autres), mais je ne puis vouloir avoir exclusivement le choix de faire que la *chose m'appartienne ou ne m'appartienne pas*; car j'ai ce droit (d'accepter ou de refuser), sans aucune déclaration de mon acceptation, immédiatement par le fait même de l'offre. Si, en effet, je pouvais refuser d'avoir le choix, je choisirais de ne pas choisir; ce qui est une contradiction. Je me trouve donc investi de ce droit de choisir à l'instant de la mort du testateur; il est vrai que je n'acquiers encore rien de l'avoir et des biens de celui-ci par son testament (*institutio heredis*), mais j'acquiers cependant la possession *simplement juridique* (intelligible) de cet avoir ou d'une partie, que je puis refuser d'accepter au profit d'autres personnes. Cette possession n'est par conséquent à aucun moment interrompue, mais la succession, comme une série continue passe du mourant à l'héritier institué par l'acceptation de ce dernier, et ainsi la proposition : *testamenta sunt iuris naturae*, est assurée contre tout doute.

8
DU DROIT DE L'ÉTAT RELATIVEMENT AUX FONDATIONS
PERPÉTUELLES AU PROFIT DE SES SUJETS

Une *fondation* (*sanctio testamentaria beneficii perpetui*) est une disposition volontaire et bienfaisante, confirmée par l'État, au profit de quelques-uns de ses membres qui se succèdent jusqu'à leur entière extinction. – On l'appelle *perpétuelle* <*ewig*> lorsque l'ordonnance relative à sa conservation est unie à la constitution de l'État lui-même (car l'État doit être considéré comme perpétuel); son action bienfaisante est ou bien destinée au *peuple* en général, ou bien à une partie de celui-ci unie suivant certains principes particuliers, ou bien à une *profession*, ou à une famille et à ses descendants à perpétuité. Les *hôpitaux* sont un exemple du premier cas; les *églises* du second; les *ordres* (religieux ou temporels) du troisième; les *majorats* du quatrième.

Or, on dit de ces corporations et de leur *droit* de succession qu'il n'est pas possible de les supprimer parce que le legs est devenu par *testament* la propriété de l'héritier institué et que supprimer une telle disposition (*corpus mysticum*) <*Verfassung*> serait tout aussi bien enlever à quelqu'un le sien.

A

L'établissement de bienfaisance pour les pauvres, les invalides et les malades, qui a été fondé aux frais de l'État (ainsi fondations et hôpitaux) ne peut certes être aboli. Toutefois si ce n'est pas la lettre de la volonté du testateur, mais son esprit qui doit être privilégié, alors des circonstances peuvent se présenter qui rendent judicieuse, au moins quant à la forme, la suppression d'une telle fondation. – Ainsi on a trouvé que le pauvre et le malade (excepté celui de l'hospice d'aliénés) était mieux soigné et à meilleur marché si on leur accorde des secours (proportionnés aux besoins du moment) consistant en une certaine somme d'argent, au moyen desquels ils peuvent, comme il leur plaît, se mettre en pension chez des parents ou d'autres personnes de leur connaissance, que lorsque – comme à l'hôpital de Greenwich – on dispose à cet effet de magnifiques établissements, pourvus d'un personnel coûteux, mais qui néanmoins restreignent beaucoup la liberté. – Or on ne peut pas dire qu'en ce cas l'État ôte au peuple, qui est en droit de jouir de cette fondation, ce qui est le sien, mais il le favorise plutôt tandis qu'il choisit des moyens plus sages pour sa conservation.

B

Le clergé, qui ne se propage pas d'une manière charnelle (le catholique), possède avec la faveur de l'État des terres et des sujets qui y sont attachés, et qui appartiennent à un État religieux (appelé Église), auquel des laïques se sont donnés par testament, pour le salut de leur âme, comme en propriété, de telle sorte que le clergé, formant comme un état particulier, a une propriété qui se transmet légalement d'un siècle à l'autre par succession et qui est suffisamment documentée par des bulles papales. – Or peut-on admettre que ce rapport du clergé aux laïques puisse être directement ravi au premier par la toute puissance de l'État temporel et ne serait-ce pas là la même chose qu'ôter à quelqu'un par la violence ce qui est sien; et n'est-ce pas cependant ce qu'essaient de faire les incroyants de la république française ?

La question est ici de savoir si l'Église peut appartenir à l'État comme le sien, ou si l'État peut appartenir à l'Église ; en effet deux pouvoirs suprêmes ne sauraient sans contradiction être subordonnés l'un à l'autre. – Que seule la *première constitution* (*politico-hierarchica*) doive subsister par elle-même est chose *claire* en soi ; car toute constitution civile est *de ce monde*, puisqu'elle est une puissance terrestre (des hommes) qui se prouve <*dokumentieren lässt*> dans l'expérience avec toutes ses conséquences. Les croyants, dont le *royaume* est dans le ciel et dans l'*autre monde*, doivent, dans la mesure où on leur reconnaît une constitution qui se rapporte à ce monde (*hierarchico-politica*), se soumettre aux souffrances du siècle sous la puissance souveraine des hommes de ce monde. Il n'y a donc place que pour la première constitution.

La religion (dans le phénomène), comme croyance aux dogmes de l'Église et à la puissance des prêtres, comme aristocrates de cette constitution, laquelle peut être aussi monarchique (papale), ne peut être imposée ou ôtée au peuple par aucun pouvoir civil, et on ne doit pas non plus (comme cela se pratique en Grande-Bretagne à l'égard de la nation irlandaise) exclure le citoyen qui professe une religion différente de celle de la cour des services publics et des avantages qui en résultent.

Mais quand certaines âmes pieuses et croyantes, afin d'obtenir, par l'effet des prières, des indulgences et des expiations, le lot que promettent dans un autre monde les serviteurs de l'Église (les prêtres), institués pour cela ; quand pour participer à la grâce que l'Église leur promet même après leur mort, elles font une fondation à perpétuité, d'après laquelle après leur mort certaines terres doivent devenir une propriété de l'Église, et que l'État prête foi et hommage à l'Église pour *telle* ou *telle* partie, ou pour le *tout*, alors une fondation de ce genre, soi-disant faite à perpétuité n'est en aucune manière fondée à perpétuité, et l'État peut au contraire, quand il le veut, rejeter ce fardeau que l'Église lui a imposé. – En effet l'Église elle-même n'est qu'une institution simplement fondée sur la foi et dès lors que par le développement des lumières dans le peuple l'illusion née de cette opinion disparaît, du même coup s'effondre la redoutable puissance du clergé qui se fondait sur elle et l'État s'empare de plein droit de la propriété que s'attribuait l'Église, je veux dire celle du sol qui lui avait été léguée par testament; bien que les tenanciers du fief, dans l'institution jusque-là tolérée, puissent exiger selon leur droit d'être indemnisés pour le reste de leur vie.

Même les fondations perpétuelles pour les pauvres et les maisons d'instruction, dès qu'elles ont un certain caractère déterminé par le fondateur, selon son idée, ne peuvent pas <vraiment> être fondées à perpétuité et grever ainsi le sol; mais l'État doit au contraire avoir la liberté de les orienter suivant le besoin du temps. – Qu'il soit difficile de toujours réaliser cette Idée (et par exemple que les enfants pauvres doivent suppléer à l'insuffisance du fonds de l'école institué par bienfaisance en mendiant au moyen de leurs chants) personne ne s'en étonnera; car celui qui fait une fondation par bonté d'âme, mais aussi en même temps de manière à s'attirer la gloire, ne veut pas qu'un autre la modifie d'après ses concepts, mais prétend au contraire s'immortaliser en ceci. Cela ne change pas la nature de la chose et le droit, le devoir même qu'a l'État de modifier toute fondation, lorsqu'elle devient contraire à sa conservation et à son progrès vers un état meilleur et c'est pourquoi aucune fondation ne peut jamais être considérée comme fondée à perpétuité.

C

La noblesse d'un pays qui n'est pas même soumis à une constitution aristocratique, mais monarchique, peut bien être pendant un certain temps une institution permise et nécessaire selon les circonstances ; mais on ne saurait soutenir que cet état peut être fondé à perpétuité et qu'un chef d'État ne puisse avoir le droit de supprimer entièrement ce privilège de rang civil ou, s'il le fait, que l'on puisse dire qu'il prend à son sujet (noble) le *sien*, qui lui revient par héritage. La noblesse n'est qu'une corporation temporaire, autorisée par l'État, qui doit s'accommoder des circonstances du temps, et qui ne doit pas porter atteinte au droit universel de l'homme si longtemps suspendu. – En effet le rang de noble dans l'État non seulement est dépendant de la constitution elle-même, mais encore ce n'est qu'un accident de celle-ci, qui ne peut exister dans l'État que par inhérence (on ne peut concevoir un noble comme tel que dans l'État et non à l'état de nature). Si donc l'État change sa constitution, celui qui perd par là ce titre et ce rang ne peut pas dire qu'on lui ôte ce qui est sien, puisqu'il ne le pouvait nommer sien que sous la condition de la durée de cette forme de l'État et que l'État a le droit de la modifier (par exemple, de se transformer en république). – Les ordres et le privilège d'en porter certains insignes ne donnent donc aucun droit *perpétuel* à cette possession.

D

Enfin, pour ce qui est de la *fondation des majorats*, puisque un possesseur de biens dispose par institution d'hoirie que dans la série des héritiers successifs le plus proche de la famille sera toujours le maître des biens (par analogie avec cette constitution de l'État monarchique et héréditaire où c'est le *souverain*), non seulement une telle fondation peut en tous temps être abolie avec le consentement de tous les agnats, et ne peut durer perpétuellement – comme si le droit d'héritage était attaché au sol – et l'on ne peut dire que ce soit une violation de la fondation et de la volonté de son premier auteur, du fondateur, que de la faire disparaître, mais l'État a aussi un droit, et même le devoir, entre autres causes poussant peu à peu à sa propre réforme, de ne plus autoriser plus longtemps un tel système fédératif de ses sujets, qui seraient comme des vice-rois (par analogie avec les chefs de dynastie et les satrapes), dès lors qu'il s'est éteint.

CONCLUSION DE L'APPENDICE

Enfin mon critique a fait encore la remarque suivante à propos des idées exposées sous la rubrique du *droit public* « sur lesquelles, comme il le dit, l'espace ne lui permet pas de s'expliquer ». « A notre connaissance aucun philosophe n'a encore reconnu la proposition la plus paradoxale de toutes les propositions paradoxales, à savoir que la simple *Idée* de la souveraineté doit m'obliger à obéir comme à mon maître à quiconque se donne pour tel, sans demander qui lui a donné le droit de me commander et que l'on doit reconnaître un pouvoir souverain et un souverain, et que ce doit être une même chose que de tenir *a priori* pour son maître tel ou tel dont l'existence n'est même pas donnée *a priori*. » Or, le *paradoxe* admis, j'espère que, considéré de plus près, on ne pourra plus le convaincre d'*hétérodoxie*; et que le critique pénétrant, sérieux, qui me réfute avec modestie (qui, en dépit de ce point qui le heurte, « considère ces premiers principes métaphysiques de la Doctrine du droit dans leur ensemble comme un gain pour la science ») ne se repentira pas de les avoir pris sous sa protection, du moins comme une recherche qui n'est pas indigne d'un deuxième examen, contre les dédains superbes et vains d'autres critiques.

Que l'on doive obéir et en vérité d'une manière juridiquement inconditionnée à celui qui se trouve en possession de la puissance impérative et législative suprême sur un peuple, que de *rechercher* publiquement le titre de son acquisition, donc d'en douter, pour lui résister au cas où ce titre manquerait, soit déjà punissable, que ce soit un impératif catégorique que le suivant : *Obéissez à l'autorité qui a puissance sur vous* (en tout ce qui ne contredit pas la moralité intérieure), telle est la proposition choquante qui est contestée. – Mais ce n'est pas seulement ce principe qui place un fait (celui de la prise de pouvoir) au fondement comme condition du droit qui semble indigner la raison du critique, mais encore que même la *simple Idée* de la souveraineté sur un peuple me contraigne, moi qui appartiens à ce peuple, à obéir sans examen préalable au droit que s'arroge l'autorité.

Tout « factum » <*Tatsache*> est objet dans le *phénomène* (des sens) ; en revanche ce qui ne peut être représenté que par raison pure, ce qui doit être compté au nombre des *Idées*, auxquelles nul objet ne peut être donné dans l'expérience comme adéquat, ainsi une *constitution juridique* parfaite entre les hommes, c'est la chose en soi elle-même.

Quand donc un peuple, unifié par des lois sous une autorité, existe, alors il est donné, comme objet de l'expérience, conformément à l'Idée de son unité *en général* sous une volonté suprême détenant la puissance ; mais bien entendu seulement dans le phénomène, c'est-à-dire qu'une constitution juridique dans le sens général du mot existe ; et bien qu'elle puisse être affectée de grands défauts et de grossières fautes et avoir besoin l'une après l'autre d'importantes améliorations, il est cependant interdit et punissable de lui résister; c'est que si le peuple se tenait en droit de pouvoir opposer la violence d'une part à cette constitution, bien qu'elle soit encore défectueuse, et d'autre part à l'autorité suprême, il s'imaginerait avoir le droit de mettre la violence à la place de la législation suprême prescrivant souverainement tous les droits, ce qui produirait une volonté suprême se détruisant elle-même.

L'*Idée* d'une constitution civile en général, qui est en même temps pour tout peuple un commandement absolu de la raison pratique jugeant d'après des concepts de droit, est *sainte* et irrésistible; et, même si par elle-même l'organisation de l'État était défectueuse, aucun pouvoir subalterne en celui-ci ne saurait opposer une résistance active au souverain qui en est le législateur; mais les vices qui l'affectent doivent être corrigés insensiblement par des réformes qu'il accomplit de lui-même, car autrement en suivant la maxime opposée du sujet (celle de procéder selon son autorité privée) une bonne constitution ne pourrait naître que par un hasard aveugle. – Le commandement : « Obéissez à l'autorité qui a puissance sur vous » ne veut point qu'on recherche comment l'autorité est parvenue à cette puissance (pour la miner au besoin); car l'autorité, qui est déjà existante, sous laquelle vous vivez, est déjà en possession de la législation, sur laquelle vous pouvez, il est vrai, ratiociner publiquement, mais non vous ériger vous-mêmes en législateurs opposants.

La soumission inconditionnée de la volonté du peuple (qui est en soi sans unité et par conséquent sans lois) sous une volonté *souveraine* (unissant tous les individus par une loi) est un *fait* qui ne peut commencer que par la prise du pouvoir suprême et qui ainsi fonde d'abord un *droit* public. – Permettre encore une résistance contre cette plénitude du pouvoir (résistance qui bornerait cette puissance suprême), c'est se contredire soi-même; car alors cette puissance (à laquelle on pourrait résister) ne serait pas la puissance législatrice suprême, qui détermine d'abord ce qui doit ou non être publiquement juste; – et ce principe est déjà compris *a priori* dans l'*Idée* d'une constitution civile en général, c'est-à-dire dans un concept de la raison pratique; et s'il est vrai qu'aucun exemple dans l'expérience ne peut lui être *adéquat*, aucun ne le doit contredire en tant que norme.

INDEX DES MATIÈRES

INDEX DES NOMS

Philosophe et économiste allemand, il a également enseigné le droit à Goettingen. Il est considéré comme le père des statistiques par les économistes allemands. Il a rédigé plusieurs études sur la constitution des pays européens au XVIIIᵉ, (*Staatsverfassung der Europäischen Reiche im Grundrisse, Geschichte der heutigen vornehmsten Staaten im Grundrisse, Entwurf der Europäischen Staatshändel des 17. und 18. Jahrhunderts*) en s'intéressant particulièrement à leur économie, leur industrie et leur commerce. Il thématise ainsi la notion de *Staatswissenschaft*, science qui regroupe tous les savoirs nécessaires pour gouverner un État, parmi lesquels le droit et l'économie. Il a souvent été assimilé au courant du mercantilisme modéré. Son œuvre principale, *Ius Naturae*, a été citée dans plusieurs écrits théoriques sur le droit, comme dans *La Doctrine du Droit* de Kant.

BALMERINO ARTHUR, p. 297

Balmerino Arthur sixth Lord, participa à la révolte écossaise de 1745-1746, en faveur des Stuarts. Fait prisonnier, il fut exécuté sur l'ordre de George II, en compagnie du Comte de Kilmarnock. Il mourut avec bravoure.

BECCARIA CESARE, p. 299
(1738-1794)

Juriste et économiste italien, Cesare Beccaria est connu pour avoir été à l'origine du droit pénal moderne. Son livre *Des délits et des peines* a eu un grand retentissement au moment de sa publication en 1764. Dans ce livre, Beccaria remet en question la peine de mort et pose, pour la première fois, la question de la légitimité d'une telle condamnation. Bien plus, sa remise en cause de la peine de mort a été comprise comme une attaque au corps royal et à la divinité du roi, dans la mesure où il appelle de ses vœux un retour du roi dans le domaine politique et civil. Il institue également une séparation entre le juridique et le religieux. Il fait, par ailleurs, évoluer la conception du criminel, en rappelant que celui-ci est un homme et qu'il devrait avoir le droit d'être défendu. Il évoque ainsi l'idée d'une peine qui serait proportionnelle au délit et se pose comme un partisan de la prévention plus que de la répression. Son livre fut beaucoup controversé, tant il s'inscrivait en rupture avec la tradition monarchique. Kant se place en opposition à lui dans la *Doctrine du Droit*, il condamne chez Beccaria le relativisme et le pragmatisme de sa doctrine, préférant, lui, une loi au caractère absolu et catégorique.

JOHN BROWN, p. 120
(1735-1788)

Médecin et physicien écossais, il est le fondateur d'un nouveau système de médecine, reposant sur la notion d'incitabilité et de stimulation, système qu'il expose dans ses *Eléments de médecine*. En 1780, il devient président de la Société Médicale de Strasbourg. Son nouveau système a donné lieu à un courant médical, les Brownistes.

BUSCHING ANTON FRIEDRICH, p. 325
(1724-1793)

Professeur de philosophie à Goettingue, puis pasteur de l'église luthérienne allemande, Anton Friedrich Busching est surtout connu pour ses ouvrages sur la géographie, l'histoire et la religion, tels que *Nouvelle Description du Globe ou Géographie Universelle* en 1734 ou *Introduction à la géographie, à la politique, au commerce et aux finances des États de l'Europe* en 1758. Il s'est, comme Kant, intéressé à la Géographie Physique. Kant fait référence à lui, dans la *Doctrine du Droit*, à propos de la justification de la violence. Il va à l'encontre de Busching, qui avait justifié dans son œuvre l'intoduction sanglante de la religion chrétienne en Allemagne, en montrant que tout argument qui cherche à justifier la violence est un argument spécieux.

CHARLES Ier D'ANGLETERRE, p. 280
(1600-1649)

Roi d'Angleterre, d'Ecosse et d'Irlande de 1625 à 1649, il est partisan de l'absolutisme. Il doit faire face, pendant son règne, à une guerre civile. Pendant la première révolution anglaise, capturé une première fois en janvier 1647 et livré au Parlement de Londres, il réussit à s'échapper en novembre, mais rattrapé, il est traduit en justice et condamné à mort pour trahison, meurtre et tyrannie. Il est décapité le 30 janvier 1649. Kant qualifie cette exécution de régicide, et il considère le soulèvement contre le souverain comme une injustice et une trahison.

CICÉRON, p. 163
(106 avant J.-C.-43 avant J.-C.)

Grand orateur, philosophe et homme politique latin, il est considéré comme le modèle de la langue latine classique. Il est connu pour ses nombreux ouvrages théoriques sur la politique (*De Republica*, *De Legibus*), sur la rhétorique (*De Oratore*, *De inventione*) et philosophiques (*De Amicitia*, *Traité des Devoirs*). Il semble que Kant se soit inspiré de ses conceptions sur le droit, et notamment sur la division dans la définition du droit.

GARVE CHRISTIAN, p. 118
(1712-1798)

Philosophe allemand des Lumières, Christian Garve est avant tout réputé pour ses traductions et ses commentaires d'œuvres philosophiques, telles que la *Recherche philosophique sur l'origine de nos idées du sublime et du beau* de Burke ou encore le *Traité des Devoirs de l'Homme* de Cicéron. Il s'est intéressé particulièrement à des questions morales, et son livre *Essais sur divers sujets de morale* fut publié en 1792. Il a également écrit, en 1782, *l'Examen Critique de la Raison Pure de Kant* dans lequel il engageait une polémique contre l'œuvre de Kant, mais qui ne sera pas réellement pris au sérieux et sera souvent jugé comme insuffisant.

HAUSEN CHRISTIAN AUGUST, p. 121
(1693-1743)

Mathématicien allemand, il a été professeur de mathématiques à l'Université de Leipzig dès 1719. Il est également connu pour avoir fait des recherches sur l'électricité et pour avoir tenté des expériences avec un générateur, qu'il avait créé.

JUVÉNAL, p. 297
(fin du Ier siècle-début du IIe)

Poète latin, il est l'auteur des *Satires*, œuvre dans laquelle il pose un regard acerbe et intransigeant sur ses contemporains romains. Il condamne la décadence des mœurs à Rome et dépeint avec cruauté les caractères grotesques de toutes les classes sociales. Kant retient de ses satires la dimension morale, le cite à plusieurs reprises dans ses œuvres, comme dans la *Critique de la Raison Pratique* ou dans la *Doctrine du Droit*, à propos de ceux qui préfèrent vivre dans la honte plutôt que mourir (*Animam praeferre pudori*).

LAVOISIER, p. 120
(1743-1794)

Chimiste et physicien français, il est considéré comme le fondateur de la chimie moderne, tant ses recherches ont eu d'influence sur la conception des méthodes scientifiques. Il a fait des découvertes importantes sur l'oxygène et sur la combustion et il a contribué à concevoir une nomenclature chimique, à l'origine du système moderne. Kant, dans la *Doctrine du Droit*, fait un éloge de Lavoisier qu'il considère comme l'unique représentant de la chimie moderne.

LOUIS XVI, p. 280
(1754-1793)

Roi de France, puis des Français, il a été l'instigateur de nombreuses réformes, comme l'abolition de la torture ou l'édit de tolérance des protestants. Sa fin de règne est marquée par la Révolution Française, qui met fin à la monarchie absolue de droit divin. Il est renversé en 1792 et accusé d'avoir œuvré contre la Révolution et d'avoir voulu s'échapper de France lors de la fuite de Varennes. Il est condamné à mort pour trahison et est décapité le 21 janvier 1793. L'exécution de

Louis XVI par les révolutionnaires est qualifiée de meurtre par Kant. Il y voit, en effet, l'échec de la Révolution Française, et le symbole de l'échec de toute révolution.

MARSDEN WILLIAM, p. 256
(1754-1836)
Orientaliste anglais, il est réputé pour avoir vécu dans l'île de Sumatra et pour avoir écrit après son séjour une étude sur l'île, *Histoire de Sumatra,* 1782. Il a réalisé plusieurs travaux ethnologiques sur les lois, les mœurs, le gouvernement et la langue des indigènes. Il a également rédigé les *Essais*, étude sur les langues de Polynésie. Kant fait référence à son ouvrage sur l'île de Sumatra en citant l'exemple du peuple Réjang à propos des garanties imaginaires.

MENDELSSOHN MOSES, p. 212
(1729-1786)
Philosophe juif allemand des Lumières, il a écrit sur la religion et sur la tolérance, en essayant d'éradiquer les préjugés existants sur les juifs et la culture juive, en particulier dans son ouvrage *Jérusalem ou Pouvoir religieux et judaïsme*. Il développe une philosophie de l'individu et il considère que le progrès n'est possible qu'à l'échelle de l'individu ; il s'oppose en cela à Kant, qui voit le progrès de l'humanité dans son ensemble. Il se distingue également de Kant sur la question des Lumières, dans *Que signifie éclairer?,* dans lequel il met en garde contre les abus éventuels des Lumières, tandis que Kant dans *Qu'est-ce que les Lumières?* fait preuve de plus d'optimisme.

NEWTON, p. 128
(1642-1727)

Philosophe, physicien, astronome, mathématicien anglais, Newton est une figure incontournable des sciences. Ses découvertes et ses recherches sur la théorie de gravité, sur le calcul infinitésimal et sur la mécanique classique ont révolutionné les sciences. Kant fait allusion à lui à propos des principes *a priori* dans les sciences.

NICOLAI, p. 122
(1763-1836)

Il s'agit probablement du juriste liégois, d'abord député, puis sénateur, il est le principal auteur du Code Civil néerlandais.

PHÈDRE, p. 150
(15 av. J.-C.- 50 ap. J.-C.)

Fabuliste latin et ancien esclave affranchi par Auguste, il a été formé à la lecture des grands poètes et écrivains, notamment d'Ésope, dont il s'inspirera dans ses *Fables*. Kant fait référence à une de ses fables, celle du *Renard et du Masque de Tragédie*, pour mieux illustrer sa critique d'une science simplement empirique du droit.

JEAN-JACQUES ROUSSEAU, p. 275
(1712-1778)

Écrivain et philosophe français des Lumières, Rousseau s'est particulièrement intéressé aux domaines de la politique et de l'éducation avec des œuvres comme le *Contrat Social* et *Emile ou de l'Education*. Il est également réputé pour sa finesse dans la connaissance du cœur humain. Kant s'est inspiré de ses écrits, notamment à propos de la problématique sur la volonté générale. Il fait souvent référence à lui dans l'ensemble de son œuvre.

SHAFTESBURY, 3ᵉ Comte, p. 122
(1671-1713)

Philosophe politique, il a écrit l'*Essai sur le Mérite et la Vertu*. Il place au centre de sa doctrine l'idée d'harmonie et l'idée de beau comme valeur objective. Il conçoit la vertu comme ce qui peut permettre de se rapprocher de l'harmonie du monde. Son œuvre est marqué par un optimisme métaphysique. Il est également connu pour sa théorie sur le ridicule, selon laquelle une vérité doit pouvoir supporter l'épreuve du ridicule. C'est à propos de cette théorie que Kant le mentionnera dans la *Doctrine du Droit*.

SMITH, p. 236
(1723-1790)

Philosophe et économiste écossais des Lumières, Adam Smith est l'un des fondateurs de la science économique moderne, connu par son livre *La Richesse des Nations*. Il a également enseigné la philosophie morale à l'université de Glasgow. Kant s'inspirera de ses écrits pour définir la monnaie et il fait référence à lui à propos de la question de la valeur et de l'échange.

MAISON DES STUART, p. 297

Dynastie de souverains écossais qui régnèrent du XIVᵉ siècle jusqu'en 1714 en Ecosse. Kant fait allusion à elle dans le cadre de son argumentation sur l'égalité absolue des peines dans le domaine juridique.

ULPIEN, p. 159
(170-228)

Politique et juriste romain, il a écrit de nombreux ouvrages théoriques sur le droit. Ses œuvres font autorité en matière juridique. Il a notamment opéré trois distinctions à propos du droit, entre droit naturel, droit des gens et droit civil. C'est ces distinctions que Kant reprend dans la *Doctrine du Droit.*

WOLFF CHRISTIAN, p. 121
(1679-1754)

Philosophe, mathématicien et juriste allemand, il a entrepris de composer un corpus philosophique en regroupant toutes les disciplines philosophiques existantes et crée ainsi un système principalement destiné à l'enseignement. C'est à propos de cette tentative de rassemblement d'un « divers donné » que Kant fait allusion à lui.

NB : Cette notice a été établie par Jeanne Delamarre.

TABLE DES MATIÈRES

**DOCTRINE DU DROIT, PREMIÈRE PARTIE : LE DROIT PRIVÉ
DU MIEN ET DU TIEN EN GÉNÉRAL**

DU MÊME AUTEUR
À LA MÊME LIBRAIRIE
(en format poche)

Abrégé de philosophie ou Leçons sur l'Encyclopédie philosophique, introduction, texte allemand, traduction et notes A. Pelletier, 188 p.

Anthropologie du point de vue pragmatique, introduction et traduction M. Foucault, 292 p.

Le conflit des facultés en trois sections (1798), traduction J. Gibelin, 174 p.

Critique de la faculté de juger, introduction, traduction et notes A. Philonenko, 480 p.

Dissertation de 1770, introduction, texte allemand, traduction et notes, A. Pelletier, 216 p.

Essai pour introduire en philosophie le concept de grandeur négative, introduction G. Canguilhem, traduction et notes R. Kempf, 68 p.

Fondements de la métaphysique des mœurs, traduction V. Delbos, introduction et notes A. Philonenko, 206 p.

Logique, introduction, traduction et notes L. Guillermit, 220 p.

Les progrès de la métaphysique en Allemagne, traduction et notes L. Guillermit, 144 p.

Métaphysique des mœurs, traduction et notes A. Philonenko, I. *Doctrine du droit*, 408 p.
  II. *Doctrine de la vertu*, 182 p.

Observations sur le sentiment du beau et du sublime, introduction, traduction et notes R. Kempf, 86 p.

Première introduction à la Critique de la faculté de juger et autres textes, traduction et notes L. Guillermit, 144 p.

Premiers principes métaphysiques de la science de la nature, traduction J. Gibelin, 168 p.

Projet de paix perpétuelle, texte allemand et traduction J. Gibelin, 144 p.

Prolégomènes à toute métaphysique future qui pourra se présenter comme science, traduction et index L. Guillermit, 184 p.

Réflexions sur l'éducation, introduction, traduction et notes A. Philonenko, 212 p.

Rêves d'un visionnaire, traduction et présentation F. Courtès, 200 p.

Théorie et pratique. Sur un prétendu droit de mentir par humanité, traduction et notes L. Guillermit, 104 p.

ACHEVÉ D'IMPRIMER
EN OCTOBRE 2011
PAR L'IMPRIMERIE
DE LA MANUTENTION
A MAYENNE
FRANCE
N° 775801G

Dépôt légal : 4ᵉ trimestre 2011